合氣道

술기교본
(초단편)

최상헌 저

사단
법인 대한무림합기도협회 출판부

최 상 헌

충남 공주 출생

학력

1997. 한국방송통신대학교 농학과 졸 농학사
1999. 한국체육대학교 사회체육대학원 졸 체육학 석사
1999. 한국체육대학교 스포츠최고경영자과정 수료
2002. 한국체육대학교 대학원 박사과정 재

경력

1975. 합기도 범무관 개관
1978. 제2대 합기도 범무관 중앙본관장 취임
1986. 합기도 술기교본 초단편 저술
1990. 제1회 국제합기도대회 기획조정실장
1991. 제1회 세계합기도대회 조직위원장
1993. 사회단체 합기도 무림원 창립 및 대표취임
1993. 계간 합기도 정기간행물 등록 및 대표취임
1993. 제2회 세계합기도대회 대회장
1995. 사회단체 세계합기도 중앙본부 창립 및 총재취임(현)
2001. 사단법인 대한무림합기도협회 창립 및 회장취임(현)
2002. 한국 여가레크리에이션 교육학회 감사(현)
2002. 합기도 9단(현)

저서

합기도 술기교본 초단편, 합기도 술기교본 2단편, 합기도 술기교본 3단편

술기교본 초단편을 저술하면서

 인류의 생존과 더불어 자취를 남긴 것이 역사이듯이 생존을 위한 투쟁 과정에서 생긴 것이 무술 및 운동의 역사라 할 수 있다. 우리는 이 역사를 돌아보면서 미래의 발전을 위한 걸음을 내딛게 된다. 근자에 각 운동 분야에서 과학적인 연구 분석과 새로운 방법이 개발되고 있는 것은 과거의 기록에 힘입은바 크다고 본다.

 이와 반면에 우리 민족의 개국과 더불어 출발한 합기도가 민족의 흥망성쇠와 더불어 그 맥을 확연히 잇지 못하고 은둔과 폐쇄 속에서 이론적 토대를 이루지 못하고 실기 위주로 비전(秘傳)되어 옴을 안타깝게 생각하여 오던 중 천학 비재한 본인이 합기도사에 있어 처음으로 초단편을 저술하여 연수 교재로 활용하게 되었다.

 오늘날 합기도는 양적 발달에 비하여 질적인 발달이 따르지 못함으로써 많은 문제점들을 내포하고 있는 것이 현실이라 하겠다. 이에 초단편을 저술 한지 16년이 지난 오늘에 30여년간의 지도 경험을 되새기면서 418가지의 술기들을 교육 편재에 따라 13장으로 구분하여 1790여장의 그림과 그에 따른 설명을 덧붙여 합기도를 배우고자 하는 초보 수련생들이 좀더 쉽게 이해하여 수련의 효과를 높이도록 교본을 재편하여 발간하기에 이르렀다. 그러나 수련을 통하여 체득할 수 있는 고도의 테크닉과 변화 기법 등은 너무나 방대하여 글로서 이루 다 표현치 못한 점이 안타까울 뿐이다.

 아무쪼록 부족하나마 합기도인의 수련 교본으로서 길잡이가 되고 합기도의 보급 발전에 조금이나마 기여하게 되길 바라면서 그 동안 발간을 위해 물심 양면으로 도움을 주신 많은 분들께 깊이 감사를 드린다.

2002년 9월
저자 최 상 헌

차 례

제1장 합기도의 개관
　Ⅰ. 합기도의 기원과 유래 ·· 002
　Ⅱ. 합기도의 근본사상 ·· 002
　Ⅲ. 합기도의 3대 원리 ·· 003
　Ⅳ. 합기도가 지닌 특수성 ·· 004
　Ⅴ. 합기도가 신체에 미치는 영향 ·· 005
　Ⅵ. 단전호흡의 정의와 방법 ·· 005
　Ⅶ. 경락과 경혈 ·· 006
　Ⅷ. 술기의 원리와 용어 ·· 007
　참고문헌 ·· 012

제2장 합기도의 기본
　Ⅰ. 예의의 필요성과 규범 ·· 014
　Ⅱ. 띠 매는 법과 도복을 개는 법 ·· 016
　Ⅲ. 준비운동 ·· 018
　Ⅳ. 정리운동 ·· 031
　Ⅴ. 부위와 명칭 ·· 039
　Ⅵ. 타법 ·· 045
　Ⅶ. 기본술기 ·· 055

제3장 호신술

◆ 11급 수련과정
　Ⅰ. 적이 왼발 전굴자세에서 왼손으로 오른손 손목을 잡았을 때 ············ 071

◆ 10급 수련과정
　Ⅰ. 적이 왼손으로 오른팔 팔 소매를 잡았을 때 ···································· 088
　Ⅱ. 적이 왼손으로 오른팔 중간을 잡았을 때 ··· 090
　Ⅲ. 적이 왼손으로 오른팔 윗 부분을 잡았을 때 ···································· 092

차 례

Ⅵ. 적이 왼손으로 오른쪽 젖가슴을 잡았을 때 ·· 098
Ⅶ. 적이 왼손으로 오른쪽 겨드랑이를 잡았을 때 ······································ 100
Ⅷ. 적이 왼손으로 멱살을 똑바로 잡았을 때 ·· 102
Ⅸ. 적이 왼손으로 멱살을 추켜올려 잡았을 때 ·· 104
Ⅹ. 적이 왼손으로 멱살을 비틀어 잡았을 때 ·· 106
Ⅺ. 적이 왼손으로 띠를 위에서 잡았을 때 ·· 107
Ⅻ. 적이 왼손으로 띠를 밑에서 받쳐 잡았을 때 ······································ 111
ⅩⅢ. 적이 뒤에서 오른손으로 뒷덜미를 잡았을 때 ·································· 115
ⅩⅣ. 적이 뒤에서 양손으로 양쪽 어깨를 잡았을 때 ································ 117
ⅩⅤ. 적이 뒤에서 양손으로 양팔 팔꿈치를 잡았을 때 ···························· 119
ⅩⅥ. 적이 뒤에서 양손으로 양손 손목을 잡았을 때 ································ 122
ⅩⅦ. 적이 뒤에서 양손으로 양손 손목을 붙여 잡았을 때 ······················ 125

◆ 9급 수련과정

Ⅰ. 적이 뒤에서 양손을 겨드랑이 사이로 넣어 목을 깎지 끼어 잡았을 때 ············ 126
Ⅱ. 적이 뒤에서 양손을 겨드랑이 사이로 넣어 목을 포개 잡았을 때 ···· 128
Ⅲ. 적이 뒤에서 양손을 겨드랑이 사이로 넣어 어깨를 잡았을 때 ·········· 129
Ⅳ. 적이 뒤에서 양손을 겨드랑이 사이로 넣어 몸을 깎지 끼어 잡았을 때 ············ 130
Ⅴ. 적이 뒤에서 양손을 겨들랑이 사이로 넣어 몸을 껴안을 때 ············ 132
Ⅵ. 적이 뒤에서 양팔로 몸을 껴안았을 때 ·· 133
Ⅶ. 적이 앞에서 양팔로 몸을 껴안았을 때 ·· 134
Ⅷ. 적이 앞에서 양손을 겨드랑이 사이로 넣어 몸을 껴안았을 때 ·········· 136
Ⅸ. 적이 앞에서 양손으로 양 손목을 잡았을 때 ······································ 137
Ⅹ. 적이 앞에서 양손으로 오른손 손목을 잡았을 때 ······························ 144
Ⅺ. 적이 앞에서 오른손으로 오른손 손목을 잡았을 때 ·························· 149

제4장 단식족술

Ⅰ. 기본동작 ·· 159
Ⅱ. 발차기 ·· 161

차 례

제5장 방권술

    Ⅰ. 기본동작(막기) ··· 183
    Ⅱ. 때리기 ··· 184
    Ⅲ. 꺾기 ·· 190
    Ⅳ. 칼 넣기 ··· 201
    Ⅴ. 발로 막기 ··· 207
    Ⅵ. 던지기 ··· 209
    Ⅶ. 적이 왼발 전굴 자세에서 오른손 주먹으로 공격을 할 때 ········ 215

제6장 방족술

    Ⅰ. 기본자세 ··· 221
    Ⅱ. 때리기 ··· 224
    Ⅲ. 발로 막기 ··· 229
    Ⅳ. 꺾기 ·· 232
    Ⅴ. 던지기 ··· 241

제7장 복식족술

    Ⅰ. 한발복식 ··· 253
    Ⅱ. 양발복식 ··· 268
    Ⅲ. 수족 복식 ··· 274

제8장 특수족술

제9장 방투술

    Ⅰ. 적이 공격을 하기 전에 먼저 잡아 던지기 ······························ 295
    Ⅱ. 적이 위로 잡으로 들어올 때 ·· 299
    Ⅲ. 적이 밑으로 잡으로 들어올 때 ·· 303
    Ⅳ. 적이 옷깃을 잡았을 때 ·· 307
    Ⅴ. 적이 옷깃을 잡고 던지러 들어올 때 ······································ 309
    Ⅵ. 적이 던지려고 할 때 ··· 314
    Ⅶ. 적이 정면에서 목을 조를 때 ·· 322

차 례

  Ⅷ. 적이 옆에서 목을 조를 때 325
  Ⅸ. 적이 뒤에서 목을 조를 때 328
  Ⅹ. 누워 있을 때 적이 가슴 위에서 목을 조를 때 331

제10장 방검술

  Ⅰ. 기본동작 337
  Ⅱ. 적이 오른발 오른손으로 배를 찌르러 들어올 때 340
  Ⅲ. 적이 오른발 오른손으로 위에서 밑으로 찍을 때 370
  Ⅳ. 적이 오른발 오른손으로 밖에서 안으로 찍을 때 375
  Ⅴ. 적이 오른발 오른손으로 안에서 밖으로 찍을 때 380

제11장 선술

  Ⅰ. 때리기 387
  Ⅱ. 꺾기 395
  Ⅲ. 던지기 409

부 록

  1. 경락과 경혈 422
  2. 경혈도(앞) 424
  3. 경혈도(뒤) 425
  4. 인체의 골격 및 명칭 426
  5. 1단 수련과정 술기 내역 427
  6. 2단 수련과정 술기 내역 428
  7. 3단 수련과정 술기 내역 429

제1장
합기도의 개관

Ⅰ. 합기도의 기원과 유래

 인류의 역사는 투쟁의 역사다. 인류의 역사와 더불어 인간은 생존을 위하여 수렵 활동과 외부의 적으로부터 자신과 종족을 보호하기 위하여 부단히 싸워 왔으며, 싸움의 방식과 도구도 또한 문물의 발달과 집단 사회의 확대 발전에 따라 발전되고 체계화되었으며 이러한 수렵과 싸움이 무술의 모태가 된다고 하겠다. 그러나 합기도는 우리 겨레의 최고 경전인 삼일신고 진리훈편의 기화(氣化), 지명(知命), 합혜(合慧), 라는 구절에서 그 기원을 찾아볼 수 있다. 즉 천기(天氣), 지기(地氣), 인기(人氣)를 단전에 모아 그 힘을 자유자재로 운용하여 다양한 술기에 적용시키고자 하는 수행 과정으로서 수련을 통하여 자기의 존재(命)를 깨닫고 지혜로움을 얻게(合慧)되는 수도인 것이다. 이는 고구려의 각저총·무용총·삼실총 등의 벽화에서도 편린을 접할 수 있고 백제 시대에는 삼랑도·수벽타·국선 등으로 이어져 왔으며 신라시대에는 화랑도로 계승 발전되었다. 고려시대에는 현대 합기도의 근간이라고 할 수 있는 유술(柔術)등에 이어졌으나 숭문 경무 풍조에 의하여 무술이 일부 소수 계층에 의하여 전래되었으며 조선시대에 이르러 이러한 경향은 더욱 심화되었다. 그러나 임진·병자 양난 이후 정조의 명에 의해 이덕무·박제가 등이 무예도 보통지라는 무술서를 편찬하여 무예에 관한 의식이 고조되는 듯하였으나 일제 침략기를 거치면서 다시 그 맥이 위축되어 소수 무술인 들에 의하여 실기 위주로 그 맥을 이어오다 현대에 이르러 발전을 거듭하여 개인의 호신은 물론, 국민 체위 향상과 국방 무술 나아가서는 국위 선양과 더불어 세계인이 함께 하는 무술로써 오늘에 이르고 있다.

Ⅱ. 합기도의 근본 사상

 어떠한 운동이든지 정신과 육체의 혼용을 필요로 하지 않는 것은 없다. 그렇기 때문에 정신이 수반되지 않는 일체의 운동은 하나의 기능에 불과한 것이며, 그 이상의 의미 부여는 불가능하다고 본다. 최근 각종 운동에 있어서 선수들의 경기력 향상을 위한 단수련, 명상법 등은 이러한 정신 수련과 육체 훈련을 통한 조화를 이루는데 그 뜻을 두고 있다고 본다. 합기도란 문자 그대로 기를 합하는 도라 하겠으며 기는 즉 만물의 근원으로서 이에 대한 제설은 분분하나 〈맹자〉에는 若論其極 則志固心之所之 而爲氣之將師然 氣亦人之所以充滿於身 而爲志之卒徒者也. 故 志固爲至極 而氣卽次之 人固堂敎守其志然 亦不可不致養其氣 蓋 其內外 本來 交相

培養 (卷之三 公孫丑章句上) 라 하여 기를 설명하고 있다. 즉 뜻이라고 하는 것이 인간에게 있어서 중요하여 기의 장사가 되지만 기가 인간의 몸에 충만 되어 있어 지와 기가 조화를 이루지 않으면 안되며 지는 당연히 지켜야 하고 기 역시 배양되지 않으면 안된 다는 것이다. 합기도는 우주의 변화를 기의 흐름으로 파악 그 원리를 깨달음으로써 인간과 우주가 하나가(合慧) 되고자 하는 사상이다. 즉 기 (천기, 지기, 인기)를 단전에 모아 그 힘을 자유자재로 운용하여 초인적인 능력을 발휘하고자 (志)하는 것으로 단순히 자기 방어나 체력 단련의 수단에 그치는 것이 아니라 수련을 통하여 심신일여를 추구하는 무도(武道)이다.

III. 합기도의 3대 원리 (柔 · 圓 · 和)

합기술에서 극의란 자신의 힘을 몸의 내부로 집중한다는 것과, 상대편을 둥글게 유도한다는 것을 암시적으로 표시하는 말로써 '1. 흐르는 물과 같이 부드럽게 하라.' '2. 구슬처럼 둥글게 하라.' '3. 상대편의 심신에 합하라' 등 삼극의(三極意)가 있다.

1. 유(柔)의 원리

인생에 이 우주의 원리를 적용하여 본다면 이(理)는 즉 주체(인간=心性)이요, 기(氣)는 객체(자연=에너지)라 할 수 있으며 합기도에서는 주체와 객체의 화합을 통하여 심신일여를 추구하며 또한 적과의 공격 방어에 있어서도 물이 장애물을 피하여 흐르듯이 직접 충돌하지 않고 자연스럽게 피하면서 절벽에서는 폭포수를 이루듯이 적의 허점을 공격하는 것이 요체이며 공격점에 자기의 힘을 보내어 집중시키는 것을 극의로 하는 원리이다. 유의 원리에는 합기법과 타(打)의 위력 등이 있다.

2. 원(圓)의 원리

우주는 이(理) 와 기(氣)가 합하여 생성되고 변화한다. 이(理)는 우주 만물의 근본 성질(性)이며 그 자체이기도 하다. 우주의 근본 성질 즉, 이(理)는 기(氣-생체에너지)와 합하여 무궁하게 변화하면서 삼라만상을 생성 소멸시키는 조화를 부린다. 이러한 우주의 원리는 이와 기의 작용(柔)과 그 결과로서 나타나는 생성 소멸의 과정(和)을 반복하면서 돈다(圓).

　적이 공격해 올 때 적과 직접 맞부딪쳐 방어한다면 설사 적의 공격을 방어한다 하더라도 그 충격을 피할 수 없기 때문에 이러한 충격을 줄이고 효율적으로 적을 제압하기 위하여 원을 그리듯이 적의 힘을 끌어들여 적의 중심을 깨뜨리고 자신의 힘을 더하여 적을 공격함으로서 자신의 공격력을 배가시킬 수 있다.

　따라서 상대편의 힘을 직각으로 받지 않고 자신이 받는 힘을 둥글게 유도하는 것을 극의로 하는 원리이며 수도(手刀)·전환법(轉換法)·관절기(關節機)와 원의 원리의 합리성(合理性)·회전법(回轉法) 등이 있다.

3. 화(和)의 원리

　방어나 제압 술기는 적과 자신이 하나가 됨으로서 즉, 적의 심중을 읽고 움직임을 판단하여 적의 공격에 따라 자신이 움직이며 물이 흐르듯, 또는 공이 구르듯, 자유 자재로 술기를 구사함으로서 합기도의 위력을 제대로 발휘하게 되는 것이다. 따라서 상대편의 심신에 합하여 상대를 제압하며, 자기는 승리의 위치에 두는 것을 극의로 하는 원리로서 목(目, 눈씨)·선(先)·신구(身構)·진퇴(進退)·간합(間合)·역(力)의 유화(柔和)·동(動)등이 있다.

IV. 합기도가 지닌 특수성

　합기도의 기법은 크게 맨손 술기(徒手對徒手. 徒手對武器)와 무기술기(武器對武器. 武器對徒手)로 나누어지며 이 또한 인체의 역학적 약점과 생리적 약점인 급소를 이용하여 꺾고, 던지고, 조르는 지압기와 관절 기법, 차고 치는 족기와 타기의 당신 기법으로 분류된다. 이들은 다시 입공방(立攻防)·좌공방(坐攻防)·와공방(臥攻防)의 기법으로 세분되며, 술기의 종류 또한 다양하여 투검술·투석술·투창술·포박술·비상술·격검술·족술·공수술·단도술·단장술·봉술(단봉·중봉·장봉)·활법·살법 등에 따른 술기들로서 반대 기법과 변화 기법을 합하면 만여 수에 이른다. 이러한 술기는 합기도 특유의 유·원·화(柔·圓·和)의 원리에 입각하여 유한 듯 강하게 강한 듯 유하게 방어와 공격을 하며 또한 적의 공격을 둥그렇게 끌어들여 역이용하고 작은 곳은 크게, 큰 곳은 작게 공격을 함으로써 적은 힘을 가지고서도 자유자재로 적을 굴복시킬 수 있으며 다양한 술기 또한 기본기만 체득한다면 누구나 손쉽게 익힐 수 있는 과학적이고 체계적인 동양 무술의 모체가 된다고 하겠다.

V. 합기도가 신체에 미치는 영향

합기도는 남을 공격하는 것을 목적으로 하는 무술이 아니라 순수 호신의 목적을 위주로 이루어진 무술이다. 이는 비록 호신의 목적이라고는 하나 그 위력이 대단하여 적에게 치명적인 타격은 물론 살상의 성질을 가지고 있기 때문에 술기의 습득 이전에 정신 수양이 우선되어야 함은 두말할 나위가 없을 것이다. 또한 이러한 술기의 수련은 발끝에서부터 머리끝까지 무기가 되어 활용되기 때문에 신체의 어느 한 부위만을 발달시키는 것이 아니라 신체의 각 부분이 골고루 발달이 되며 몸의 균형은 물론 원활한 혈액순환을 이루게 되므로 건강해지고 강인해진다. 특히 단전호흡을 통하여 정신력의 집중은 물론 기관지를 비롯한 신체 각 부위를 강하게 단련할 수 있으며 관절기와 지압기는 각 관절과 경락 및 경혈에 자극을 주어 인체의 항상성을 유지시켜주고 혈액순환을 도와 갱년기 노쇠 현상을 예방하거나 지연케 하여 주는 효과를 가지고 있기 때문에 남녀노소 누구에게나 필요한 운동이다.

VI. 단전호흡의 정의와 방법

丹田이란 단(생명의 상징, 생체 에너지)이 모이는, 생겨나는 밭이란 뜻으로서 한의학에서는 氣海 즉 氣(생명체의 에너지원)가 바다처럼 모이는, 흐른다는 뜻으로 배꼽 아래 1치(寸)되는 부위를 말한다. 단전은 인체 내의 모든 힘의 근원이 되기 때문에 호흡을 통하여 이를 튼튼히 함으로써 초인적인 힘을 발생케 하고 체내에 분산되어 있는 힘(氣)을 집중시킴은 물론 우주에 흐르고 있는 정기(생체 에너지)를 단전에 모아 적재적소에 활용할 수 있게 하며 이의 수련을 통하여 정신 통일을 이루고 신진대사를 원활하게 함으로써 체내의 각 기관을 보다 강하게 해주는 호흡법을 말한다. 단전 호흡법에는 내공법과 외공법 그리고 파공법 등이 있으며 합기도의 수련에 있어 초단 수련 과정에서는 주로 내공법을 그리고 2단, 3단, 4단의 수련 과정에서는 파공법을 주로 수련토록 하고 있으며 그 방법에 있어 내공법은 코를 통하여 기를 최대한 흡입을 한 후 숨을 멈추고 단전에 기를 모았다가 다시 내쉬며 외공법은 기를 최대한 흡입을 한 후 멈춤이 없이 내쉬는 방법이다. 또한, 파공법은 기를 최대한 흡입을 한 후 숨을 멈추고 단전에 기를 모았다가 기합과 함께 일순간에 내쉬는 방법으로써 숨을 들여 마시는 것과 내쉬는 것을 자신이 의식하지 않도록 하여야 하며 동작은 꽃봉오리가 피어나듯이 미세하게 취하여 준다. 이를 생리학적 관점으로 살펴보면 호흡(呼吸)은 대사(代謝)에 필요한 산소를 조직까지 공급하고 대사에 의해 발생된 이산화탄소를 몸밖으로 내보내는 일이라 할 수 있으며 이는 크게 외부의 공기를 폐 속으로 흡입하는 흡기와 폐속의 공기를 외부로 배출하는 호기로 나누어져 있다. 흡기는 횡격막과 늑간근 그리고 복근등의 수축에 따라 이루어져 능동적인 운동이라고 할 수 있지만 호기는 수동적인 근육의 이완에 따라 이루어지기 때문에 수동적 운동이라고 할 수 있다. 또한 호흡에 주로 동원되는 근육의 형태에 따라서 내늑간근과 외늑간근의 수축과 이완을 통한 호흡을 흉식(胸式) 호흡이라고 하며 횡격막과 복근의 수축 및 이완을 통한 호흡을 복식(腹式) 호흡이라고 한다.

호흡은 폐포-모세혈관 막을 통한 폐포와 혈액 사이의 가스교환(산소는 폐포에서 혈액으로, 이산화탄소는 혈액에서 폐포로 이동)을 나타내는 외호흡(外呼吸)과 조직이나 세포에서의 가스교환(산소는 혈액에서 조직으로, 이산화탄소는 조직에서 혈액으로 이동)을 나타내는 내호흡(內呼吸)으로 나누어진다. 외호흡을 통해서 혈액으로 전달된 산소는 대부분 적혈구와 결합하여 조직으로 전달되며 내호흡을 통해 혈액으로 전달된 이산화탄소는 대부분이 중탄산이온의 형태로 폐로 이동된다.

VII. 경락과 경혈

경락이란 인체를 순환하는 기(氣)와 혈(血)의 통로로써 생명 활동의 근본 작용을 이루는 줄거리이며 인체의 병변은 곧 이곳에 나타나며 경락은 12정경(十二正經)과 팔맥(八脈)으로 이루어졌고 지락(枝絡)들이 서로 연락하여 유기적으로 기능을 조절하며 장부(臟腑)와 조직 사이의 밀접한 연관성을 유지시켜 준다. 이것은 일주야에 50회를 순환하며 그것이 원활치 못할 때 병이 난다 한다. 경혈은 경락 위에 분포된 구멍 같은 것으로서 보통 혈(穴)이라 불리 우며 외계와 체내를 연결짓는 기(氣)의 문호(門戶)라고 볼 수 있다. 또한 천지간의 정기(精氣)를 체내로 끌어들이고 내보내는 구실을 하며 급소(急所)이기도 하다. 혈은 직통으로 맞으면 죽을 수도 있고 반대로 살릴 수도 있는 만큼 오장육부에 결정적인 영향을 주는 급소이며 전기 자극에 민감하고 열 자극에도 민감하며 모든 자극이 일반(體表)부위보다 몇 배나 반응이 빠르므로 동양에서는 이곳을 자극하는 방법으로 침, 뜸, 열자극, 지압, 안마 등으로 치료에 활용해 왔으며 무협가 들은 필살의 일격을 가하는 급소로도 이용되어 왔다. 따라서 혈을 바로 누르면 사기(邪氣)가 꼼짝달싹 못한 채 일망타진 될 뿐 아니라 새로운 활기(活氣)를 주입시켜 원기를 회복 할 수 도 있다.

VIII. 술기의 원리와 용어

1. 합기법

준비운동과 건강을 위하여 하는 운동으로서 양발을 자연스럽게 벌리고 눈은 수평을 보며 양손을 살리고 숨을 들이마신 후 전신의 힘을 단전에 집중시키면서 양손을 수평으로 뻗는다.

2. 타(打)의 위력(偉力)

몸의 내부로 힘을 집중시켜 치고자 하는 곳에 보내어 공격 점에 닿는 일순간 힘을 주는 것이다.

3. 목(目, 눈씨)

쏘아보는 시선의 힘을 말한다. 상대의 눈을 보되, 머리에서 발끝까지 전체를 본다. 목은 선(先)을 배우는데 중요하다.

4. 선(先)

선선(先先)의 선(先) · 선(先) · 후선(後先)의 선(先)으로 구분한다.
1) 선선의 선 : 상대편의 마음의 움직임을 캐내어 먼저 제압하는 것이다.
2) 선 : 상대편이 마음에 공격을 하기 전에 먼저 행동하는 것이다.
3) 후선의 선 : 상대편의 공격에 의하여 몸의 중심이 흐트러지려고 할 때 재빨리 방어와 공격을 하는 것이다. 마음으로나 행동으로나 상대에게 뒤떨어지지 않게 단련이 필요하다.

5. 신구(身構, 몸가짐)

1) 무구(無構) : 자연스럽게 서 있는 자세 또는 앉아 있는 자세를 말한다.
2) 우구(右構) : 오른발(右足)을 앞에 두고 대련 자세를 취한 것을 말한다.
3) 좌구(左構) : 왼발(左足)을 앞에 두고 대련 자세를 취한 것을 말한다.

6. 진퇴(進退)

1) 편족(編足) : 조금씩 이동을 할 때 사용하는 것으로 오른발(右足)이 일보 나가면서, 그 발이 땅에 닿기 전에 왼발(左足)이 오른발의 방향으로 걷되 왼발과 오른발이 동시에 땅을 밟게 하며 몸의 중심이 흐트러 지지 않아야 한다(前進後進).
2) 보족(步足) : 보통 걸음과 같이 교대로 발을 옮기는데 짧게 디뎌야 한다.
3) 전회(轉回) : 전방을 보고 있다가 즉시 후방을 보는 자세로 몸을 변화하는 방법이다. 상대의 이동에 따라 또는 상대가 다수일 때 쓰인다.
4) 문합(問合) : 상대와 대했을 때 상대에게 화(和)하는 것을 말한다. 자기가 먼저 공격을 하려면 접근을 하고 방어를 하려면 멀리 떨어진다.

7. 상대와 대립했을 때

1) 오른발을 앞에 두고 대련 자세를 취한(右構) 상태에서 오른손 수도(右手刀)로 적이 왼쪽 방향(左向)에서 치러 들어올 때 오른발(右足)을 반보 나가면서 오른손 수도(右手刀)로 받는다.
2) 오른발을 앞에 두고 대련 자세를 취한(右構) 상태에서 오른손 수도(右手刀)로 적이 왼쪽 방향에서 치러 들어올 때 왼발(左足)을 반보(半步) 나가면서 왼손 수도(左手刀)로 받는다.
3) 오른발을 앞에 두고 대련 자세를 취한(右構) 상태에서 오른손 수도(右手刀)로 적이 오른쪽 방향에서 치러 들어올 때 오른발(右足)을 반보 나가면서 오른손 수도(右手刀)로 받는다.
4) 오른발을 앞에 두고 대련 자세를 취한(右構) 상태에서 오른손 수도(右手刀)로 적이 오른쪽 방향에서 치러 들어올 때 왼발(左足)을 반보 나가면서 왼손 수도(左手刀)로 받는다.

8. 전환법

1) 전신 전환 : 왼발과 오른발(左右足)을 전·후·좌·우·내·외·횡으로 이동하는 것을 말한다.
2) 반신 전환 : 단전에 힘을 주고 허리와 어깨 즉, 상체만 이동하는 것을 말하며, 외전환은 바깥쪽으로 전환 하는 것을, 내전환은 안쪽으로 전환 하는 것을 말한다.

9. 회전법

격투시 또는 불의의 다른 세력에 의하여 중심을 잃고 넘어질 때, 지면으로부터 받는 충격에 영향을 받지 않고 그대로 돌아서 일어나는 것을 말한다.

10. 관절기(關節機)와 원(圓)의 원리의 합리성

상대의 손을 꺾을 때 원형으로 꺾는 것을 말한다.

11. 역(力) 유화(柔和)

밀면 당겨라. 밀면 돌아라. 당기면 밀어라

12. 동(動)

상대가 움직이는 것을 말한다. 일격일타(一擊一打)에 실패하지 않기 위하여 기회를 찾는다.
1) 일어날때 친다 : 상대가 정지 상태에서 어떤 동작으로 옮기려고 하는 순간을 말한다.
2) 기진 했을때 친다 : 상대가 주먹이나 발로 공격하여 들어 왔을때 끝까지 뻗쳤을 순간을 말한다.
3) 받았을때 친다 : 자기가 상대를 공격하였을 때 상대가 방어를 하고 다른 동작을 취하기 전을 말한다.

13. 주수종공(主守從功) 필승의 이치

 주수종공을 행할 때 어찌해서 약자가 능히 강자에게 이길 수 있는 가의 이치는 가령 무거운 물건을 들어올리는데 먼 곳에서 손을 내밀고 이것을 올리려고 하면 쉽게 올릴 수가 없지만, 그 물건에 가까이 가서 손을 줄이여 올리면 쉽게 이것을 올릴 수 있다.
 호신술이란 즉 심리를 응용해서 자기는 줄이고 방어할 태세를 갖추고 적이 공격을 하도록 하며 손을 뻗쳐 덤벼드는 힘이 적은 상태의 약점을 역으로 이용하여 쉽게 적을 좌절시킬 수 있다.

14. 심기력 일치(心氣力一致)의 효력

 호신술에 있어서 가장 중요한 것은 심기력(心氣力)의 일치이다. 즉 마음과 힘이 동시에 일치 병합하면 무서울 정도로 재빠른 동작으로 적을 물리칠 수 있다.

15. 지렛대의 이치 응용

 지렛대는 무거운 물건을 적은 힘으로 들어올릴 수 있는 긴 막대이다. 호신술은 그 이치를 응용하여 적의 공격시 쉽게 퇴치할 수 있는 것이다.

16. 차(車)의 이치응용(理致應用)
 차(둥근바퀴)는 물건을 가볍게 움직이고 혹은 무거운 것을 올리며 기타 여러 가지의 기계를 돌릴 때 사용되는 가장 필요한 것이다. 호신술은 그 바퀴의 이치를 응용, 적이 덤벼들 때에 나의 신체를 바퀴처럼 하여 적의 공격을 막는다.

17. 물건의 탄력 이치응용

 물건의 탄력이라 하는 것은 대단히 힘이 센 것으로서, 가령 활을 만월과 같이 잡아당기어 힘이 가득 찼을 때에 손을 놓으면 힘에 의하여 화살을 멀리 보낼 수가 있다. 또한 물건을 자를 때에 가까이 대고 힘을 주어 누르면 쉽게 잘라지지 않는다. 그러나 그 물건을 적당한 거리에 두고 자를 때는 그 자르는 힘은 비록 적다 할지언

정 그 힘으로 쉽게 자를 수가 있다.

18. 파권(擺拳)의 효력(效力)

파권(擺拳)이란 다섯 개의 손가락을 쥐는 방법이다. 먼저 엄지손가락을 안에 그 위에다 네 개의 손가락을 가벼이 쥐고 마음을 가라앉힌다. 이 법은 적에게 송수(送手), 송지(送指)를 잡히는 일없이 또한 적이 돌연히 덤벼들더라도 재빨리 쥐고 싶은 곳에 힘을 집중하여 놀라운 일을 행하는 것이다.

19. 착안(着眼)의 둘 곳

착안이란 적의 신체 어느 곳에 눈을 두는가를 말하며 눈을 두는 곳은 적의 눈이나 적의 눈에서 시선을 떼지 않고 신체 수족을 보는 것, 즉 널리 크게 전체가 눈에 보이도록 크게 관찰하는 것이다.

20. 발성의 필요

발성은 일종의 공격법이다. 발성은 자주 적의 심담을 사로잡고, 적의 힘을 좌절시키는 포탄과 같은 효력이 있는 것이다. 또한 노도와 같은 소리이다. 이 위대한 소리가 없다면 인축(人畜)을 놀라게 하는 효과가 적다. 따라서 적의 간담을 사로잡는 용기를 좌절시키려면 발성이 꼭 필요하다.

21. 잔심(殘心)의 필요

잔심(殘心)이란 적에 대해서 충분히 힘을 쓰지 않고 중도에서 힘을 멈추고 남겨 두는 것이다. 가령 100% 힘을 70% 사용하고 30%의 힘을 남겨 둔다는 것이다. 그래서 재빨리 앞으로 나가 적의 허심을 공격하고 즉시 물러나 안전한 위치에서 자세를 잡는 것이다. 이것이 잔심(殘心)의 필요성이다.

22. 형(型)의 연습

　형(型)은 호신술의 기본으로 마치 전쟁에 있어서 병법과 같은 것이다. 따라서 형(型)을 잘 훈련하여 바른 자세를 만들어 엄연한 태도를 함양하여, 습관이 되도록 하고 적이 갑자기 공격하여 왔을 경우 신체 수족이 형(型)과 같이 자연히 이것에 응하여 재빠른 동작으로 방어와 공격을 할 수 있도록 단련하여 두는 것이 필요하다.

■ 참고문헌 ■

김동춘	(1989).	천부경과 단군신화. 기린원
김성수, 정일규 공저	(1995).	운동생리학. 도서출판 대경
명광식, 김종택	(1978).	종합 정통 합기도. 예지각
성동진	(1997).	운동생리학. 형설출판사
송호수	(1989).	위대한 민족. 보림사
이병국	(1997).	칼라 경혈도. 도서출판 현대침구원
임승국 역	(1987).	한단고기. 정신세계사
장입문	(1995).	도. 동문선
정민현	(1988).	도해. 상설경락. 삼원문화사
정승재 역	(1989).	천부경의 비밀과 백두산족 문화. 정신세계사
주인덕	(1974).	알기쉬운 침·뜸·지압. 국민출판사
최상헌	(1986).	합기도. 진영출판사
최상헌	(1993).	계간 합기도 창간호. 무림원
최상헌	(1999).	합기도 지도자 유형과 무도정신 성취도의 관계. 한국체육대학교 사회체육대학원 석사학위논문
한국도교 사상연구회	(1990).	한국도교 사상의 이해. 아세아 문화사

제2장
합기도의 기본

Ⅰ. 예의의 필요성과 규범

인류의 교제는 예로 시작되어 예로 끝난다고 볼 수 있다. 즉 예의가 바르면 몸과 마음이 바르게 됨은 물론 숭고하고 신성하게 되며 또한 장엄하여 절대로 빈틈이 없게 된다. 따라서 싸우지 않고 적을 굴복시킬 수 있으며 국가는 안전하고 태평하게 된다. 인간이란 한시라도 이것을 소홀히 해서는 아니되며 특히 무술을 연마함에 있어 예의를 바르게 하는 것이 무엇보다도 중요하다. 합기도를 수련하는데 있어 필수적인 예법 몇 가지를 소개하고자 한다.

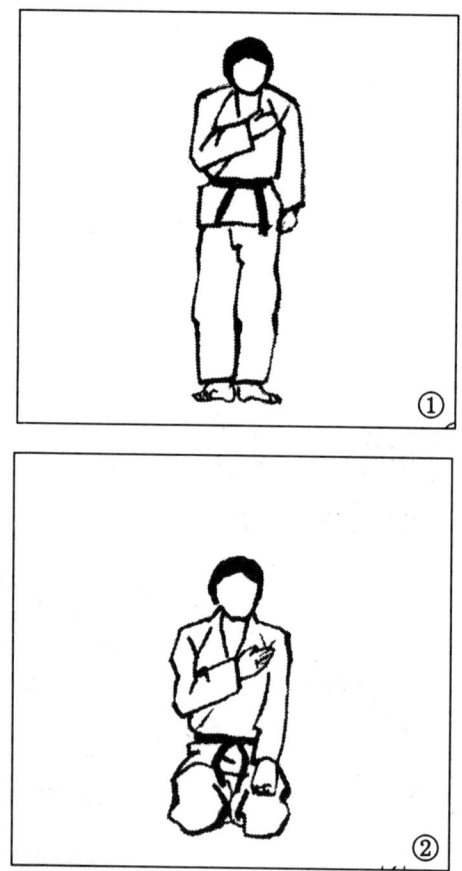

1 수련 도장에 들어설 때와 나갈 때는 물론 수련의 시작과 끝날 때는 필히 심신을 바르게 하고 국기에 대하여 예를 갖추도록 한다(그림 ①, 그림 ②).
2 외부인은 물론 관장이나 사범 및 선후배와 동료들간에 정중한 예로서 인사를 하며 수련의 시작과 끝날 때에도 상대방에게 예를 갖추어야 한다.

③ 수련 중 도복이 흐트러졌을 경우에는 상대방에게 인사를 한 후 국기와 상대를 뒤로하여 한쪽 무릎을 꿇고 도복을 단정히 한 후(그림 ③) 상대방에게 인사를 하고 수련을 계속한다.

④ 수련 중에는 음식물등을 먹거나 잡담을 해서는 절대로 안 된다.
⑤ 무릎을 꿇고 앉을 때에는 오른발 엄지발가락이 왼발 엄지발가락의 3분의 1을 덮게 하고 무릎과 무릎 사이는 주먹 하나 정도의 간격으로 벌리고 허리를 곧게 펴고 앉는다. 이때 손은 자연스럽게 무릎위에 올려놓는다(그림 ④, 그림 ⑤).

제2장 합기도의 기본 … 15

Ⅱ. 띠를 매는 법과 도복을 개는 법

1. 띠를 매는 법

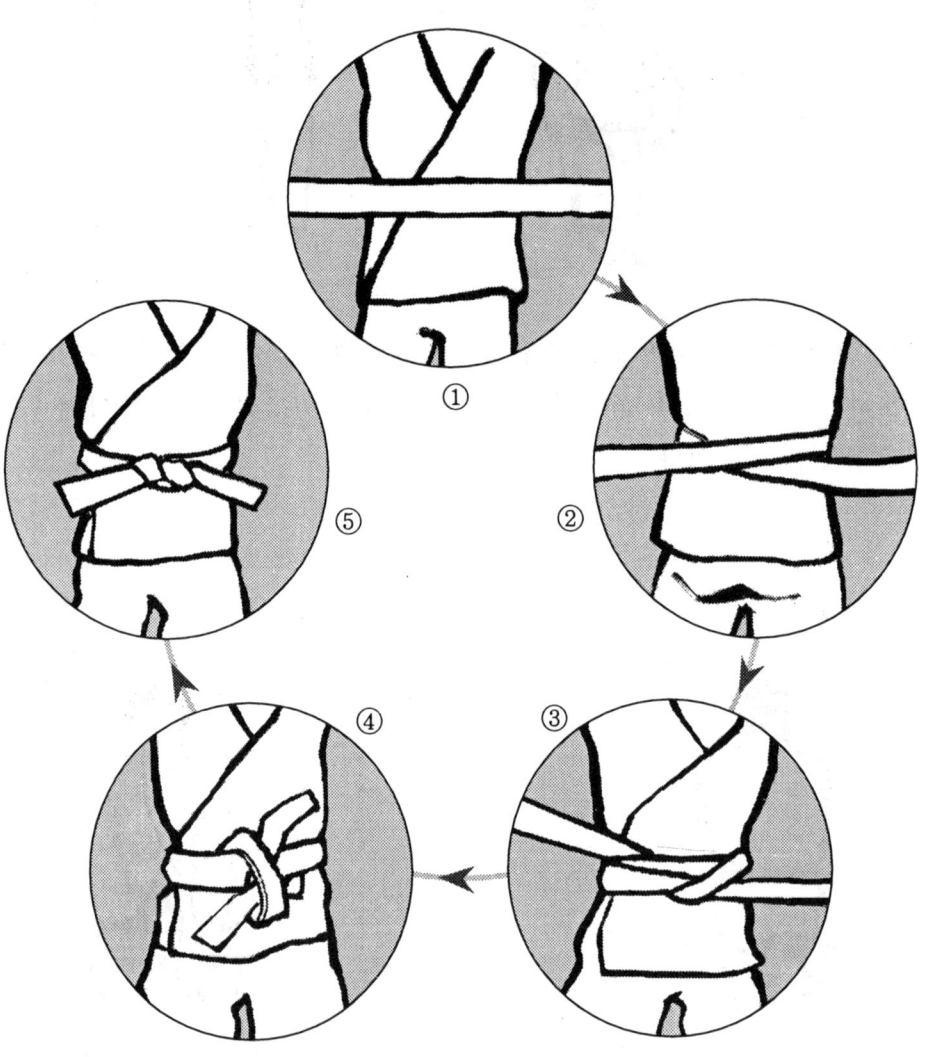

국기와 상대를 뒤로하여 한쪽 무릎을 꿇은 상태에서 띠의 절반이 되는 부분을 배꼽에 대고(그림 ①) 뒤로 한바퀴 돌려(그림 ②) 왼손으로 잡고 있는 띠를 오른손으로 잡은 띠위로 오게 X자로 겹치게 한 후 속으로 집어넣고(그림 ③) 왼손으로 잡았던 띠가 다시 위로 오게 하여(그림 ④) 맨다(그림 ⑤).

2. 도복을 개는 법

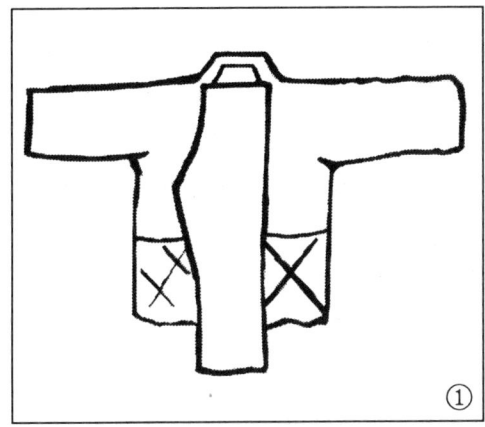
①

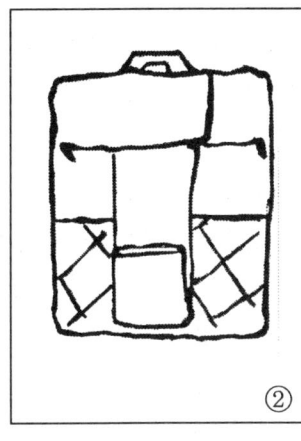
②

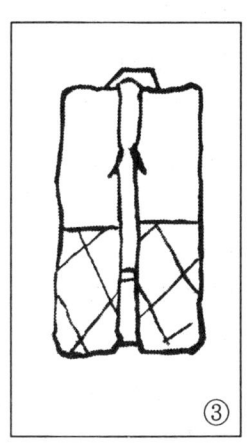
③

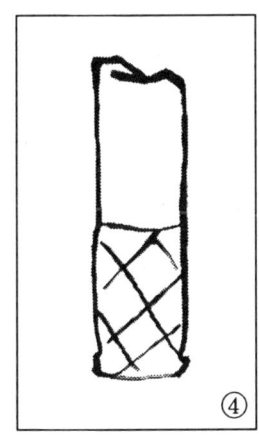
④

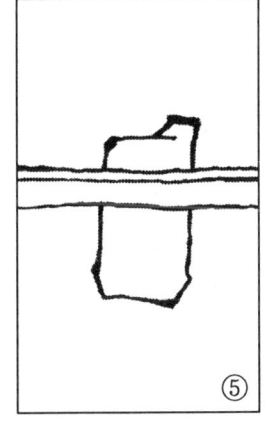
⑤

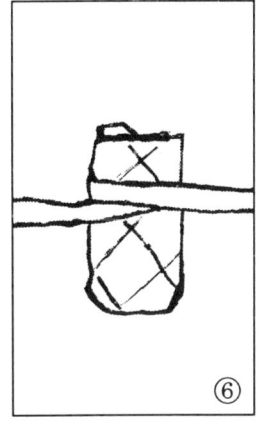
⑥

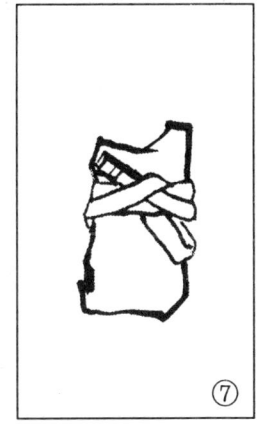
⑦

　도복 상의를 펼쳐 놓은 상태에서 바지를 옆으로 접어 상의 위에 놓은 후(그림 ①) 양팔 소매와 바지의 아랫 부분을 상의의 몸통 부분에 맞게 접고(그림 ②) 상의의 중앙선 부위에 서로 마주하게 양옆을 세로로 접으며(그림 ③), 다시 양옆이 겹치도록 세로로 접은 후(그림 ④) 세로의 반을 다시 접고 띠를 두 겹으로 접어 중간 부분을 도복 위에 대고(그림 ⑤) 한 바퀴 돌려(그림 ⑥) X자로 겹치게 한 후 위에 있는 띠를 집어넣어 튼튼하게 당겨 준다(그림 ⑦).

III. 준비운동

합기도에 입문한 동기가 수련생 각자에 따라 다르다 할지라도 그 근본적인 기저는 심신 수련이라 해도 무방할 것이다. 그러나 간혹 이러한 목적에 상반되게 준비운동과 정리운동의 중요성을 간과하고 대충 넘기려는 수련생들을 볼 수가 있다. 이는 지압기와 관절 기법 등의 합기도 술기들을 연마하는데 있어, 심신을 수련하려는 것이 아니라, 자해(自害)를 하고자 수련을 하는 것이 되어 많은 위험을 자초할 수 있으므로 어느 한 동작이라도 소홀함 없이 충실히 행하여야 할 것이다.

준비운동은 운동 후 근육과 관절의 통증을 감소시킴은 물론 운동에 의한 사고 발생을 미리 방지하고 운동 능력을 충분히 발휘할 수 있도록 하기 위해 본 운동을 수행하기 이전에 행하는 운동으로써 운동시 사용하게 될 주요한 근육을 풀어 주게 되며 본 운동시 혈액의 흐름을(산소 공급을) 증가시키게 한다.

따라서 준비운동의 목표는 첫째, 체온을 상승시켜 근육이나 관절에서 효소를 활성시키게 한다. 둘째, 심박출량을 증가시켜 운동시 급격하게 증가하게 되는 혈류의 공급을 원활하게 한다. 셋째, 근육의 모세혈관들을 확장시켜 혈류의 순환을 원활하게 한다. 넷째, 신경의 전달 속도를 향상시켜 운동 기술을 조정하게 하고 운동에 대한 심리적인 준비를 하게 한다.

1. 단전호흡

초단 수련 과정에서의 단전호흡은 내공법으로써 코를 통하여 기를 최대한 흡입을 한 후 숨을 멈추고 단전에 기를 모았다가 다시 내쉬는 방법이다. 이때 숨을 들이마시는 것과 내쉬는 것을 자신이 의식하지 않도록 하여야 하며 동작은 미세하게 취하여 준다.

1 앞으로

시선은 정면의 한 지점에 두고 양손은 경문혈 부분에서 시계의 반대 방향으로 원을 그리면서 숨을 최대한 들이마신 후 멈추고(그림 ①) 단전에 기를 집약하면서 기마 자세를 취하는 동시에 양손 손바닥을 마주보게 하여 앞으로 내밀어 양손 모지가 눈과 일직선이 되게 한 후(그림 ②, 그림 ③) 숨을 천천히 내쉬면서 원래의 자세를 취한다(그림 ①).

2 위로

시선은 정면의 한 지점에 두고 양손은 경문혈 부분에서 시계의 반대 방향으로 원을 그리면서 숨을 최대한 들이마신 후 멈추어(그림 ①) 시선을 정면 15도 위에 두고 단전에 기를 집약하면서 기마 자세를 취하는 동시에 양손 손바닥이 귀를 스치듯이 올려 팔을 펴 준 뒤(그림 ②, 그림 ③) 숨을 천천히 내쉬면서 원래의 자세를 취한다(그림 ①).

3 밑으로

 시선은 정면의 한 지점에 두고 양손 수도가 늑골을 스치듯이 올리면서 숨을 최대한 들여 마신 후 멈추고(그림 ①) 단전에 기를 집약하면서 기마 자세를 취하는 동시에 양손 손바닥으로 젖가슴을 쓰다듬듯이 돌려(그림 ②) 명치와 단전 앞을 거쳐 낭심 앞까지 내린 후(그림 ③) 숨을 천천히 내쉬면서 양손을 양쪽 옆구리에 대주어 원래의 자세를 취한다(그림 ①).

4 벌려서

 시선은 정면의 한 지점에 두고 양팔을 옆으로 벌린 상태에서 양팔을 뒤로 제끼면서 숨을 최대한 들이마신 후 멈추고 (그림 ①) 단전에 기를 집약하면서 기마 자세를 취하는 동시에 양손을 정면으로 서서히 틀어(그림 ②) 양손 손등을 마주보게 한 후(그림 ③) 숨을 천천히 내쉬면서 원래의 자세를 취한다(그림 ①).

2. 손목과 발목운동

　손목과 발목 관절을 털고 돌려 부드럽게 풀어준다(그림 ①, 그림 ②) 손목이나 발목에는 많은 건(腱:tendon)들이 복잡하게 연결되어 있는 건지대(腱支待: retinaculum tendinum)가 있다. 이러한 건지대를 충분히 풀어주지 않으면 건초활막염(tendinous synovitis)이나初 건통(腱痛:teinodynia)이 올 수가 있다.

3. 팔다리 운동

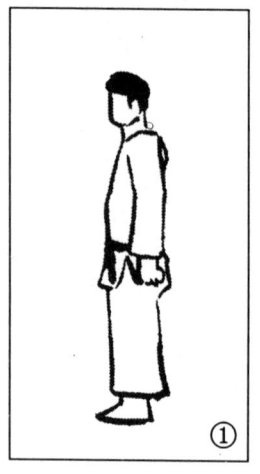 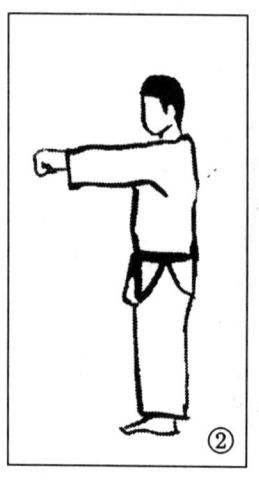  

 주먹을 가볍게 쥐고 서 있는 자세에서(그림 ①) 양손을 어깨 높이로 들어올렸다가(그림 ②) 뒤로 제끼면서 양무릎을 구부려 쪼그려 앉은 후(그림 ③) 일어서면서 양팔을 높이 들어올렸다가(그림 ④) 내려 원래의 자세를 취한다(그림 ①). 앉을 때 대퇴사두근(大腿四頭筋:quadriceps femoris)이나 전경골근(前脛骨筋:anterior tibialis) 및 장지신근(長趾伸筋: extensor digitorum longus) 등을 그리고 일어설 때 슬굴곡근(膝屈曲筋: hamstring)과 비복근(gastrocnemius) 및 삼각근(三角筋 : deltoid) 등을 충분히 풀어질 수 있도록 하며 무릎 관절과 어깨 관절을 부드럽게 해준다.

4. 목운동

 목운동은 경추 관절의 움직임을 원활하게 하고 목 앞쪽의 흉쇄유돌근(sternocleidomastoid)과 뒤쪽의 두최장근(頭最長筋:longissimus capitis)과 경판상근(頸板狀筋:cervicis)을 부드럽게 해준다.

1 전·후

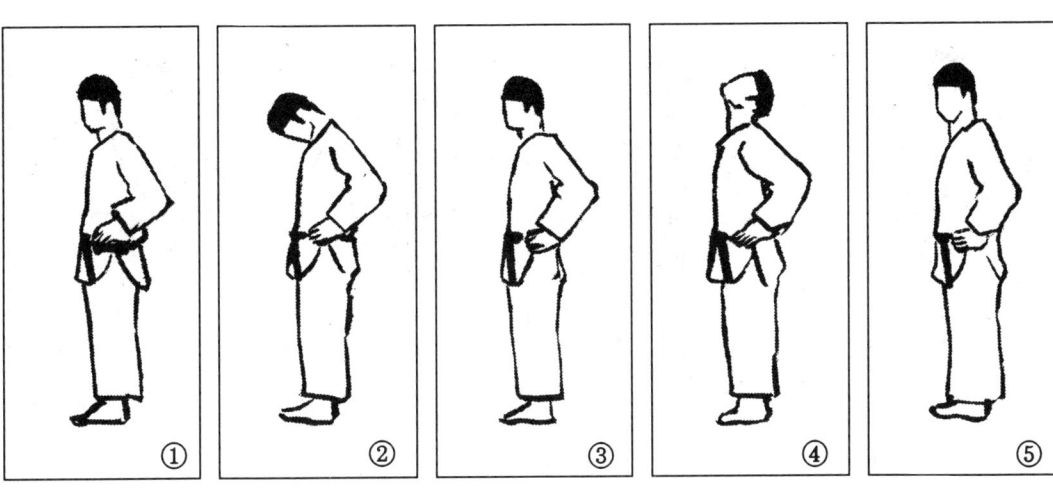

 양발을 어깨넓이로 벌리고 양손을 옆구리에 댄자세에서(그림 ①) 머리를 숙여 턱을 앞가슴에 대고(그림 ②) 머리를 들어 정면을 본 후(그림 ③) 뒤로 제꼈다가(그림 ④) 정면을 본다(그림 ⑤).

2 좌·우

 양발을 어깨 넓이로 벌리고 양손을 옆구리에 댄 자세에서(그림 ①) 얼굴을 왼쪽으로 돌렸다가(그림 ②) 정면을 본 후(그림 ③) 다시 오른쪽으로 돌렸다가(그림 ④) 정면을 바라본다(그림 ⑤).

3 좌우로 돌리기

 양발을 어깨 넓이로 벌리고 양손을 옆구리에 댄자세에서(그림 ①) 머리를 앞으로 숙인 후 왼쪽에서 오른쪽으로 원을 그리듯이 부드럽게 돌려(그림 ②, 그림 ③, 그림 ④) 원래의 위치로 돌아와 정면을 본 후(그림 ①) 역순으로 목을 오른쪽에서 왼쪽으로 돌린다.

5. 등배운동

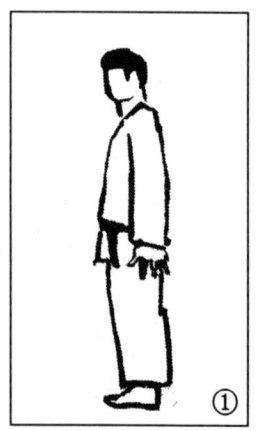   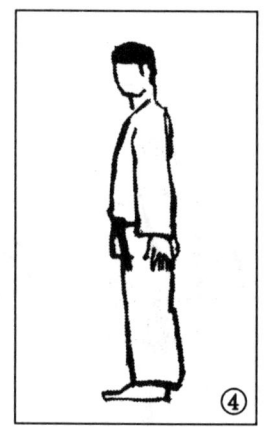

 양발을 어깨 넓이로 벌리고(그림 ①) 무릎 관절을 편 상태에서 허리를 굽혀 양손 손바닥을 지면에 대준 후(그림 ②) 양손으로 허리를 받치면서 뒤로 제껴주고(그림 ③) 원래의 자세로 돌아온다(그림 ④). 등배운동을 통해 등쪽의 소요근(小腰筋:psoas minor), 대요근(大腰筋:psoas major), 광배근(廣背筋: latissimus dorsi)과 배쪽의 복직근(腹直筋:rectus abdominis), 외복사근(外複斜筋:external oblique) 등을 충분히 풀어질 수 있도록 하여 허리의 요추를 부드럽게 해준다.

6. 몸통운동

 양발을 어깨 넓이로 벌리고(그림 ①) 허리와 양팔의 힘을 뺀 상태에서 허리를 굽혀 왼쪽에서 오른쪽으로 원을 그리듯이 돌려 허리 운동을 해주고(그림 ②, 그림 ③, 그림 ④, 그림 ⑤, 그림 ⑥) 다시 역순으로 오른쪽에서 왼쪽으로 돌려 원래의 자세로 돌아온다. 등배운동에서 이용되는 근육들을 포함해서 내복사근(內腹斜筋:internus abdominis)과 복횡근(腹橫筋 :transversus abdominis), 전거근(前鋸筋:serratus anterior), 승모근(僧帽筋: trapezius) 등을 충분히 풀어질 수 있도록 하여 허리의 요추를 부드럽게 해준다.

7. 한 발 벌려서

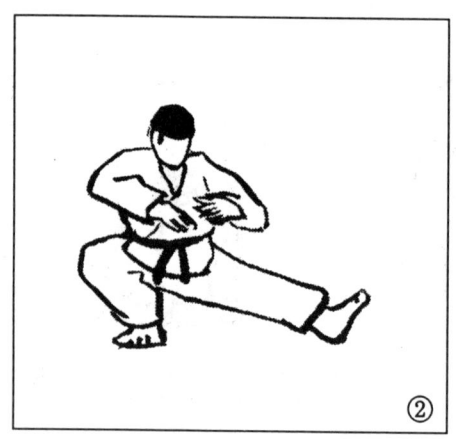

양발을 어깨 넓이로 벌린 자세에서(그림 ①) 오른발을 옆으로 벌려 쪼그려 앉으며 왼발 무릎 관절을 펴고 발등을 몸쪽으로 제껴 왼쪽 방광경락을 이완시켜준 후(그림 ②) 몸의 무게 중심을 왼발로 옮기면서 왼발 무릎 관절을 구부려 쪼그려 앉아 오른발 무릎 관절을 펴고 발등을 몸쪽으로 제껴 오른쪽 방광경락을 이완시켜준 후(그림 ③) 원래의 자세로 돌아온다. 이 때 양쪽의 슬굴곡근(膝屈曲筋:hamstring), 둔근(臀筋 : gluteus), 비복근(gastrocnemius), 장내전근(長內轉筋 : adductor longus), 박근(薄筋 : gracilis) 등을 충분히 이완되게 한다.

8. 윗몸 일으키기

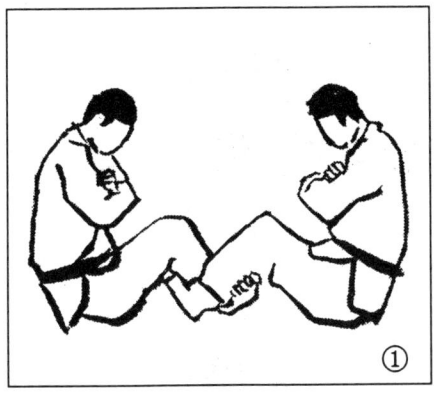
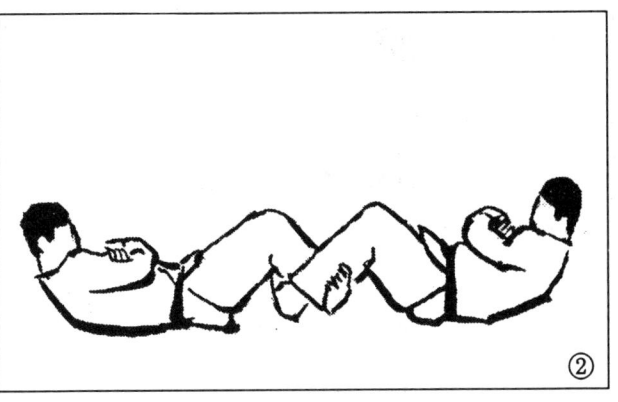

 양팔로 팔장을 끼고 턱을 가슴쪽으로 당겨준 후(그림 ①) 몸을 뒤로 펴준 후(그림 ②) 다시 일어남으로써 복직근(腹直筋:rectus abdominis), 외복사근(外複斜筋 : external oblique), 내복사근(內腹斜筋:internus abdominis) 등이 충분히 운동되게 한다.

9. 팔 굽혀펴기

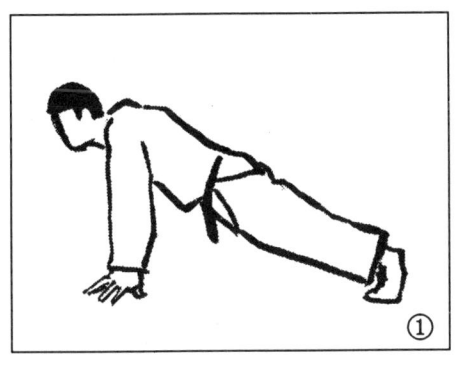
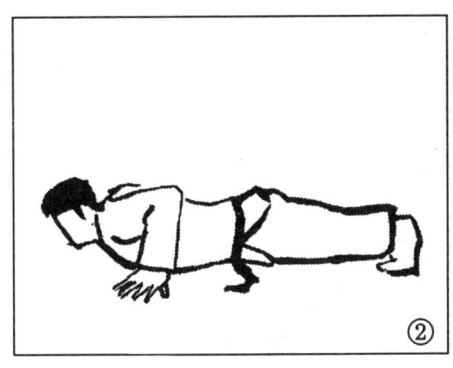

 양손 손가락을 살려 손가락 끝으로 지면을 짚고 양발을 붙여 무릎 관절을 곧게 펴준 상태에서(그림 ①) 팔굽 관절을 구부렸다가(그림 ②) 펴준다. 팔굽혀펴기는 흉근(胸筋 : pectoralis), 삼각근(三角筋 : deltoid), 상완이두근(上腕二頭筋 : biceps brachii), 상완삼두근(上腕三頭筋 : triceps brachii), 완요골근(腕橈骨筋 : brachioradialis), 척측수근굴근(尺側手根屈筋 : flexor carpi ulnaris) 등과 손의 수지골·중수골 그리고 손목 관절과 팔굽 관절 및 어깨 관절이 운동되어야 한다.

10. 양발벌려서

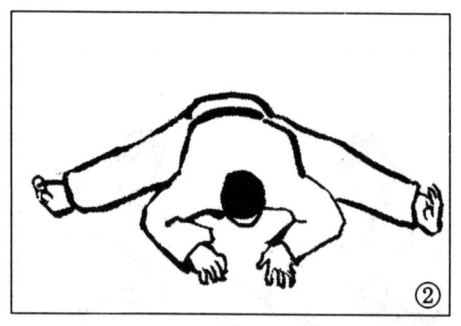
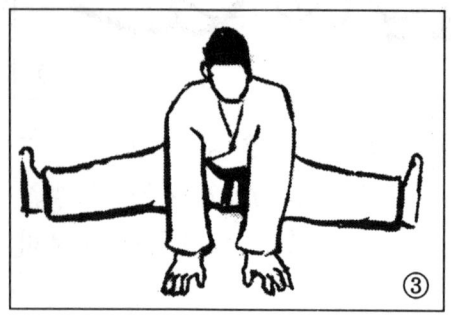

 양손 손가락을 살려 손가락 끝으로 지면을 짚고 양발을 벌려 발등을 몸쪽으로 제낀 상태에서(그림 ①) 양팔 팔굽을 구부리면서 얼굴이 지면을 스치듯이 몸을 앞으로 내밀면서는(그림 ②) 양팔 팔굽을 펴주고(그림 ③) 몸을 뒤로 빼주어 방광경락과 비경을 이완시키고(그림 ④) 또한 팔굽혀펴기와 같은 부위의 근육들과 승모근(僧帽筋 : trapezius), 광배근(廣背筋 : latissimus dorsi), 복직근(腹直筋 : rectus abdominis)등과 손의 수지골·중수골 그리고 손목 관절과 팔굽 관절 및 어깨 관절이 운동되어야 한다.

11. 뛰 기

 양발을 어깨 넓이로 벌린 상태에서 양손을 옆구리에 붙이고(그림 ①) 오른발로 제기를 차 듯이 단전 위로 차올리면서(그림 ②)

점프를 하여 왼발로 제기를 차듯이 단전 위로 차올리며 오른발 앞꿈치가 지면에 닿도록 착지를 하는 동작으로써(그림 ③) 연속적으로 100회 이상을 하여야 한다. 또한 연속 동작시 호흡은 동작과 상관없이 별도로 천천히 심호흡을 하도록 한다. 뛰기 동작은 지구력, 순발력, 점프력등을 키워주며 발목과 무릎 및 골반이 부드럽고 자유로워지며 호흡 조절을 통하여 힘의 안배는 물론 몸의 균형을 유지 할 수 있게 된다.

또한 뛰기를 하면서 하퇴의 근육들이 운동되게 하며 특히 비복근 (?腹筋 : gastrocnemius), 대퇴사두근 (大腿四頭筋 : quadriceps femoris)이나 전경골근 (前脛骨筋 : anterior tibialis) 및 장지신근 (長趾伸筋 : extensor digitorum longus) 등이 운동되게 한다.

12. 발등 앞으로

양손을 옆구리에 대준 상태에서 발등이 경골과 일직선이 되게 하여 왼발과 오른발을 연속적으로 족기 지르기를 차듯이 부드럽게 앞으로 낮게 차준다(그림 ②, 그림 3)이때 발목 관절과 무릎 관절 및 전경골근(前脛骨筋:anterior tibialis)이 충분히 운동되게 한다.

13. 옆으로

 양손을 옆구리에 대준 상태에서 안다리 차넣기를 하듯이 왼발과 오른발을 연속적으로 대각으로 차주고(그림 ①, 그림 ②) 양발을 어깨넓이로 벌리고 선다(그림 ③) 이때 비복근(gastrocnemius)이 충분히 운동되게 한다.

14. 숨쉬기

 양발을 어깨 넓이로 벌린 자세에서(그림 ①) 양손 손가락을 모두 붙이고 양팔을 옆으로 제끼면서 숨을 천천히 최대한도로 들여마신 후(그림 ②) 천천히 내쉬면서 양팔을 단전 앞에서 포개 준다(그림 ③).

IV. 정리 운동

정리 운동은 본 운동 후 가벼운 운동을 수행하여 서서히 완전한 휴식 상태로 옮기는 것을 의미하며 본 운동에서 생긴 젖산 부채의 제거와 산소 부채를 보상하는 데 있다.

1. 관절풀기

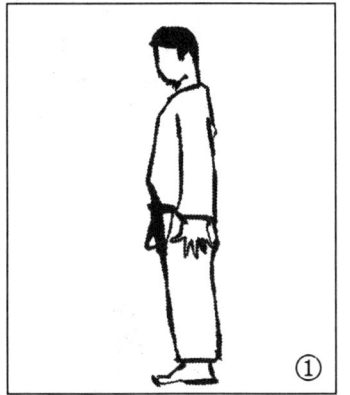  

양발을 어깨 넓이로 벌린 자세에서(그림 ①) 몸에 힘을 빼어 양손을 들어 올렸다가(그림 ②) 흔들듯이 내리면서 무릎관절을 살짝 구부렸다가(그림 ③) 펴면서(그림 ①) 무릎관절과 양팔을 충분히 풀어지게 한다.

2. 윗몸 숙여주기

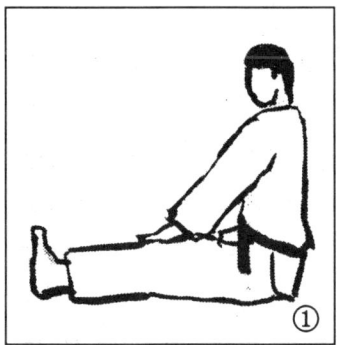  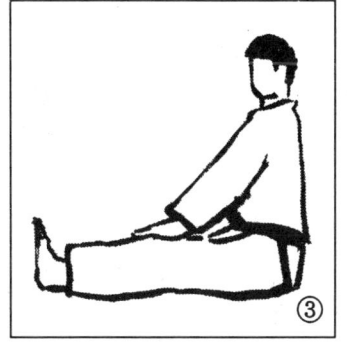

앉은 자세에서 양발을 모아 곧게 펴고 발등을 몸쪽으로 제낀 상태에서(그림 ①) 양손이 발가락에 닿도록 몸을 앞으로 숙여 가슴이 무릎에 닿도록 하여 방광경락을 이완시키고(그림 ②) 상체를 곧게 펴면서 원래의 자세를 취한다(그림 ③) 이때 대요근(大腰筋 : psoas major), 소요근(小腰筋 : psoas minor), 광배근(廣背筋 : latissimus dorsi), 전거근(前鋸筋 : serratus anterior), 삼각근(三角筋 : deltoid), 승모근(僧帽筋 : trapezius)등이 풀어지게 한다.

3. 윗몸 틀기

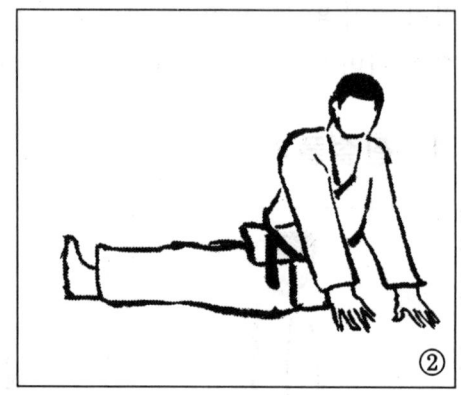

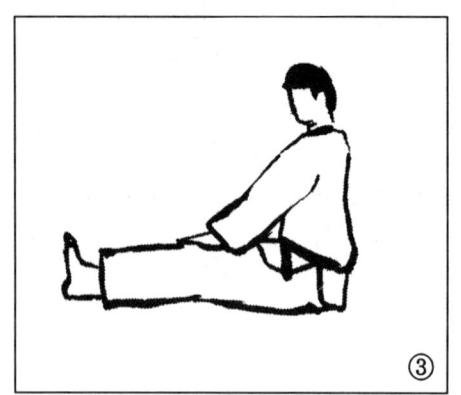

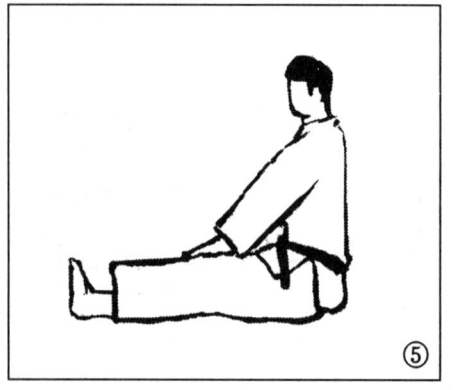

앉은 자세에서 양발을 모아 곧게 펴고 발등을 몸쪽으로 제낀 상태에서(그림 ①) 몸을 왼쪽으로 틀어 양손을 살려 손가락으로 지면을 짚고 약간 구부리면서 요추와 흉추를 교정하고(그림 ②) 원래의 자세를 취한 후(그림 ③) 몸을 오른쪽으로 틀면서 양손을 살려 손가락으로 지면을 짚고 약간 구부리면서 요추와 흉추를 교정한 후(그림 ④) 원래의 자세를 취하여(그림 ⑤) 외복사근(外複斜筋 : external oblique), 내복사근(內腹斜筋 : internus abdominis)과 복횡근(腹橫筋 : transversus abdominis), 전거근(前鋸筋 : serratus anterior)등이 충분히 풀어지게 한다.

4. 윗몸 제껴주기

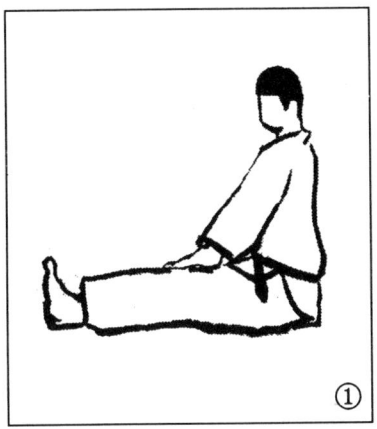

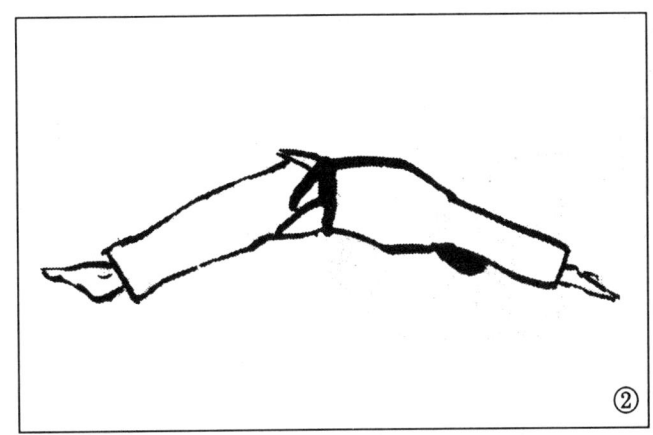

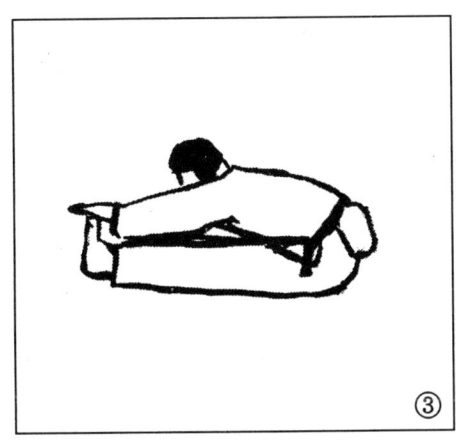

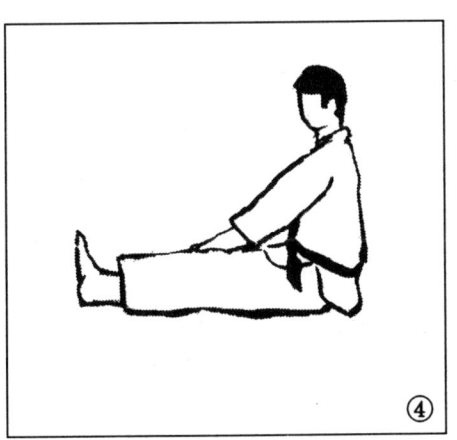

 앉은 자세에서 양발을 모아 곧게 펴고 발등을 몸쪽으로 제낀 상태에서(그림 ①) 뒤로 누우며 양팔을 만세를 하듯이 뒤로 제끼면서 엉덩이를 최대한 높이 들어올려 몸을 펴준 후(그림 ②) 몸을 일으키며 양손이 발가락에 닿도록 몸을 앞으로 숙여 가슴이 무릎에 닿토록 하여 방광경락을 이완시키고(그림 ③) 상체를 곧게 펴면서 원래의 자세를 취함으로써(그림 ④) 비복근(gastrocnemius), 전경골근(前脛骨筋 : anterior tibialis), 장지신근(長趾伸筋 : extensor digitorum longus), 대퇴사두근(大腿四頭筋 : quadriceps femoris), 둔근(臀筋 : gluteus), 슬굴곡근(膝屈曲筋 : hamstring), 대요근(大腰筋 : psoas major), 소요근(小腰筋 : psoas minor), 복직근(腹直筋 : rectus abdominis), 그리고 승모근(僧帽筋 : trapezius)등이 충분히 풀어지게 한다.

5. 뒤꿈치 올려차기

　드러누운 자세에서 팔장을 끼면서 머리를 들어 턱을 앞가슴에 붙이고 양발을 들은 상태에서(그림 ①) 자전거 폐달을 반대로 밟듯이 오른발 무릎을 가볍게 펴면서 뒤꿈치를 차올리고(그림 ②) 무릎을 구부리면서 왼발 무릎을 가볍게 펴면서 뒤꿈치 차올리기를 연속적으로 16회를 행한 후(그림 ③) 원래의 자세를 취한다. 이때무릎관절과 대퇴사두근(大腿四頭筋:quadriceps femoris) 및 슬굴곡근(膝屈曲筋:hamstring)이 가볍게 운동되게 한다.

6. 양발 벌려주기

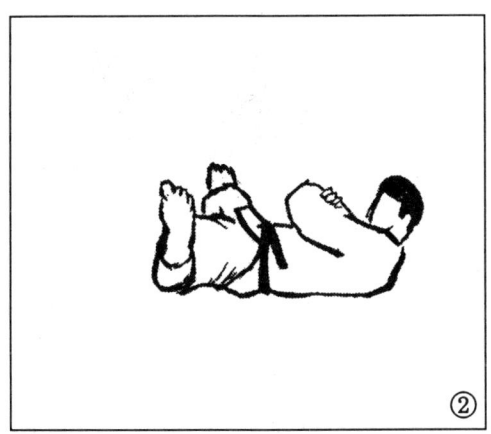

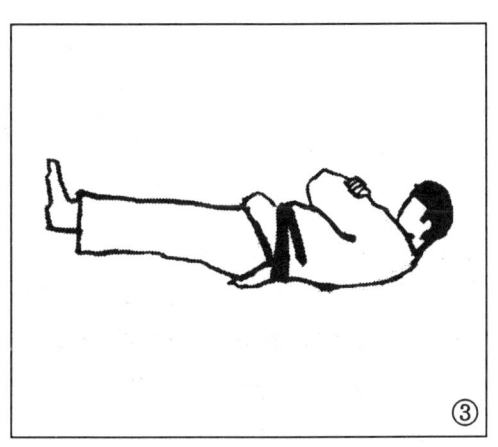

　드러누운 자세에서 팔짱을 끼면서 머리를 들어 턱을 앞가슴에 붙이고 양발을 모아 들어준 자세에서(그림 ①) 양발을 옆으로 벌려 비경을 이완시켜준 후 (그림 ②) 원래의 자세를 취하여(그림 ①) 복직근(rectus abdominis), 박근(薄筋:gracilis), 장내전근(長內轉筋:adductor longus), 대퇴사두근(大腿四頭筋:quadriceps femoris)등이 운동되게 한다.

7. 양발 들어주기

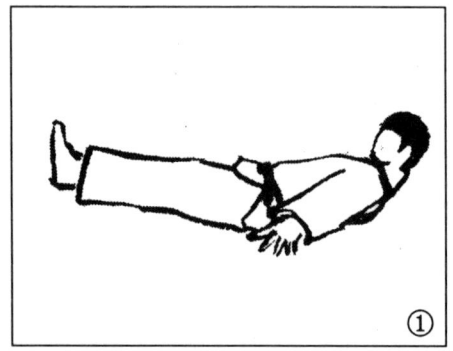

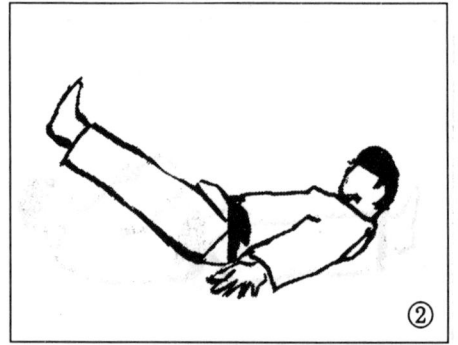

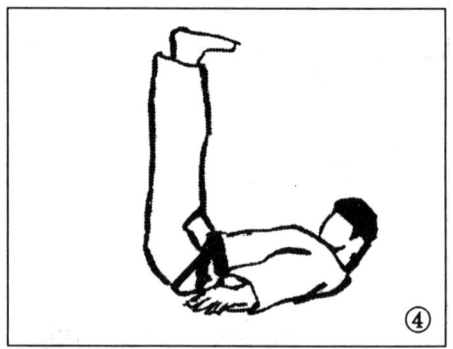

드러누운 자세에서 양발을 모아 5도 정도 들어준 상태에서 양팔을 45도로 벌려 지면에 대주고 머리는 들어 턱을 앞가슴에 붙이고(그림 ①) 양발을 30도 정도 들어올렸다가(그림 ②) 내리고(그림 ①) 다시 60도 정도 들어올렸다가(그림 ③) 내리고(그림 ①), 다시 90도 정도 들어올렸다가(그림 ④) 내리고(그림 ①), 다시 120도 정도 들어올렸다가(그림 ⑤) 내리고(그림 ①), 다시 150도 정도 들어올렸다가(그림 ⑥)橫筋:transversus abdominis)등이 운동되게 한다.

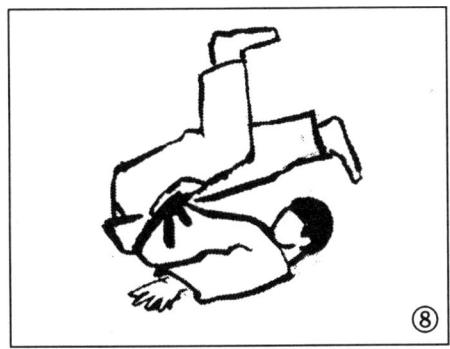

　내리고(그림 ①), 다시 180도 정도 들어올렸다가(그림 ⑦) 내린 후(그림 ①), 다시 180도로 들어올리면서 왼발 무릎을 구부리면서(그림 ⑧) 뒤로 굴러(그림 ⑨) 왼발 무릎을 지면에 대준 자세를 취하여 (그림 ⑩) 복직근(rectus abdominis), 외복사근(外腹斜筋:external oblique), 내복사근 (內腹斜筋:internus abdominis)과 복횡근(transversus abdominis)등이 운동되게 한다.

제2장 합기도의 기본 ··· 37

8. 묵념

도복을 단정히 한 후 양무릎을 꿇고 앉아 머리를 숙여 마음을 가다듬는다.

9. 예

 국기를 향하여 양무릎을 꿇고 앉은 상태에서 오른손을 왼쪽 젖가슴에 대어 국기에 대한 경의를 표한 후 일어나서 관장 또는 사범께 예를 표하고, 수련을 같이한 동료들과 마주하여 예를 표한 후 운동을 마친다.

V. 부위와 명칭

1. 정권

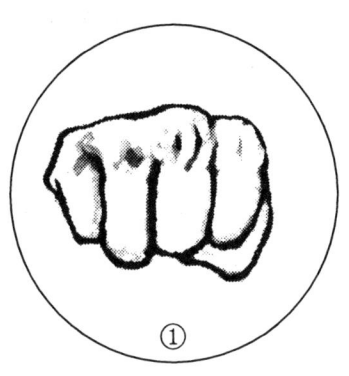
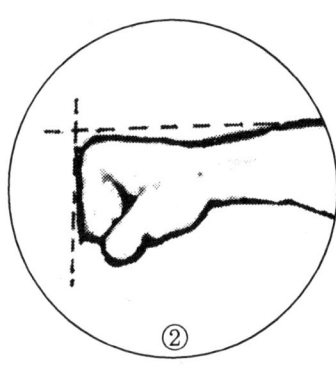

손가락을 힘있게 말아 모지와 함께 쥐어(그림 ①) 요골과 중수골이 수평이 되게하고 중수골과 수지골은 수직이 되게 하여(그림 ②) 인지와 중지의 중수골 마디로 적을 공격한다.

2. 망치

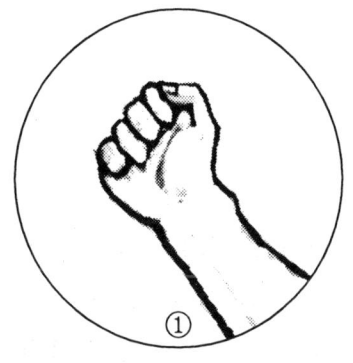
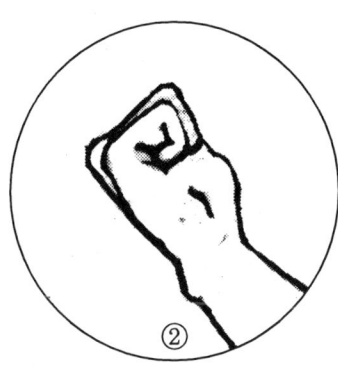

주먹을 쥔 상태에서 모지로 인지의 수지골을 눌러 잡아(그림 ①) 수도 부분으로(그림 ②) 적을 공

3. 각권

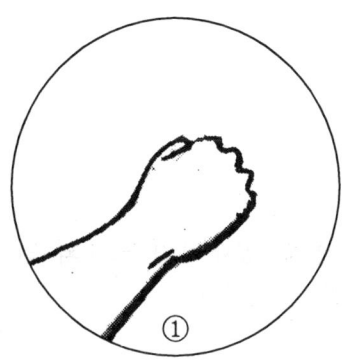

주먹의 손등쪽 중수골 마디부분으로 적을 공격한다(그림 ①).

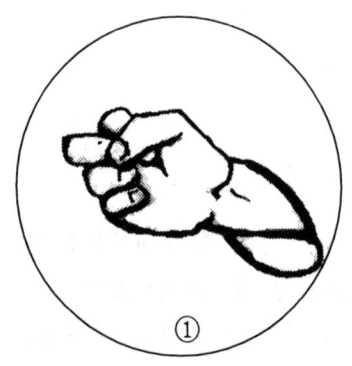

4. 중지권
중지의 관절을 내밀며 주먹을 쥐어 모지로 중지의 수지골을 받쳐 주고 합곡혈이 하늘을 향하게 하여 적의 급소를 찔러준다(그림 ①).

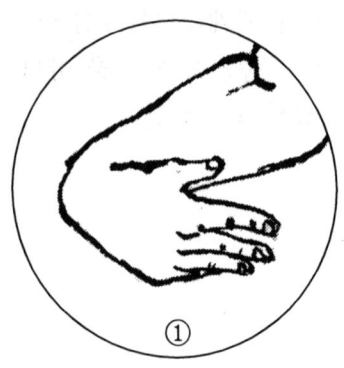

5. 곡 권
탁구공을 쥐듯이 손가락을 펴면서 손목 관절을 구부려 관절의 마디로 적을 공격한다(그림 ①).

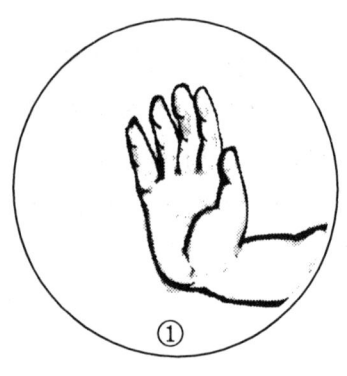

6. 장 저
손을 살린 상태에서 손가락을 제껴 완골 부분으로 적을 공격하며 공격시에는 손의 힘을 뺀 상태에서 타격 직전에 손을 살려 공격토록 한다(그림 ①).

7. 아 귀
인지 이하의 손가락을 붙인 상태에서 모지와 인지를 벌려 적을 공격 한다(그림 ①).

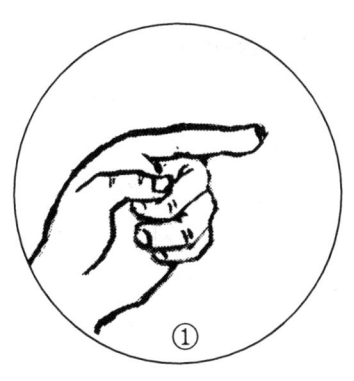

8. 아욱
적의 손등을 잡은 상태에서 인지를 살려 중수골과 수지골의 마디로 적의 수도쪽 신문혈 부분을 받쳐올려 손목 관절을 꺾어준다(그림 ①).

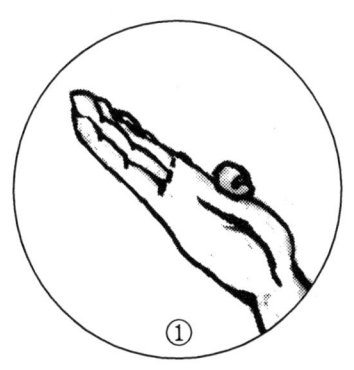

9. 수도
인지 이하의 손가락을 붙인 상태에서 네 손가락의 끝부분을 구부리고 모지를 오므려 소지의 중수골 부분으로 적을 공격한다(그림 ①).

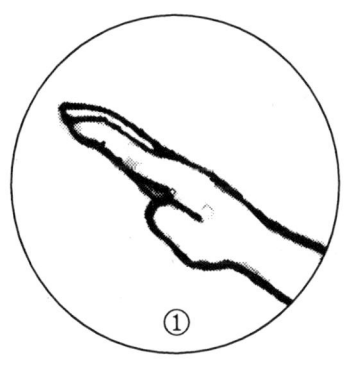

10. 역수도
인지이하의 손가락을 붙인 상태에서 네 손가락을 약간 구부려주고 모지를 소부혈에 대주어 인지의 중수골 부위로 적을 공격한다(그림 ①).

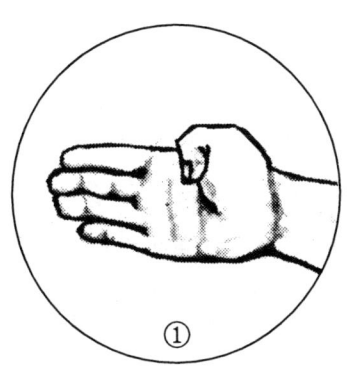 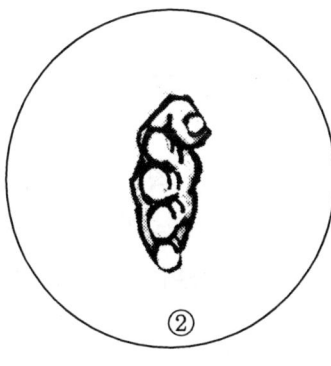

11. 관 수
인지이하의 손가락을 붙인 상태에서 모지를 오므리고 중지를 오므려 인지 및 약지와 같게 한 후 손가락 끝을 약간 구부려 적을 찔러준다 (그림 ①, 그림 ②).

12. 절관수

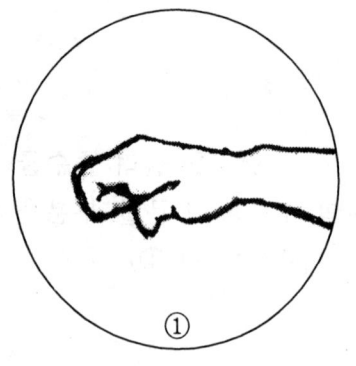
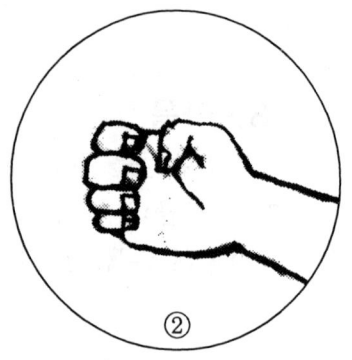

　모지를 오므리며 네 손가락의 끝을 중수골 끝부분에 붙여 네 손가락의 수지골 마디로 적을 공격한다(그림 ①, 그림 ②).

13. 팔꿈치

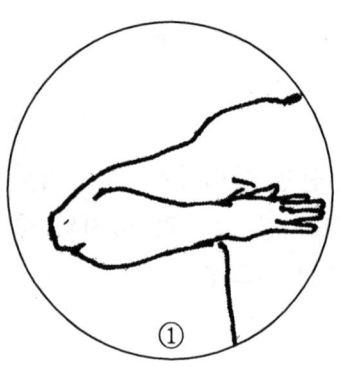

　주먹을 쥔 상태에서 공격을 하는 순간 손을 살려 팔꿈치로 적을 공격하여야 한다(그림 ①).

14. 상박·하박

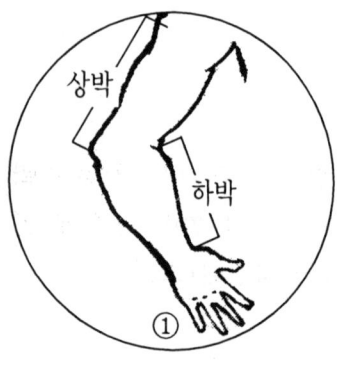

　상박은 팔굽 관절에서 어깨관절 사이의 상박골을 말하며 하박은 손목 관절에서 팔굽 관절 사이의 팔뚝을 말한다. 하박으로 공격시에는 주먹을 가볍게 쥔 상태에서 손을 살리며 팔뚝부위로 적을 공격한다(그림 ①).

15. 칼

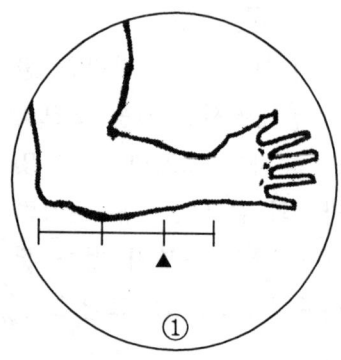

　합기도에서 칼이라 함은 손목 관절과 팔굽 관절 사이의 척골 부위를 말하며 적의 팔굽 관절 윗부분에 칼넣기를 할 때에는 손목 관절로부터 척골의 3분의 1이 되는 부분으로 공격을 한다.

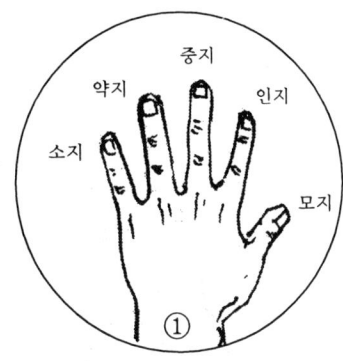

16. 손

합기도의 술기를 배우다 보면은 손가락의 명칭이 자주 쓰이는 것을 알게 된다. 따라서 그 명칭의 혼란을 막기 위해 본 교본에서는 첫째손가락을 모지(拇指)로 둘째손가락을 인지(人指)로 셋째손가락은 중지(中指) 넷째손가락은 약지(藥指)로 다섯째손가락은 소지(小指)로 그 명칭을 통일하여 사용하였다.

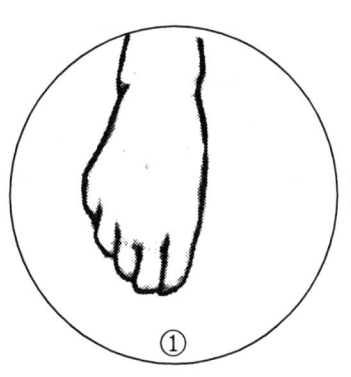 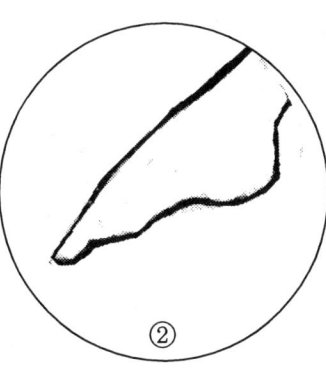

17. 발등

발등과 경골이 수평이 되게 펴 척골과 부골 부분으로 적의 근육부위를 공격해 준다(그림 ①, 그림 ②).

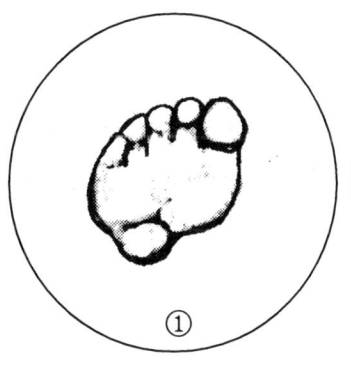 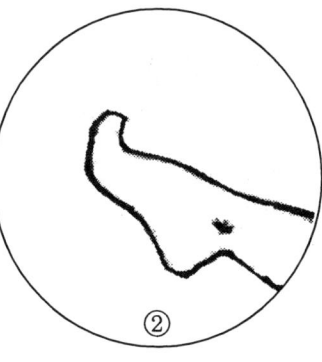

18. 앞꿈치

발등과 경골이 수평이 되게 편 상태에서 발가락을 제껴 발바닥 앞부분으로 적을 공격한다(그림 ①, 그림 ②).

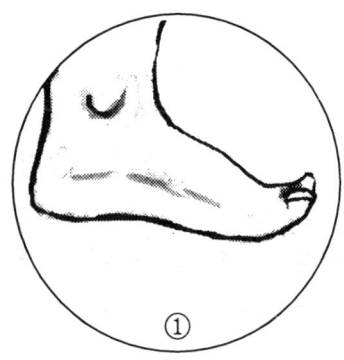

19. 족도

새끼 발가락쪽 면을 말하며 주로 뒤꿈치쪽 부분을 사용한다(그림 ①).

20. 뒤꿈치

① 발등을 무릎쪽으로 제낀 상태에서 발바닥 뒷부분으로 적을 공격하며 주로 뒤꿈치 차올리기와 뒤꿈치 차내기등에 활용된다(그림 ①, 그림 ②).

② 발등을 무릎쪽으로 제낀 상태에서 뒤꿈치의 근골부위로 적을 공격하며 주로 뒤꿈치 차내리기와 뒤돌아차기 등에 활용된다(그림 ③).

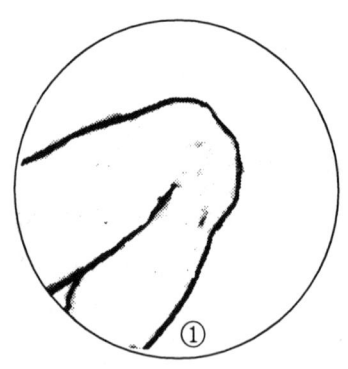

21. 무릎

발등과 경골이 수직이되게 발등을 펴면서 무릎 관절을 구부려 올려 관절의 윗부분으로 적을 공격한다(그림 ①).

22. 학다리

발차기의 기본 자세로써 서있는 자세에서 양팔 팔굽을 구부려 몸의 중심을 잡으면서 무릎을 젖가슴 앞으로 들어올려 발등을 펴 발가락이 지면을 향하게 하여 경골과 수직을 이루게 한다.

VI. 타법

  타법은 합기도의 술기들을 수련하는데 있어 기본이 되는 동작들 중 일부를 때리기에 접목을 시켜 수련토록 한 것이다. 따라서 때리는 동작 그 자체도 중요하겠지만 수련 과정의 동작들 또한 다른 술기들을 수련하는데 필요한 원리를 내포하고 있기 때문에 전 동작들을 정확하게 체득하여야 한다.

1. 안으로 수도 내려치기

  적이 앞에 있을 때 오른발이 전진하여 전굴자세를 취하면서 오른팔의 하박으로 상단을 막고 (그림 ①) 오른쪽 어깨를 옆으로 수그려 오른발 무릎과 수직이 되게 하면서 오른손 수도로 적의 오른쪽 경문혈 방향으로 왼쪽 천정혈이나 결분혈 또는 쇄골을 내리쳐(그림 ②) 왼발 무릎앞까지 오게 한다(그림 ③, 그림 ④).

2. 밖으로 수도 내려치기

적이 앞에 있을 때 오른발이 전진하여 전굴자세를 취하면서 오른팔의 하박으로 중단을 막고 (그림 ①) 몸을 오른쪽으로 틀면서 오른손 수도로 적의 왼쪽 경문혈 방향으로 오른쪽 천정혈이나 결분혈 또는 쇄골을 내리쳐(그림 ②) 오른발 무릎 위까지 오게 한다(그림 ③, 그림 ④).

3. 측면 수도치기

적이 측면에서 나를 향하여 서 있을 때 오른발을 오른쪽 옆으로 옮겨 전굴자세를 취하면서 오른손 손바닥이 하늘을 향하게 들어 왼쪽 젖가슴 앞에 위치하고 왼손 손바닥은 정면을 향하게 왼팔 팔꿈치를 들어 올려(그림 ①)

 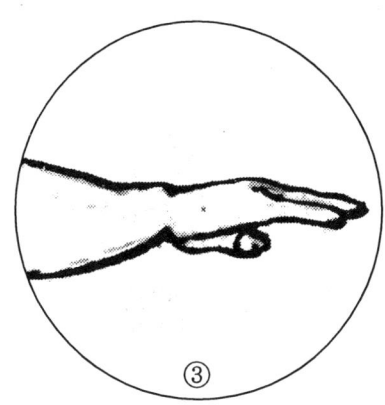

양손을 돌려 오른손 수도로 적의 오른쪽 천정혈을 돌려 친다(그림 ②, 그림 ③).

4. 뒤돌아 수도치기

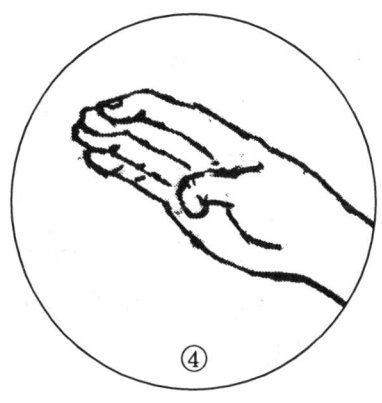

적이 앞에 있을 때 왼발이 오른발의 45도 바깥쪽으로 반발짝 나아가 뒤꿈치를 살짝 들어준 후 (그림 ①) 왼발을 축으로 오른발이 오른쪽 뒤로 돌아(그림 ②) 오른발 전굴자세를 취하여 오른손 수도로 적의 오른쪽 천정혈을 돌려 친다(그림 ③, 그림 ④).

5. 앞으로 팔꿈치 올려치기

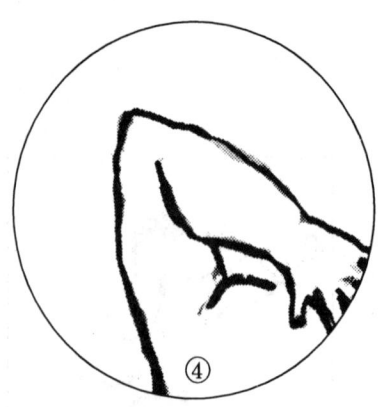

적이 앞에 있을 때 오른손 주먹을 살짝 쥐면서 오른발이 적의 낭심 앞으로 전진하여(그림 ①) 오른손을 살리면서(그림 ②) 팔꿈치로 적의 명치나 턱을 올려친 후 모지가 견갑골에 닿도록 한다(그림 ③, 그림 ④).

6. 앞으로 팔꿈치 돌려치기

적이 앞에 있을 때 오른손 주먹을 살짝 쥐면서 오른발이 적의 낭심 앞으로 전진하고(그림 ①) 오른손을 살리면서 손바닥이 지면을 향하게 하여 (그림 ②)

팔꿈치로 적의 턱을 돌려 친다(그림 ③, 그림 ④).

7. 팔꿈치 측면 찌르기

적이 옆에서 나를 향하여 서 있을 때 오른손 주먹을 살짝 쥐면서 오른발이 옆으로 나아가 전굴 자세를 취하고(그림 ①) 오른손을 살리면서 손바닥으로 젖가슴을 쓰다듬으며(그림 ②) 팔꿈치로 적의 명치를 찔러준다(그림 ③, 그림 ④).

제2장 합기도의 기본 … 49

8. 팔꿈치 측면 돌려치기

적이 옆에서 나란히 서 있을 때 오른손 주먹을 살짝 쥐면서 오른발이 옆으로 나아가 전굴 자세를 취하고(그림 ①) 오른손을 살리려면 손바닥이 지면을 향하게 하여(그림 ②) 팔꿈치로 적의 왼쪽 천계혈이나 천지혈을 돌려친다(그림 ③, 그림 ④).

9. 팔꿈치 뒤로 찌르기.

적이 등뒤에 있을 때 오른손 주먹을 살짝 쥐며 오른발이 뒤로 빠지는 동시에(그림 ①) 왼발을 당겨 몸의 중심을 오른발로 옮기면서 오른손을 살려 손바닥이 늑골을 향하게 하여(그림 ②)

팔꿈치로 뒤에 있는 적의 명치를 찌른다(그림 ③, 그림 ④).

10. 중지 관절 찌르기

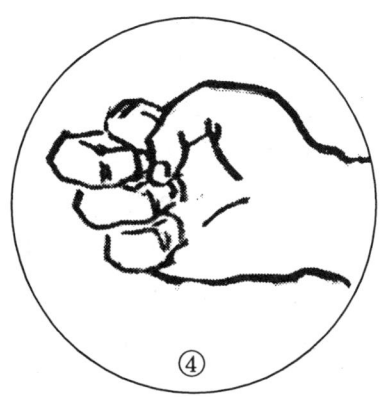

적이 앞에 있을 때 오른발이 적의 낭심 앞으로 전진하면서 오른손과 어깨를 시계 반대 방향으로 원을 그리듯이 돌려(그림 ①) 역수도 부분이 하늘을 향하게 중지권을 쥐어(그림 ②) 적의 천돌혈이나 명치 등을 찌른다(그림 ③, 그림 ④).

11. 장저 치기

적이 앞에 있을 때 오른발이 적의 낭심 앞으로 전진하며 오른손에 힘을 뺀 상태로 어깨와 함께 시계 반대 방향으로 원을 그리듯이 돌려(그림 ①) 손을 살리면서 손가락을 제껴(그림 ②) 손바닥의 완골 부분으로 적의 왼쪽 천계혈이나 천지혈 등을 친다 (그림 ③, 그림 ④).

12. 각권 돌려치기

적이 앞에 있을 때 오른발이 적의 낭심 앞으로 전진하며 오른손 주먹을 쥐어 왼쪽 옆구리에서(그림 ①) 왼쪽 어깨 쪽으로 원을 그리듯이 올려(그림 ②)

 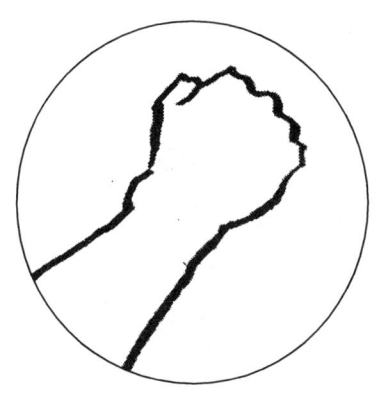

몸을 오른쪽으로 틀면서 각권으로 적의 오른쪽 현고혈을 돌려친다(그림 ③, 그림 ④).

13. 아귀 찌르기

적이 앞에 있을 때 오른발이 적의 낭심 앞으로 전진하며(그림 ①) 오른손 인지 이하의 손가락을 붙이고 모지와 인지를 벌려 적의 천돌혈을 찌르듯이 친다(그림 ②, 그림 ③).

14. 곡권 치기

적이 옆에서 나를 향하여 서 있을 때 오른발을 옆으로 옮겨 전굴 자세를 취하며 (그림 ①) 오른손 손목관절을 구부려(그림 ②) 적의 명치를 친다(그림 ③, 그림 ④).

15. 역수도 돌려치기

  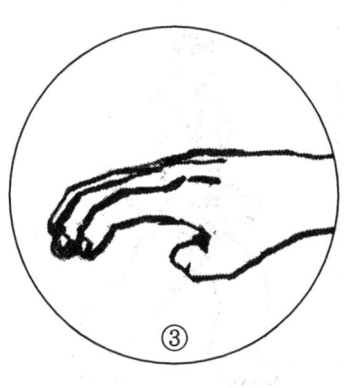

적이 앞에 있을 때 왼발이 적의 오른발 바깥쪽으로 전진하며(그림 ①) 오른손 인지 이하의 손가락을 붙인 상태에서 네손가락을 약간 구부려 주고 모지를 소부혈에 대주어 인지의 중수골 부위로 적의 얼굴을 돌려친다(그림 ②, 그림 ③).

16. 하박 돌려치기

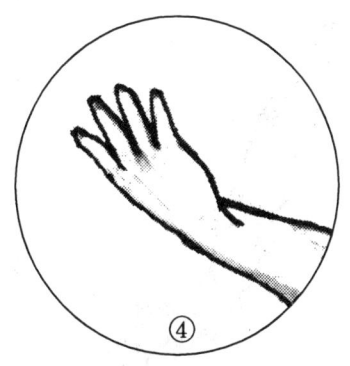

적이 앞에 있을 때 주먹을 가볍게 쥐면서 왼발이 적의 오른발 바깥쪽으로 전진하고(그림 ①) 오른손을 살리면서 오른팔을 돌려 팔뚝 부위로(그림 ②) 적의 가슴이나 목을 돌려친다(그림 ③, 그림 ④).

Ⅶ. 기 본 술 기

1. 낙 법

낙법은 적의 공격이나 장애물로부터 자신을 보호하기 위하여 하는 동작으로써 그 방법 또한 다양하여 전방, 후방, 측방, 회전, 고양이 낙법 등이 있다.

① 고양이 낙법

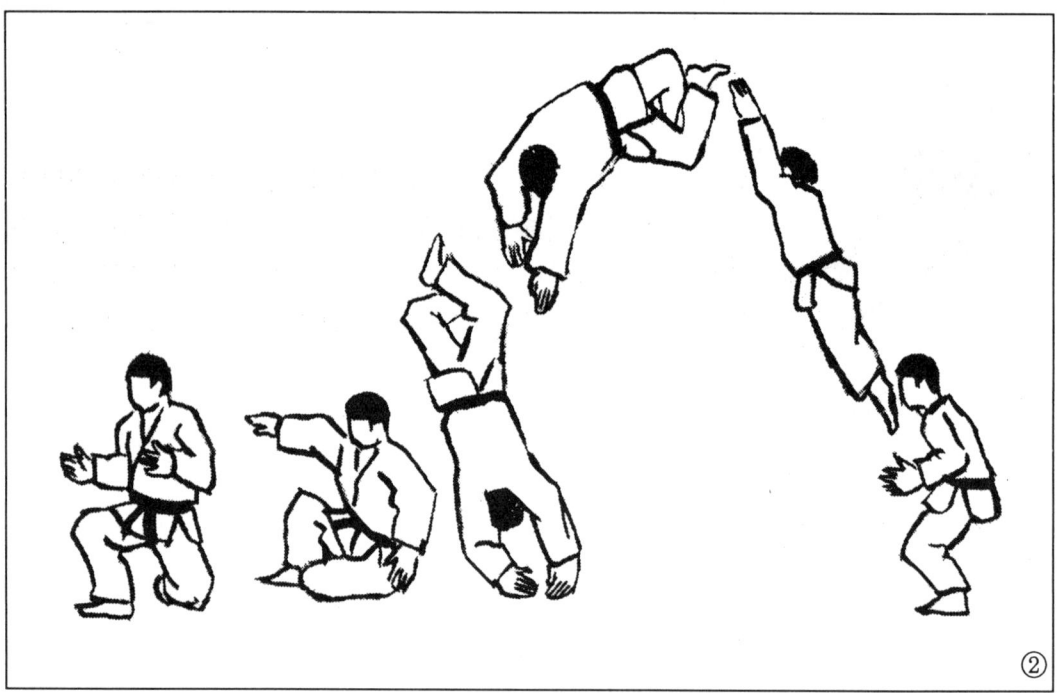

 적의 공격이나 장애물을 높이 또는 멀리뛰어 넘거나 구르면서 하는 낙법으로 그 방법으로는 오른발 전굴 자세에서 왼손을 왼발과 오른발이 직각으로 교차되는 지점에 짚고 상체를 90도로 틀어 오른손 손가락이 낭심을 향하게 하여 왼손과 오른발사이의 중간지점에 짚어 수도부분부터 하박, 팔꿈치, 상박, 어깨등에 이르기까지 기차바퀴가 레일위를 굴러가듯이 몸을 둥그렇게 하여 일직선으로 굴러 낙법을 한다(그림 ①) 또한 이러한 동작이 숙달되면 걸어가면서 또는 장애물을 점차로 길게 놓아두고 하게 한 후 그 높이를 높게 하여 숙달토록 한다(그림 ②).

2 전방 낙법

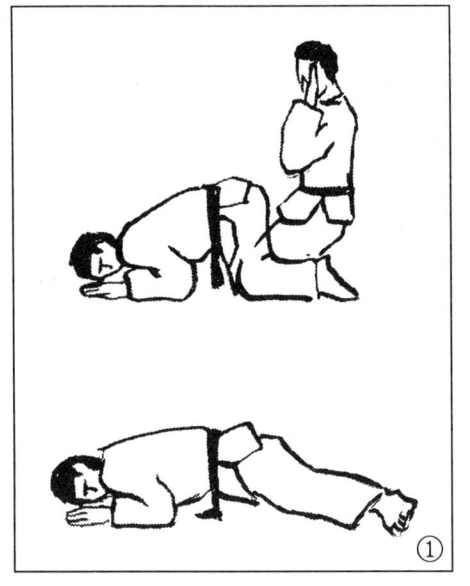

 적을 덮치거나 적의공격 또는 장애물 등 에의해 앞으로 몸의 중심을 잃게 되었을 때 주로 활용되며 그 방법으로는 양팔굽을 앞 가슴에 밀착시켜주고 손바닥은 정면을 향하게 하여 몸쪽으로 당겨주는 동시에 양발을 뒤로 뻗어 어깨넓이로 벌려 지면에 닿도록 하여 정면 낙법을 한다. 이때 안면은 옆으로 돌리고 엉덩이를 들은 상태에서 하박이하 손바닥 부분과 발등의 안쪽면(태백쪽)만이 동시에 지면에 닿도록 하여야 한다. 초보자인 경우에는 쪼그려앉은 상태에서 점차 자세를 높게하여 숙달 토록 하며(그림 ②) 나아가 점프를 하여 수련 하도록 한다(그림 ③).

제2장 합기도의 기본 … 57

3 측방 낙법

적의 공격이나 장애물 등에 의해 측면으로 중심을 잃게 되었을 경우에 주로 활용되며 그 방법으로는 낙법을 하는 면이 동시에 지면에 닿도록 해야 한다. 초보자인 경우에는 쪼그려 앉은 자세에서 낙법을 치는 면의 발을 반대쪽 발 옆으로 빼주면서 낙법을 하게 한후 점차 자세를 높이고 나아가서는 점프를 하여 낙법을 하도록 한다(그림 ①).

4 회전 낙법

적의 공격이나 장애물 등에 의해 지면을 딛고 낙법을 할 수 없는 상황일때 공중에서 몸을 회전시켜 떨어지면서 하는 낙법으로 초보자의 경우에는 상대의 띠나 손을 잡고 왼발을 약간 들었다 디디며 반동을 주어 점프를 하면서 공중에서 회전을 하여 낙법을 하도록 한다(그림 ①).

5 후방 낙법

①

②

적의 공격이나 장애물등에 의해 뒤로 중심을 잃게 되었을 경우에 주로 활용하며 그 방법으로는 턱을 앞가슴에 붙이며 점프를 하여 양손을 45도로 벌려 상체와 함께 낙법을 한다. 이때 요추 이하의 부분이 지면에 닿아서는 아니되며 초보자인 경우에는 자연스럽게 누우면서 하게 한 후 점차로 자세를 높여가면서 숙달토록 한다 (그림 ①, 그림 ②).

2. 손목을 빼기

적이 손목이나 신체의 일부를 잡았을때 합기도에서는 공격을 받았다 또는 당했다는 표현을 한다. 특히 손목을 잡혔을때 빼는 방법은 특이하여 적의 힘이 강하다 할 지라도 적은 힘을 가지고도 쉽게 뺄 수 있는 기법으로 이는 합기도의 술기를 연마함에 있어 가장 기초적인 것으로써 밑으로, 위로, 옆으로 빼는 방법이 있다.

1 밑으로 빼기

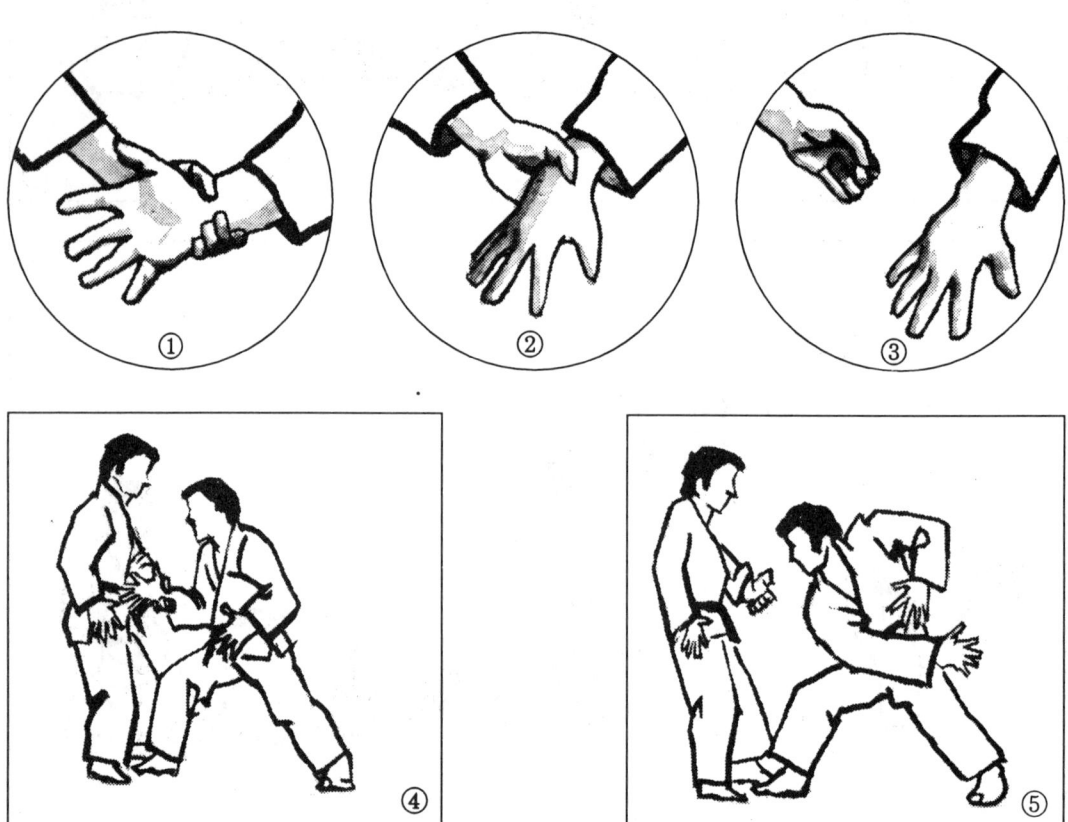

몸을 틀어 오른팔 팔꿈치를 옆구리에 붙여 몸으로 받치면서 오른발이 적의 낭심 앞으로 전진하여 적의 중심을 흐트려 주면서(그림 ①, 그림 ④) 오른손 손목을 구부려 손가락이 왼발무릎을 향하게 하여(그림 ②) 밑으로 원을 그리면서 빼준다(그림 ③, 그림 ⑤) 이때 오른손 손바닥이 오른발 무릎을 스치도록 하며 오른쪽어깨와 오른발 무릎이 수직이 되게 상체의 힘을 이용하여 잡힌손목을 뺀다.

2 위로 빼기

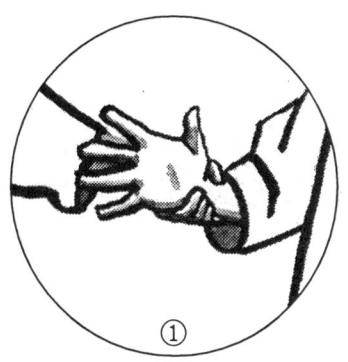
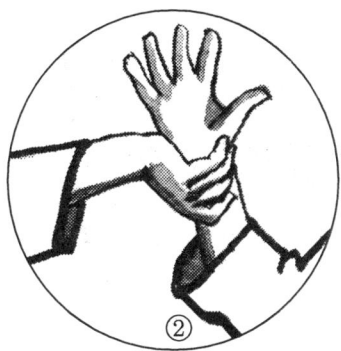
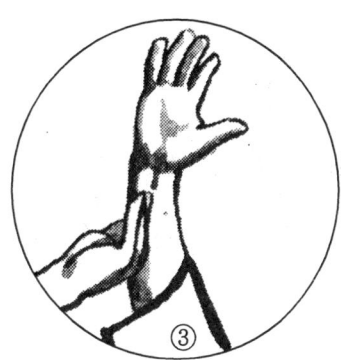

　몸을 틀어 오른팔 팔꿈치를 옆구리에 붙여 몸으로 받치면서 오른발이 적의 낭심앞으로 전진하여 적의 중심을 흐트려주는 동시에(그림 ①, 그림 ④) 오른팔 팔꿈치로 적의 명치와 턱을 올려 치면서 잡힌손목을 빼준다(그림 ②, 그림 ③, 그림 ⑤) 이때 오른손 모지가 오른쪽 견갑골에 닿도록 한다.

3 옆으로 빼기

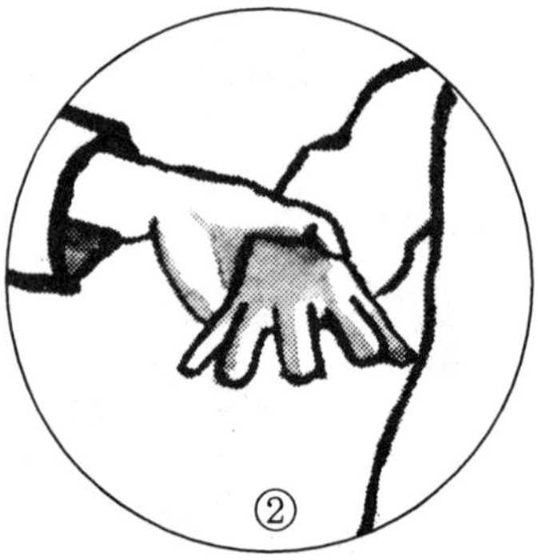

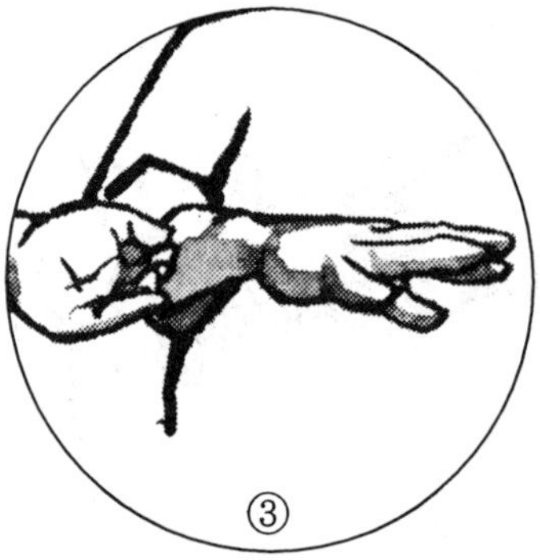

　몸을 틀어 오른팔 팔꿈치를 옆구리에 붙여 몸으로 받치면서 오른발이 적의 낭심 앞으로 전진하여 적의 중심을 흐트려주는 동시에(그림 ①, 그림 ④) 왼발이 왼쪽뒤로 회전하면서 오른손 손바닥이 지면을 향하게 하여(그림 ②) 팔꿈치로 돌려치듯이 밀어 잡힌 손목을 빼다(그림 ③, 그림 ⑤).

3. 칼넣기

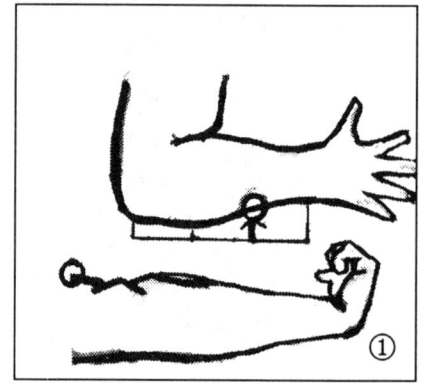

　합기도의 술기를 익히다 보면 칼넣기란 말이 자주 나오게 된다. 이는 일상생활에 활용되고 있는 칼 또는 검의 의미가 아니라 하박의 척골부위를 말하는 것으로써 보통 손목 관절에서 부터 척골의 1/3이 되는 부분을 주로 활용하며(그림 ①)

 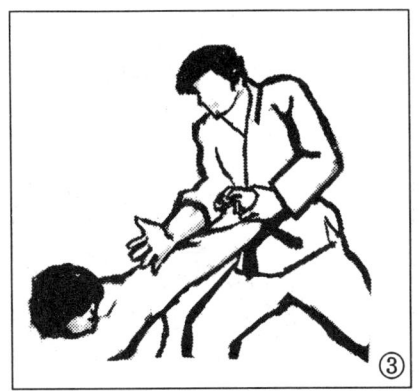

칼을 넣는 방법 또한 다양하나 주로 적의 팔굽관절위에 촌이 되는 부분에 칼을 대고(그림 ②) 단전쪽으로 당겨 꺾는 기법을 활용한다(그림 ③).

4. 아욱넣기

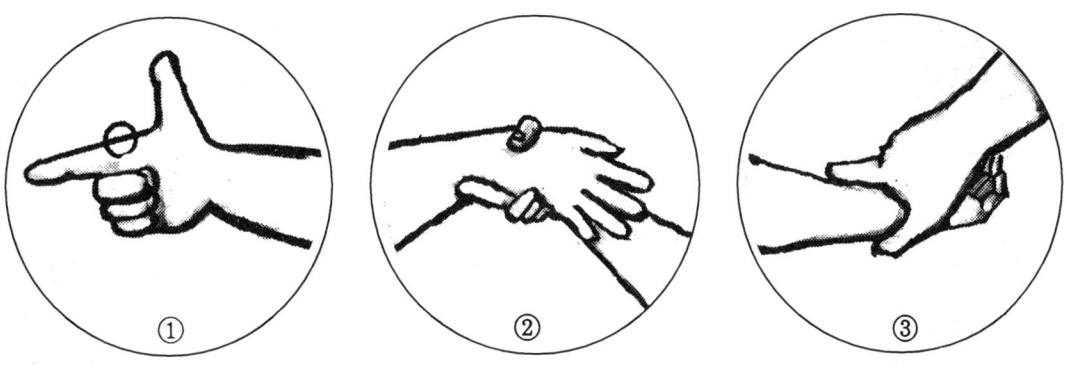

적이 손목을 잡으면 손을 살려주고 반대로 적을 잡았을 때에는 아욱을 넣으라는 기본 원칙이 있다. 이는 적을 술기로 제압하기 전에 아욱을 넣어 일차로 제압을 해 주라는 뜻이다. 적의 손등을 잡으며 인지를 살려 중수골마디로(그림 ①) 적의 양노혈을 받쳐 꺾어주거나(그림 ②) 적의 손바닥쪽을 잡으면서 인지를 살려 중수골마디를 열결혈에 대어 시계방향으로 틀어올려 손목관절을 꺾어 준다(그림 ③).

5. 제압술기

제압 술기는 꺾거나 던지기 등의 술기로 적을 공격한 후 완전히 굴복을 시키기 위한 마무리 술기로써 많은 술기들이 있으나 수련에 있어 많이 활용되고 있는 20가지의 기법들을 선정하여 소개하였다.

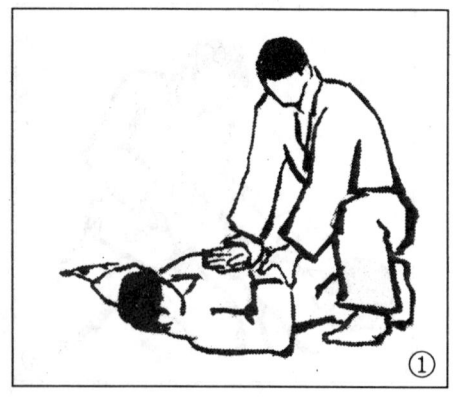

1

 오른발을 지면에 대준 자세에서 왼손으로 적의 오른손 손목을 잡아 팔굽관절을 지면에 대주어 고정을 시키고 오른손 모지가 적의 오른손 모지쪽을 향하게 하여 손등을 잡아 눌러 꺾어 제압을 한다(그림 ①).

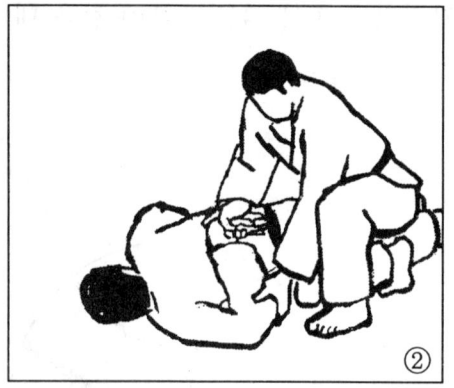

2

 오른발을 지면에 대준 자세에서 왼손의 인지 이하의 손가락으로 적의 왼쪽 곡지혈 부분을 잡아 팔굽관절을 지면에 대주어 고정을 시키고 오른손 모지가 적의 왼손 모지쪽을 향하게 하여 손등을 잡아 눌러 꺾어 제압을 한다(그림 ②).

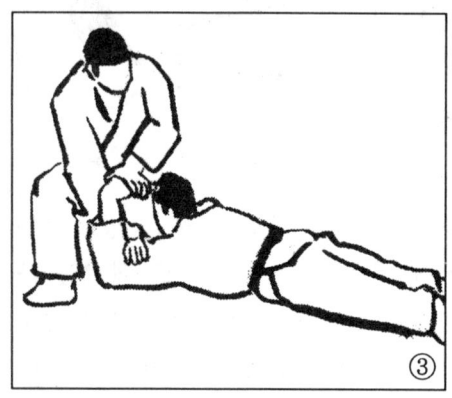

3

 왼발을 지면에 대준 자세에서 오른발을 오른쪽 옆으로 옮기면서 오른손 손등이 하늘을 향하게 하여 적의 왼팔 팔굽관절을 받쳐 오른쪽 밖으로 돌려 오른손 모지로 적의 왼쪽 청영혈을 잡아 지면에 고정시키고 왼손으로 손등을 눌러 꺾어 제압을 한다(그림 ③).

4

 오른발 무릎으로 적의 오른쪽 중부혈이나 운문혈 등을 누르면서 왼손으로 적의 오른팔 하박을 잡고 오른손 모지가 적의 오른손 손바닥쪽을 향하게 하여 수도 부분을 잡아 손목 관절을 위로 당겨 꺾어 제압을 한다(그림 ④).

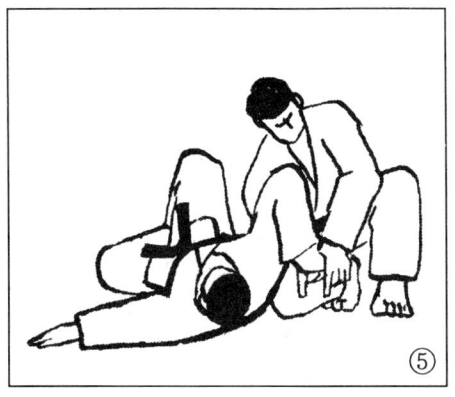

5

 오른발 무릎을 지면에 대준 상태에서 적의 오른팔 팔굽을 나의 오른팔 상박으로 받치면서 양손모지가 적의 오른손 손바닥쪽을 향하게 하여 손등을 잡아 위로 당겨 꺾어 제압을 한다(그림 ⑤).

6

 오른발을 지면에 대준 자세에서 오른팔 하박의 요골로 적의 오른팔 팔굽 관절을 당기면서 왼손모지가 적의 오른손 손바닥쪽을 향하게 하여 수도 부분을 잡아 손목 관절을 위로 당겨 꺾어 제압을 한다(그림 ⑥).

7

 왼발 무릎으로 적의 목을 누르면서 오른팔 하박의 요골로 적의 오른팔 팔굽 관절을 당기면서 왼손 모지가 적의 오른손 손바닥 쪽을 향하게 하여 수도 부분을 잡아 손목 관절을 위로 당겨 꺾어 제압을 한다(그림 ⑦).

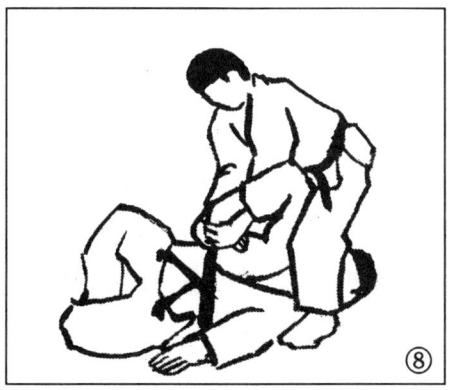

8

 오른발 경골로 적의 등쪽을 받치고 왼발로 적의 얼굴을 뒤로 제낀 상태에서 왼손모지가 적의 오른손 손바닥쪽을 향하게 하여 역수도 부분을 잡고 오른손으로는 모지가 손바닥쪽을 향하게 하여 수도부분을 잡아 적의 오른팔 상박을 왼발 기문혈 부분으로 받치면서 양손으로 적의 손목 관절을 꺾어 제압을 한다(그림 ⑧).

제2장 합기도의 기본 … 65

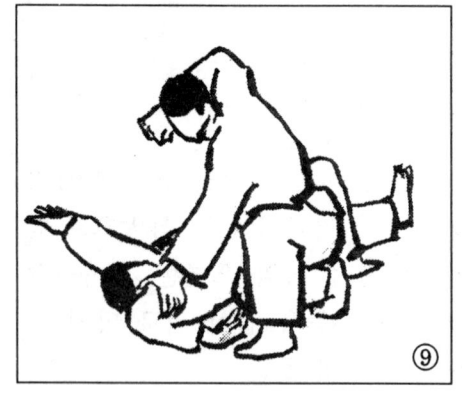

⑨

 오른발을 지면에 대준 자세에서 왼손 모지로 적의 오른쪽 청영혈을 잡으면서 팔꿈치를 눌러 제압을 한다(그림 ⑨).

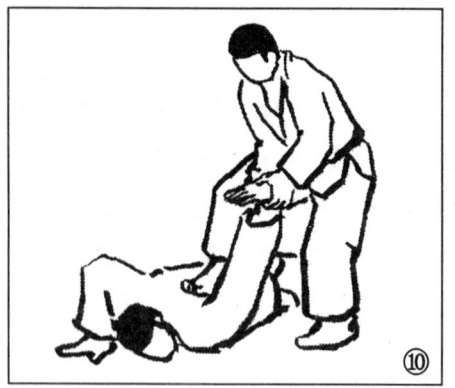

⑩

 오른발로 적의 왼쪽 견갑골을 밟은 자세에서 오른손 모지가 적의 왼손 손등쪽을 향하게 하여 수도부분을 잡으면서 오른손 모지는 손등쪽을 향하게 하여 역수도 부분을 잡아 양손으로 손목 관절을 눌러 꺾어 제압을 한다(그림 ⑩).

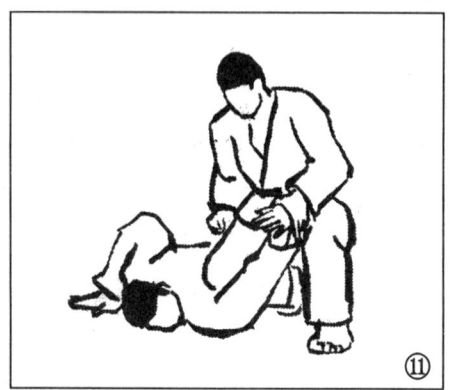

⑪

 오른발로 적의 왼쪽 견갑골을 눌러준 자세에서 왼손으로 적의 왼손 손등을 잡아 손목 관절을 눌러 꺾어 제압을 한다(그림 ⑪).

⑫

 오른쪽 측방 낙법을 한 자세에서 적의 왼팔을 오른쪽 겨드랑이 사이에 끼고 오른손으로는 적의 왼손 손목을 잡고 왼손으로는 적의 손등을 제껴 손목 관절을 꺾어 제압을 한다(그림 ⑫).

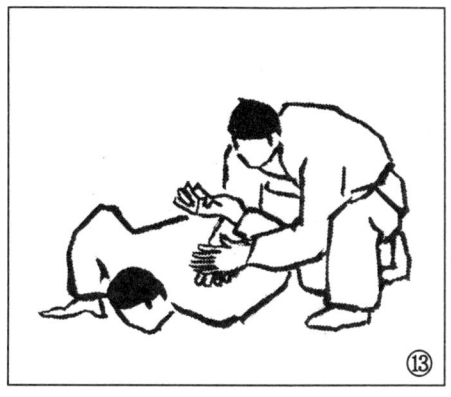

⑬

 오른손을 적의 왼쪽 겨드랑이 사이 넣어 견갑골에 대고 왼손은 오른손 손등을 포개 잡아 오른발 무릎을 지면에 대주면서 상박으로 적의 왼손 손목을 받쳐 등쪽으로 올려 어깨 관절을 꺾어 제압을 한다(그림 ⑬).

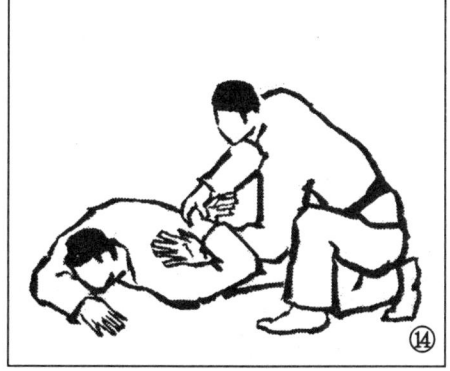

⑭

 오른손으로 적의 왼손 손등을 잡으며 왼손은 왼쪽 겨드랑이 사이로 들어가 왼팔 팔굽 관절을 제끼면서 왼쪽 견갑골에 대주고 오른발을 지면에 대주면서 오른손으로 적의 왼손 손목 관절을 꺾어 제압을 한다(그림 ⑭).

⑮

 왼발을 지면에 대준 상태에서 오른발이 적의 왼팔 하박 위로하여 어깨 밑으로 넣어 무릎 관절을 펴주면서 꺾어 제압을 한다(그림 ⑮).

⑯

 왼손 모지가 적의 오른손 손등쪽을 향하게 하여 역수도 부분을 잡으면서 오른손 모지 역시 손등쪽을 향하게 하여 수도 부분을 잡아 양손으로 적의 오른손 손등을 제껴 손목 관절을 꺾으면서 오른발 무릎으로 팔굽 관절을 눌러 꺾어 제압을 한다(그림 ⑯).

17

 오른발로 적의 오른발을 걸어 경골로 오른쪽 부극혈 부분을 누르면서 양손으로 오른발 발등을 눌러 무릎 관절을 꺾어 제압을 한다(그림 ⑰).

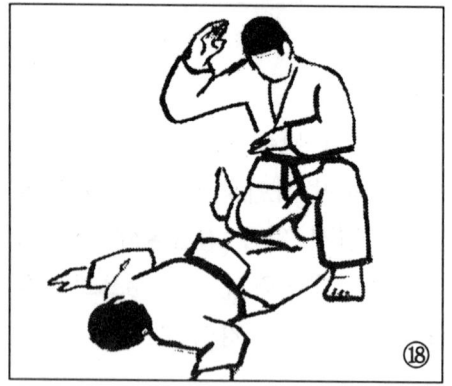

18

 적의 양발을 X자로 구부려 오른발 경골로 눌러 제압을 한다(그림 ⑱).

19

 왼발을 적의 오른발 부극혈 부분에 넣고 오른발로 적의 오른발 발등을 눌러 무릎 관절을 꺾어 제압을 한다(그림 ⑲).

20

 오른발로 적의 왼발 기문혈을 누르면서 왼손 손바닥으로 발등을 받쳐 잡으면서 오른손 장저로 뒤꿈치 부분을 잡아 양손으로 적의 오른발을 얼굴쪽으로 밀면서 바깥쪽으로 비틀어 꺾어 제압을 한다(그림 ⑳).

제3장
護身術

11급 수련과정
19가지 술기
10급 수련과정
43가지 술기
9급 수련과정
37가지 술기

제3장 호신술

　호신술은 적의 공격으로부터 자신을 보호하고자 행하는 술기로서 넓은 의미로 볼 때 합기도의 모든 술기들을 호신술이라 하겠으나 합기도에서 호신술이라 함은 좁은 의미로서 적이 신체를 잡았을 때 때리고, 꺾고, 던지고, 차는 방법의 술기들을 호신술이라 하고 있다.
　초단 수련 과정에서의 호신술은 99가지의 술기들을 체득토록 하고 있으며 교육과정의 편재에 따라 11급 수련 과정은 타법과 낙법 및 발차기 등의 기초 과정과 손목을 잡았을 때, 때리기에서부터 때리기, 꺾기, 던지기의 19가지 술기를 수련 토록하였으며 10급 수련과정은 팔소매를 잡았을 때부터 뒤에서 양손 목을 붙여 잡았을 때까지의 43가지 술기를 수련토록 하였다. 또한 9급 수련 과정은 뒤에서 목을 깎지끼어 잡았을 때에서부터 엇손까지의 37가지 술기를 체득토록 하였다.

11급 수련과정

Ⅰ. 적이 왼발 전굴 자세에서 왼손으로 오른손 손목을 잡았을 때

1. 때리기

① 왼발이 적의 낭심 앞으로 전진하며 오른팔 팔꿈치로 등뒤를 치듯이 몸 쪽으로 당기는 동시에 왼손 중지권로 적의 천돌혈을 찌른다(그림 ②).

2 왼발이 적의 낭심 앞으로 전진하며 잡힌 오른손 손바닥이 지면을 향하게 하여 왼손 망치로 적의 왼쪽 곡지혈을 치고(그림 ②) 왼쪽 현고혈을 친다(그림 ③).

3 왼발이 적의 낭심 앞으로 전진하며 오른손 손바닥이 몸 쪽을 향하게 구부리고 왼손 수도로 적의 왼쪽 내관혈을 치는 동시에(그림 ②) 왼쪽 천용혈을 친다(그림 ③).

4 왼발이 적의 낭심 앞으로 전진하며 오른손 손바닥이 몸 쪽을 향하게 구부려 왼손 수도로 적의 왼쪽 내관혈을 치고(그림 ②) 왼발을 축으로 몸을 오른쪽 뒤로 돌려 오른팔 팔꿈치로 적의 명치를 친다. 이때 오른손 손바닥이 늑골을 향하게 하고 오른팔 팔꿈치로 앞에서 뒤로 직선으로 공격을 한다(그림 ③).

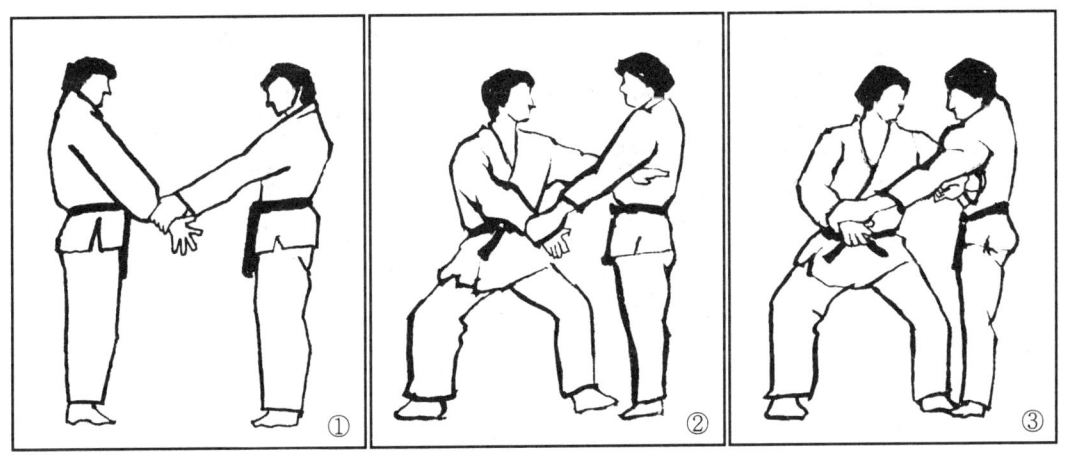

5 왼발이 적의 낭심 앞으로 전진하여 기마 자세를 취하고 오른손을 몸 쪽으로 당기면서 왼손 수도로 적의 왼쪽 늑골을 친 후(그림 ②) 팔꿈치로 늑골을 친다(그림 ③).

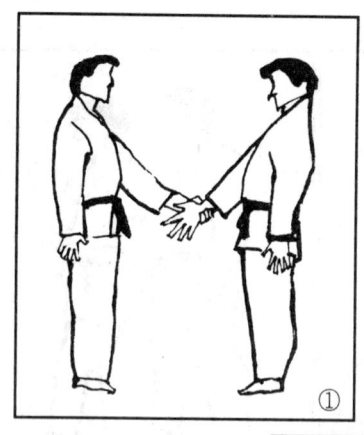

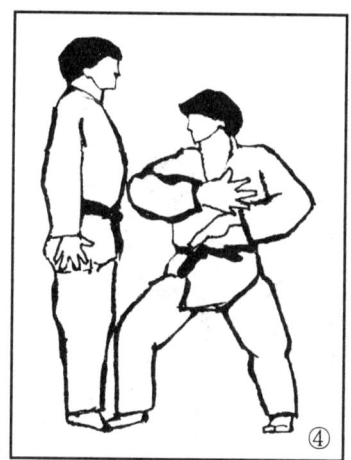

6 몸을 틀어 오른팔 팔꿈치를 오른쪽 옆구리에 붙여 몸으로 받치면서 오른발이 적의 낭심 밑으로 전진하여 적의 중심을 흐트려 주고(그림 ②) 오른손 손가락이 왼발 무릎을 향해 밑으로 원을 그리면서 잡힌 오른손 손목을 빼어(그림 ③) 오른손 손바닥이 가슴 쪽을 향하게 하여 오른팔 팔꿈치로 적의 명치를 친다(그림 ④).

7 몸을 틀어 오른팔 팔꿈치를 오른쪽 옆구리에 붙여 몸으로 받치면서 오른발이 적의 낭심 밑으로 전진하여 적의 중심을 흐트려 주는 동시에(그림 ②) 잡힌 오른손 손목을 밑으로 빼고(그림 ③) 오른손 손가락의 힘을 뺀 상태에서 적의 눈을 후려치며 왼손 장저로 적의 오른쪽 천계혈을 친다(그림 ④).

2. 꺾기

1️⃣ 몸을 틀어 오른팔 팔꿈치를 오른쪽 옆구리에 붙여 몸으로 받치면서 오른발이 적의 낭심 밑으로 전진하여 적의 중심을 흐트려 준 후(그림 ②) 계족으로 적의 왼발 바깥 쪽으로 빠져나가 기마 자세를 취하여 양발이 적의 왼발과 삼각형을 이루게 하고 오른손 손바닥이 지면을 향하게 하여 적의 왼손을 받쳐주면서 왼손 모지가 적의 왼손 역수도 쪽을 향하게 하여 손등을 잡아(그림 ③) 왼발 전굴 자세로 전환하는 동시에 몸통운동을 하듯이 오른팔 중단 막기를 하여 적의 왼손 수도가 하늘을 향하게 틀어 척골로 왼손 모지를 꺾으면서(그림 ④) 잡힌 오른손 손목을 빼는 동시에 왼손으로 적의 왼손 손등을 제껴 왼쪽 젖가슴에 밀착시키고 오른발이 적의 낭심 밑으로 전진하여 오른팔 척골로 적의 왼팔 팔굽 관절에 칼 넣기를 한다(그림 ⑤).

② 합기도의 3대원리 중 하나인 화의 원리 즉 밀면 당기고, 당기면 밀어라 와 같이 적이 미는 순간 오른발이 오른쪽 뒤 45도로 빠져 기마 자세를 취하여 적의 중심을 흐트려 주면서 오른손 손바닥이 지면을 향하게 하여 적의 왼손을 받치고 왼손 모지가 적의 왼손 역수도 쪽을 향하게 하여 손등을 잡아(그림 ②) 왼발 전굴 자세로 전환하는 동시에 적의 왼손 수도가 하늘을 향하게 오른팔 중단 막기를 하듯이 양손을 몸과 함께 틀어 오른팔 척골로 적의 왼손 모지를 꺾으면서 잡힌 오른손 손목을 빼는 동시에 왼손으로 적의 왼손 손등을 제껴 왼쪽 젖가슴에 밀착시키고(그림 ③) 오른발이 적의 낭심 밑으로 전진하여 오른팔 척골로 적의 왼팔 팔굽 관절에 칼 넣기를 한다(그림 ④).

제3장 호신술(護身術) … 77

3 적이 손목을 잡아당기거나 끌고 가려고 할 때, 잡힌 오른팔 팔꿈치를 옆구리에 붙여 버티다가(그림 ①) 당기는 순간 오른발이 적의 왼발 바깥쪽으로 계족으로 빠져나가 기마 자세를 취하여 양발이 적의 왼발과 삼각형을 이루게 하고 오른손 손바닥이 지면을 향하게 하여 적의 왼손을 받치며 왼손 모지가 적의 왼손 역수도 쪽을 향하게 하여 손등을 잡아(그림 ②) 왼발 전굴 자세로 전환하는 동시에 적의 왼손 수도가 하늘을 향하게 오른팔 중단 막기를 하듯이 양손을 몸과 함께 틀어 오른팔 척골로 적의 왼손 모지를 꺾으면서 잡힌 오른손 손목을 빼는 동시에 왼손으로 적의 왼손 손등을 제껴 왼쪽 젖가슴에 밀착시키고(그림 ③) 오른발이 적의 낭심 밑으로 전진하여 오른팔 척골로 적의 왼팔 팔굽 관절에 칼 넣기를 한다(그림 ④).

4 오른손이 역기를 채 올리듯이 지면을 향하여 구부렸다가 자세를 낮추면서 재빠르게 채 올려 적의 왼손 손목을 아귀로 받쳐 잡으며 왼손 모지가 역수도 부분을 향하게 하여 적의 왼손 손등을 잡고(그림 ②, 그림 ③) 오른발이 적의 낭심 밑으로 전진하여 중심을 흐트려주는 동시에 양손으로 적의 왼손 손목을 비틀어 손가락이 가슴 앞쪽을 향하게 하여 오른쪽 겨드랑이에 끼고(그림 ④) 오른팔 팔꿈치를 오른쪽 뒤로 돌려 적의 왼팔 팔굽 관절을 꺾으면서 왼발 무릎을 지면에 대준다(그림 ⑤).

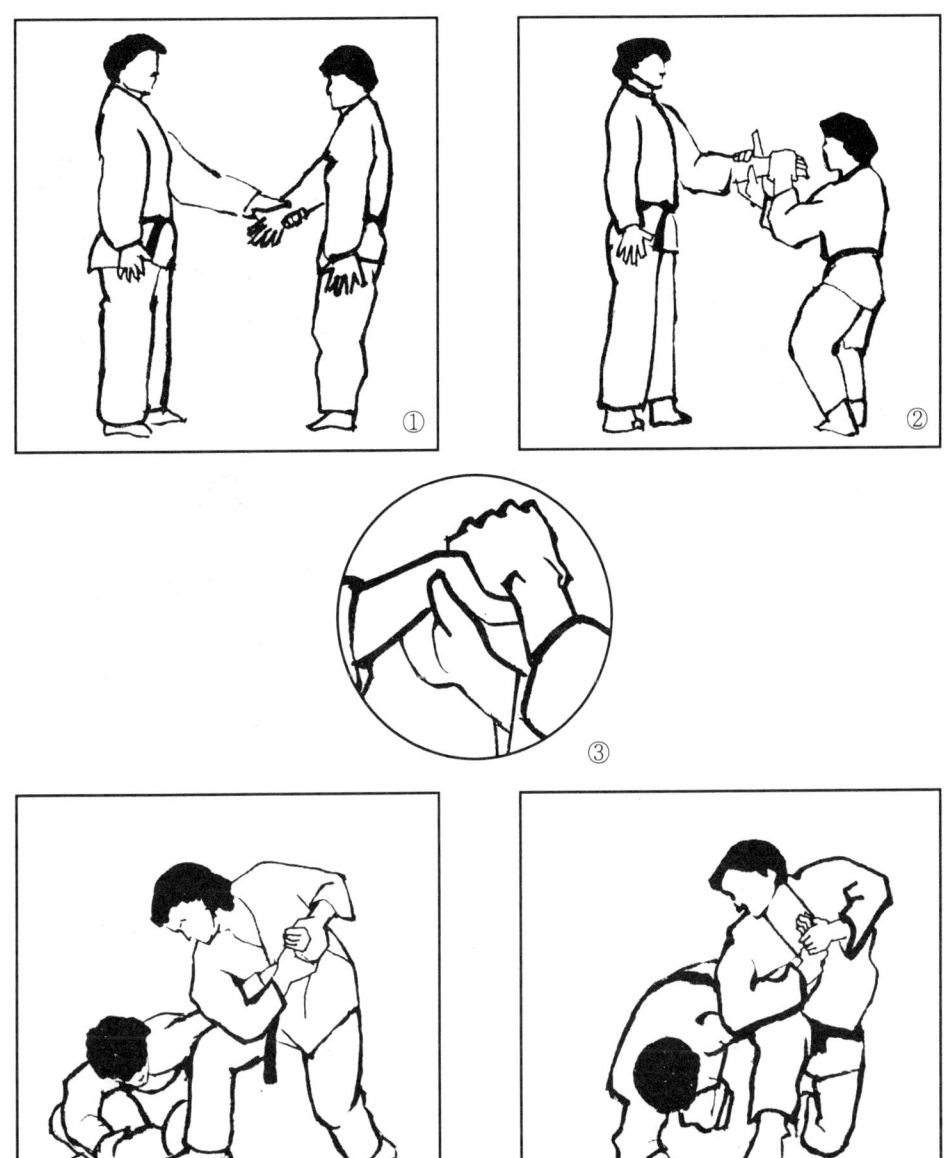

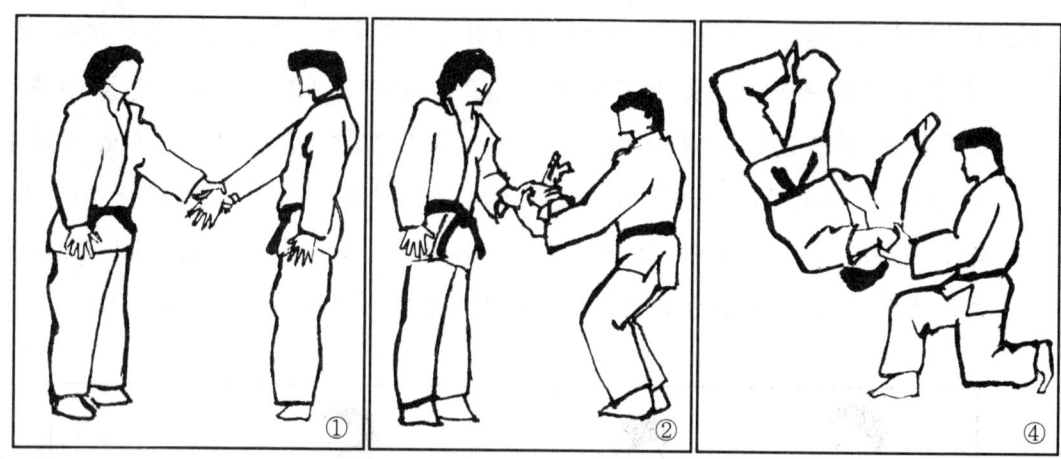
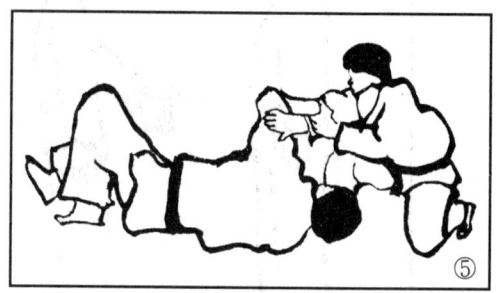

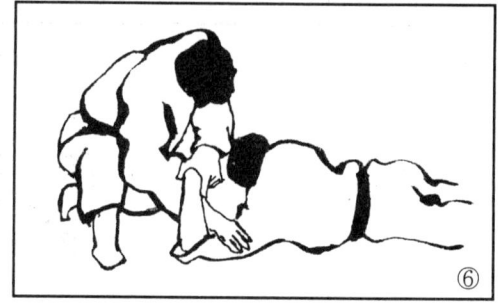

5 기마 자세를 취하면서 오른손 손바닥이 얼굴을 향하게 구부리면서 왼손으로 적의 왼손 손등을 받쳐 역수도 부분을 잡으면서(그림 ②) 오른팔 팔꿈치를 올려치듯이 밀어 잡힌 오른손 손목을 빼어 적의 왼손 수도 부분을 잡고(그림 ③) 오른발이 적의 낭심 밑으로 전진하여 중심을 흐트려 주면서 왼발 무릎을 지면에 대고 적의 왼팔 팔꿈치가 명치를 향하게 하여 양손으로 왼손 손등을 나사못을 틀어박듯이 손목 관절을 비틀어 꺾고(그림 ④) 오른발을 오른쪽 옆으로 옮겨 주면서 오른손 손등으로 적의 하박을 밑에서 받쳐 밖으로 돌려(그림 ⑤) 오른손 모지로 적의 왼쪽 청영혈을 잡고 왼손으로 적의 왼손 손등을 눌러 꺾어 제압을 한다(그림 ⑥).

6 기마 자세를 취하면서 오른손 손바닥이 얼굴을 향하게 구부려 왼손으로 적의 왼손 손등을 받쳐 역수도 부분을 잡고(그림 ②, 그림 ③) 오른팔 팔꿈치를 올려치듯이 밀어 잡힌 오른손 손목을 빼어 적의 왼손 수도 부분을 잡아 오른발이 오른쪽 뒤 45도로 빠져 오른발 무릎을 지면에 대주면서 적의 왼손 손목 관절을 꺾고(그림 ④) 왼발 무릎으로 적의 왼팔 팔굽 관절을 눌러 꺾어 제압을 한다(그림 ⑤).

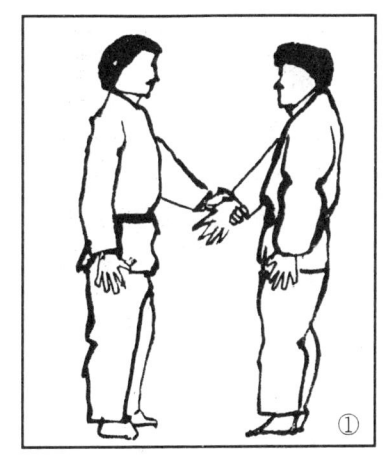

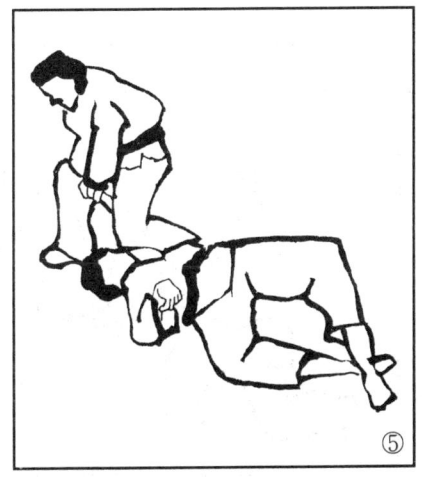

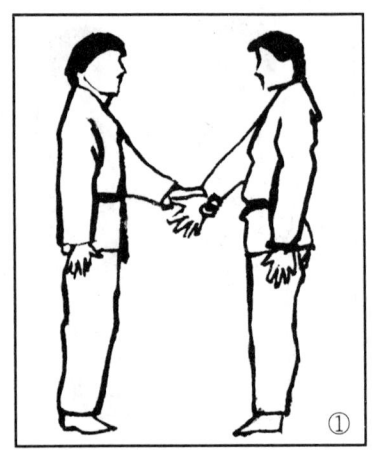

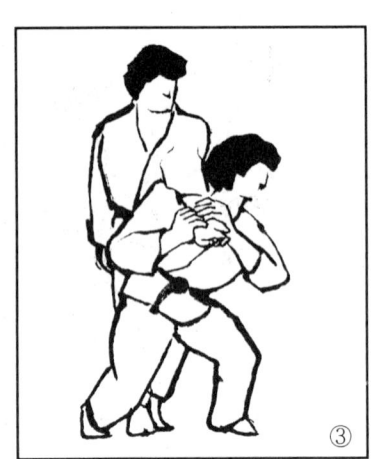

7 왼발이 적의 오른발 앞으로 전진하며 왼손 모지가 적의 왼손 손등 쪽을 향하게 하여 역수도 부분을 잡아 적의 오른쪽 경문혈에 대주면서(그림 ②) 잡힌 오른손 손목을 빼어 모지가 적의 왼손 손등 쪽을 향하게 하여 수도 부분을 잡고 오른발이 적의 왼쪽 겨드랑이 사이로 들어가(그림 ③) 오른발을 축으로 몸을 왼쪽 뒤로 돌리면서 오른발 무릎을 지면에 대주며 적의 왼손 손목 관절을 꺾고(그림 ④) 일어서면서 왼발 무릎으로 적의 왼팔 팔굽 관절을 눌러 꺾어 제압을 한다(그림 ⑤).

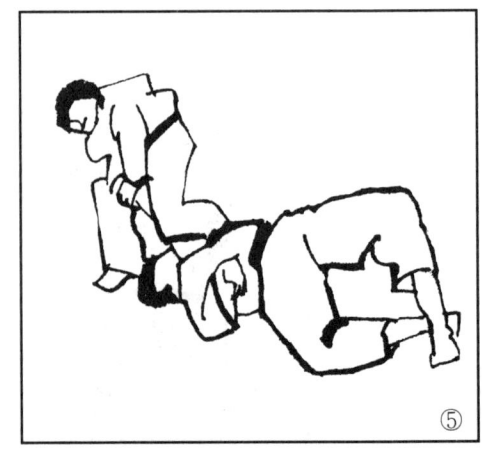

3. 던지기

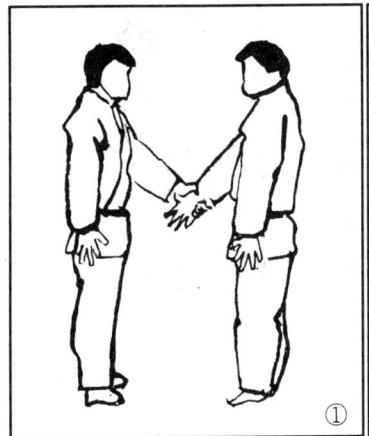

1. 왼발의 태백혈 쪽이 적의 왼발 안쪽으로 전진하며 왼손 모지가 적의 왼손 손등 쪽을 향하게 하여 역수도 부분을 잡아 오른쪽 경문혈에 대주면서 잡힌 오른손 손목을 빼고(그림 ②) 오른손 중지로 적의 왼쪽 청영혈을 잡아 팔굽 관절을 받쳐 꺾으며 오른발이 적의 왼쪽 겨드랑이 사이로 들어가 적의 오른발 앞에 위치하여(그림 ③) 오른쪽 어깨로 적의 왼쪽 겨드랑이를 받치고 양손으로 적의 왼팔을 몸 쪽으로 당기면서 업어(그림 ④) 오른팔 팔꿈치가 왼발 무릎을 대주듯이 숙여 던진 후(업어치기) 오른발 무릎을 지면에 대주면서 제압을 한다(그림 ⑤).

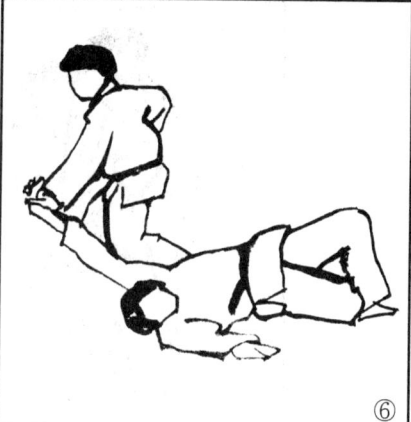

2 왼발이 적의 왼발 바깥쪽으로 나가며 왼손 모지가 적의 왼손 손등 쪽을 향하게 하여 역수도 부분을 잡아 오른쪽 경문혈에 대주면서(그림 ②) 잡힌 오른손 손목을 빼고 오른발이 적의 등뒤로 들어가 기마 자세를 취하며(그림 ③) 왼손으로 적의 왼팔을 등 쪽으로 넘겨 왼팔 상박으로 적의 왼팔 상박을 받치고 오른손으로 적의 오른발을 들어주는 동시에(그림 ④) 적의 왼팔을 오른발 무릎 쪽으로 당겨 왼팔 팔굽 관절을 꺾으면서 뒤 업어치고(그림 ⑤) 왼발 무릎으로 적의 왼팔 팔굽 관절을 눌러 꺾어 제압을 한다(그림 ⑥).

 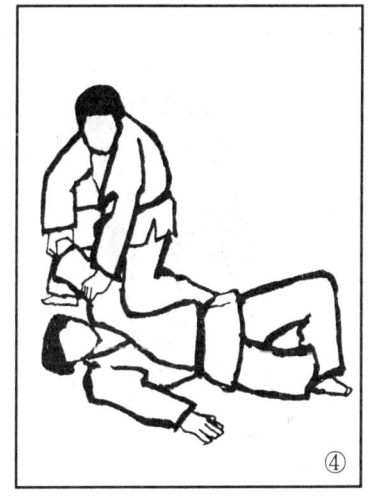

3 오른발이 적의 왼발 바깥쪽으로 깊숙이 전진하며 왼손으로 적의 왼쪽 어깨를 잡고 잡힌 오른손은 안에서 밖으로 돌려 적의 왼쪽 내관혈 부분의 손목을 잡아(그림 ②) 왼발로 적의 왼쪽 위중혈 이나 비양혈 등을 당겨 차는 동시에 양손으로 적의 어깨와 팔을 앞으로 밀었다 몸 쪽으로 당겨 넘기고(그림 ③) 왼발 무릎으로 적의 중부혈 이나 극천혈을 눌러 제압을 한다(그림 ④).

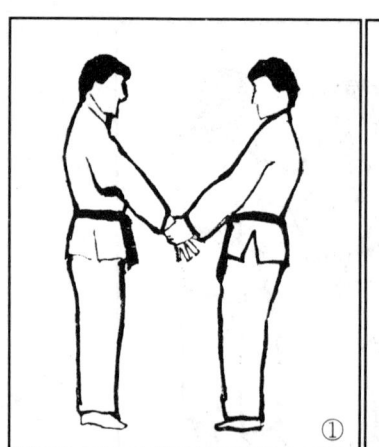  

4 왼발이 적의 낭심 밑으로 전진하며 오른발을 당겨 기마 자세를 취하는 동시에 오른손은 안에서 밖으로 돌려 적의 왼손 손바닥을 잡아(그림 ②) 왼팔을 쭉 뻗은 상태에서 적의 왼손 손목 관절을 꺾어주며 왼쪽 어깨로 낭심을 받치면서 왼손으로 적의 왼발을 받쳐(그림 ③) 들어올리는 동시에 오른손이 왼발 발목을 향하여 원을 크게 그리며 밑 업어 던지고(그림 ④) 오른발 무릎을 지면에 대주어 제압을 한다(그림 ⑤).

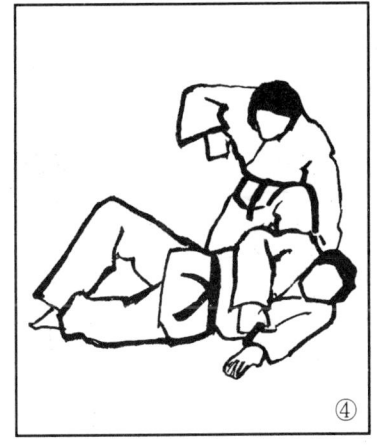

5 왼발의 태백혈 쪽이 적의 왼발 안쪽으로 전진하며 왼손 모지가 적의 왼손 손등 쪽을 향하게 하여 역수도 부분을 잡아 오른쪽 경문혈에 대주면서 잡힌 오른손 손목을 빼고(그림 ①) 오른발이 적의 오른발 앞으로 전진하며 오른손을 적의 등뒤로 돌려 허리를 껴안아(그림 ②) 오른쪽 옆구리로 적을 받쳐 오른손이 왼발 무릎을 대주듯이 당겨 허리 치고(그림 ③) 오른발 무릎을 지면에 대주면서 제압을 한다(그림 ④).

10급 수련과정

Ⅰ. 적이 왼손으로 오른팔 팔 소매를 잡았을 때

1️⃣ 왼발이 왼쪽 뒤로돌아 오른발 뒤에 위치하면서 오른손 손바닥이 하늘을 향하게 하여 적의 왼손 손바닥을 받쳐 잡아당기는 동시에(그림 ②) 오른발 옆차기로 적의 왼쪽 극천혈을 찬다(그림 ③).

2️⃣ 기마 자세를 취하면서 오른손 손바닥이 하늘을 향하게 하여 적의 왼손을 받치고 왼손 모지가 적의 왼손 역수도 쪽을 향하게 하여 손등을 잡아(그림 ②, 그림 ③) 몸을 왼쪽으로 틀어 왼발 전굴 자세로 전환하면서 적의 왼손 수도가 하늘을 향하게 한 후(그림 ④) 오른발이 적의 낭심 밑으로 전진하며 오른손 손목을 구부려 수도로 적의 왼손 손목 관절을 단전 쪽으로 당겨 꺾는다(그림 ⑤, 그림 ⑥).

제3장 호신술(護身術) … 89

Ⅱ. 적이 왼손으로 오른팔 중간을 잡았을 때

1 오른팔 팔굽을 구부려 적의 왼손을 팔굽에 끼고 (그림 ②) 오른발이 적의 낭심 밑으로 전진하며 오른팔 팔꿈치가 하늘을 향하게 들어 손가락이 왼발 무릎을 대주듯이 상체를 옆으로 숙으려 적의 왼손 손목 관절을 꺾는다(그림 ③).

2 왼손으로 적의 왼손 역수도 부분을 잡아 오른팔에 밀착시키면서 오른팔 팔굽을 구부려 적의 왼손을 팔굽에 껴 주고(그림 ②, 그림 ③) 오른팔 팔꿈치를 하늘을 향하게 들어 오른손 손가락이 왼발 무릎을 대주듯이 상체를 옆으로 숙으려 적의 왼손 손목 관절을 꺾는다(그림 ④).

Ⅲ. 적이 왼손으로 오른팔 윗 부분을 잡았을 때

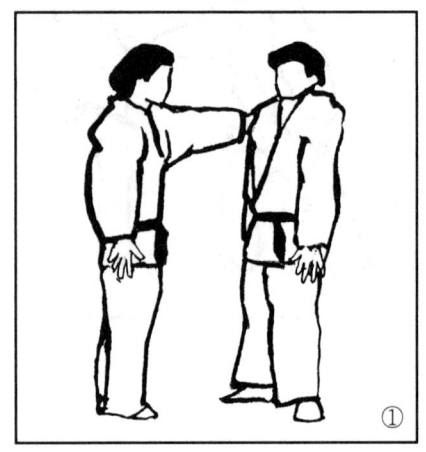

1️⃣ 왼손으로 적의 왼손 손등을 잡아 팔에 밀착시키면서 오른팔을 구부려 왼손 손목에 대주고(그림 ②) 오른발이 적의 낭심 밑으로 전진하며 몸을 왼쪽 뒤로 틀어 적의 왼손 손목 관절을 꺾는다(그림 ③).

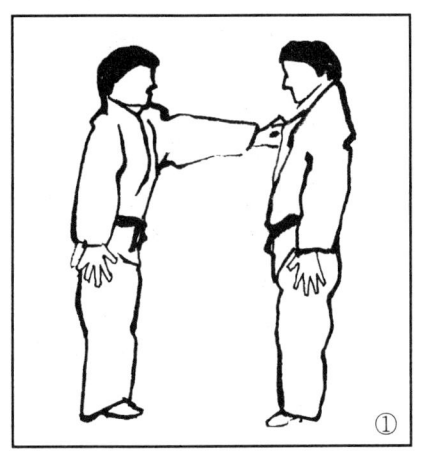

2 왼손으로 적의 왼손 손등을 잡아 팔에 밀착시키면서 양발 뒤꿈치를 들며 오른쪽 상박을 왼발 무릎을 향하여 돌려 적의 왼손 손등을 제껴 주면서 왼발 전굴 자세를 취한 후(그림 ②) 오른손 손가락으로 적의 왼쪽 늑골을 밑에서 위로 후려치고(그림 ③) 오른발이 적의 낭심 밑으로 전진하여 오른팔 척골로 적의 왼팔 팔굽 관절에 칼 넣기를 한다(그림 ④).

제3장 호신술(護身術) … 93

Ⅳ. 적이 왼손으로 오른쪽 어깨를 잡았을 때

① 왼손 모지가 적의 왼손 역수도쪽을 향하게 하여 손등을 잡고(그림 ②) 오른발이 적의 낭심 밑으로 전진하면서 오른팔을 들어올려 적의 왼손 수도가 하늘을 향하게 고정시킨 후 중단을 막은 상태에서 팔꿈치를 내려찍어 적의 왼손 손목 관절을 눌러 꺾는다(그림 ③).

② 왼손 모지가 적의 왼손 역수도 쪽을 향하게 하여 손등을 잡으면서 오른손으로는 손목 관절을 받쳐 잡아(그림 ②, 그림 ③) 오른발이 적의 낭심 밑으로 전진하며 양손으로 적의 왼손 손목을 비틀어 오른쪽 겨드랑이 사이에 껴 주고(그림 ④) 오른팔 팔꿈치를 오른쪽 뒤로 돌려 적의 왼팔 팔굽 관절을 꺾으면서 왼발 무릎을 지면에 대준다(그림 ⑤).

V. 적이 왼손으로 목덜미를 잡았을 때

1️⃣ 오른발이 적의 왼발 바깥쪽으로 나가면서 오른손 중지권으로 적의 왼쪽 극천혈을 찌르고(그림 ②) 머리를 숙여 적의 왼쪽 겨드랑이 사이로 빠져나가면서 왼손 장저로 적의 왼쪽 유중혈을 치는 동시에 왼손 모지가 적의 왼손 역수도 쪽을 향하게 하여 손등을 잡고(그림 ③) 오른발이 적의 낭심 밑으로 전진하여 오른팔 하박의 척골로 적의 왼팔 팔굽 관절에 칼 넣기를 한다(그림 ④).

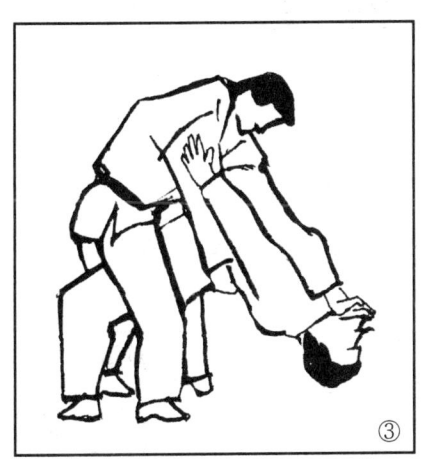

2️⃣ 오른발이 적의 왼발 바깥쪽으로 전진하여 오른손으로 적의 허리를 껴안으면서(그림 ②) 왼손 장저로 적의 턱을 제껴 백회혈을 지면에 찍어 준다(그림 ③).

3 오른발이 적의 왼발 바깥쪽으로 전진하며 머리를 오른쪽 어깨에 대주어 적의 왼손을 고정시키고 오른손 수도나 척골로 적의 왼팔 팔굽 관절을 친다(그림 ②).

VI. 적이 왼손으로 오른쪽 젖가슴을 잡았을 때

1 양손으로 적의 왼손 손등을 겹쳐 잡아 젖가슴에 밀착시키고(그림 ②) 오른발이 낭심 밑으로 전진하여 몸을 왼쪽 뒤로 틀면서 양손으로 적의 왼손 손목 관절을 꺾는다(그림 ③).

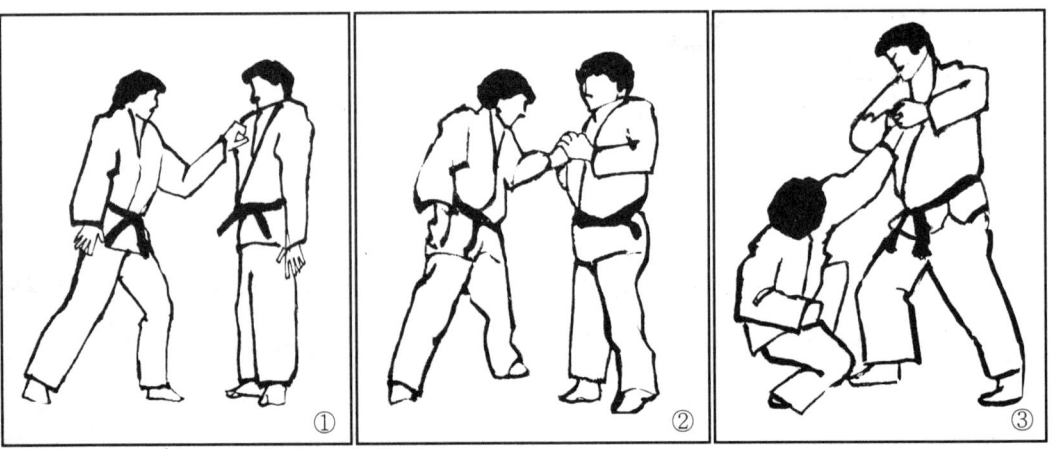

2 적이 젖가슴을 치며 들어올 때, 오른발이 뒤로 빠지면서 양손으로 적의 왼손 손등을 겹쳐 잡아 젖가슴에 밀착시키고(그림 ②) 오른발이 적의 낭심 밑으로 전진하면서 몸을 왼쪽 뒤로 틀어 왼손 손목 관절을 꺾는다(그림 ③).

Ⅶ. 적이 왼손으로 오른쪽 겨드랑이를 잡았을 때

① 왼손 모지가 적의 왼손 역수도 쪽을 향하게 하여 손등을 잡고(그림 ②) 왼발이 왼쪽 뒤 45도로 빠지면서 왼발 전굴 자세를 취하며 왼손으로 적의 왼 손등을 제껴 왼쪽 젖가슴에 대주고 오른팔 척골로 왼팔 팔굽 관절에 칼 넣기를 한다(그림 ③).

② 왼발이 왼쪽 뒤로 돌면서 오른팔을 구부려 적의 왼손을 오른쪽 겨드랑이에 껴 주는 동시에(그림 ②) 오른발 하단 옆차기로 적의 왼발 무릎 관절을 찬다(그림 ③).

Ⅷ. 적이 왼손으로 멱살을 똑바로 잡았을 때

1️⃣ 왼손 아귀로 적의 왼손 역수도 부분을 잡으면서 오른손으로는 수도 부분 쪽 손목을 잡아(그림 ②) 오른발이 적의 낭심 밑으로 전진하며 오른팔 척골로 적의 왼팔 팔굽 관절을 돌려 친다(그림 ③).

2 왼손 아귀로 적의 왼손 역수도 부분을 잡으면서 오른손으로는 손목을 받쳐 잡아(그림 ②) 오른발이 적의 낭심 밑으로 전진하며 양손으로 적의 왼손 손가락이 앞쪽을 향하게 손목 관절을 비틀어 오른쪽 겨드랑이 사이에 껴 주고(그림 ③) 왼손으로 적의 왼손 손등을 꺾는 동시에 오른팔 팔꿈치를 오른쪽 뒤로 돌려 팔굽 관절을 꺾으면서 왼발 무릎을 지면에 대 준다(그림 ④).

Ⅸ. 적이 왼손으로 멱살을 추켜올려 잡았을 때

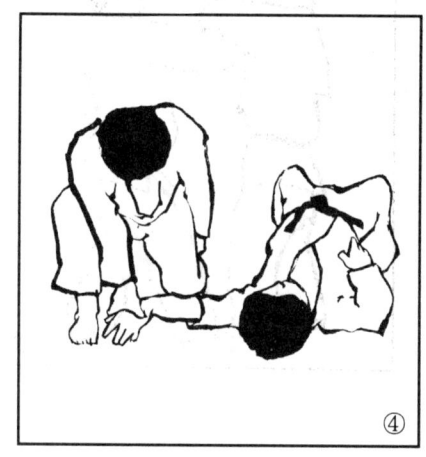

1 오른손 모지가 적의 왼손 손등 쪽을 향하게 하여 역수도 부분을 잡아 밖으로 제껴 주면서 오른발이 적의 왼발 바깥쪽으로 전진하며 왼손으로 적의 왼쪽 어깨를 잡고 (그림 ②) 왼발 하단 옆차기로 적의 왼쪽 위중혈을 차거나 뒤꿈치로 걸어 뒤로 넘기고(그림 ③) 제압을 한다(그림 ④).

② 오른손 인지가 적의 왼손 내관혈 쪽을 향하게 하여 손목을 잡으면서 왼발이 적의 왼발 바깥쪽으로 전진하여 왼손 어제혈 부분으로 적의 모지를 밀어 꺾고(그림 ②, 그림 ③) 오른발 전굴 자세로 전환하여 (그림 ④) 왼발 무릎으로 적의 왼팔 팔굽 관절을 눌러 꺾으면서 제압을 한다(그림 ⑤).

제3장 호신술(護身術) … 105

X. 적이 왼손으로 멱살을 비틀어 잡았을 때

① 양손으로 적의 왼손을 잡아 아욱을 넣으면서 오른발이 적의 왼발 바깥쪽으로 전진하고(그림 ②) 왼발이 적의 왼쪽 겨드랑이 사이로 들어가(그림 ③) 왼발을 축으로 몸을 오른쪽 뒤로 돌아 왼발 무릎을 지면에 대주면서 적의 왼손 손목 관절을 비틀어 꺾고(그림 ④) 오른팔 팔꿈치로 적의 명치를 내려친다(그림 ⑤).

2 오른손으로 적의 왼손을 잡아 아욱을 넣으면서 왼손으로는 적의 옷깃을 잡아당기는 동시에 오른발이 적의 왼발 바깥쪽으로 전진하고(그림 ②) 왼손이 오른손과 함께 적의 왼손을 잡으면서 왼발이 적의 왼쪽 겨드랑이 사이로 들어가(그림 ③) 왼발을 축으로 몸이 오른쪽 뒤로 돌며 오른발이 적의 왼쪽 겨드랑이 사이로 빠져 왼발 전굴 자세를 취하여 왼손으로 적의 머리를 잡아 뒤로 당겨 연행을 한다(그림 ④).

XI. 적이 왼손으로 띠를 위에서 잡았을 때

1 왼손으로 적의 왼손을 받쳐 잡고 오른발이 뒤로 빠지면서 오른손 중지권으로 적의 왼손 손등을 때린다(그림 ②).

제3장 호신술(護身術) … 107

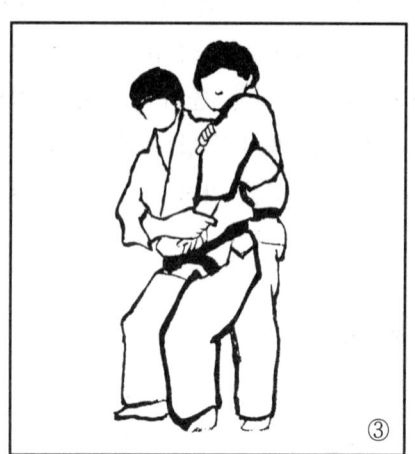

② 오른손으로 적의 왼손 손목을 잡으면서 왼발이 적의 왼발 안쪽으로 전진하고 왼손으로 적의 왼팔 상박을 잡아(그림 ②) 왼발을 축으로 오른발이 오른쪽 뒤로 돌아 적의 오른발 앞에 위치하여 허리 치기 자세를 취한 후(그림 ③) 던지고(그림 ④) 왼발 무릎으로 적의 왼쪽 극천혈을 누르며 제압을 한다(그림 ⑤).

3 왼손 모지가 적의 왼손 손등 쪽을 향하게 하여 수도 부분을 잡고 왼발이 왼쪽 뒤 45도로 빠져(그림 ②) 왼발 전굴 자세를 취하면서 오른팔 척골로 적의 왼팔 팔굽 관절에 칼 넣기를 한 후(그림 ③) 오른발 무릎으로 천종혈을 눌러 제압을 한다(그림 ④).

4 왼손 모지가 적의 왼손 손등 쪽을 향하게 하여 역수도 부분을 잡으며 오른손 모지는 내관혈 쪽을 향하게 하여 손목을 잡고(그림 ②) 오른발이 적의 낭심 밑으로 전진하면서 양손으로 적의 왼손 수도가 하늘을 향하게 비틀어 손목 관절을 꺾는다(그림 ③).

XII. 적이 왼손으로 띠를 밑에서 받쳐 잡았을 때

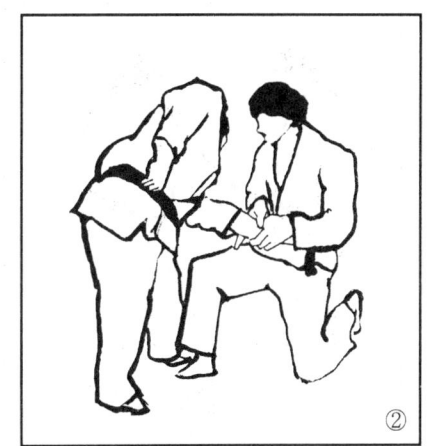

① 왼손으로 적의 왼손 손등을 받쳐 잡으면서 오른손으로는 손바닥 쪽을 잡아 오른손 인지의 삼간혈 부분을 적의 왼손 열결혈 부분에 밀착시켜 왼발 무릎을 지면에 대주면서(그림 ②) 시계 방향으로 돌려 왼손 손목 관절을 꺾고(그림 ③) 오른발을 오른쪽 옆으로 옮기면서 오른손 손등으로 적의 왼팔 하박을 받쳐 밖으로 제껴(그림 ④) 오른손 모지로 적의 왼쪽 청영혈을 잡고 왼손으로 손등을 눌러 꺾으면서 제압을 한다(그림 ⑤).

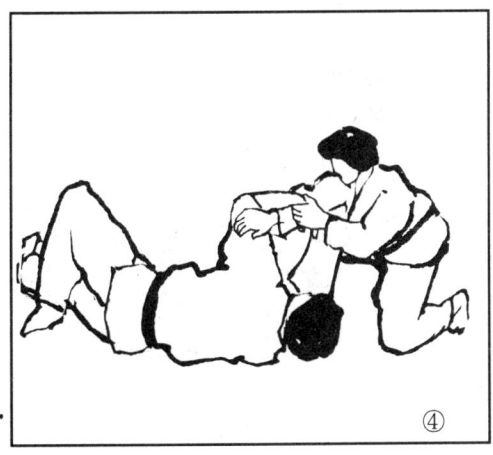

② 왼발이 적의 왼발 안쪽으로 전진하면서 오른손으로 적의 왼손 손목을 잡고 왼손 모지로는 왼쪽 청영혈을 잡아(그림 ②) 왼발을 축으로 오른발이 오른쪽 뒤로 돌아 적의 오른발 앞에 위치하여 허리 치기 자세를 취한 후(그림 ③) 던지고(그림 ④) 왼손 장저로 적의 왼팔 팔굽 관절을 눌러 꺾으면서 제압을 한다(그림 ⑤).

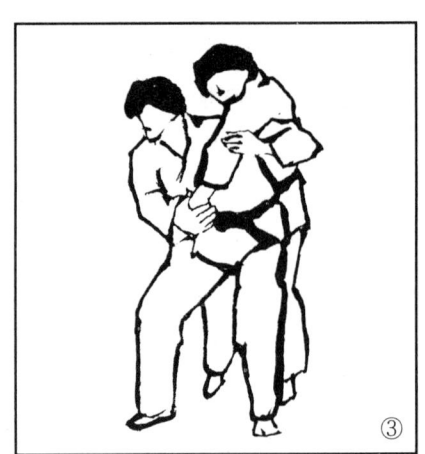

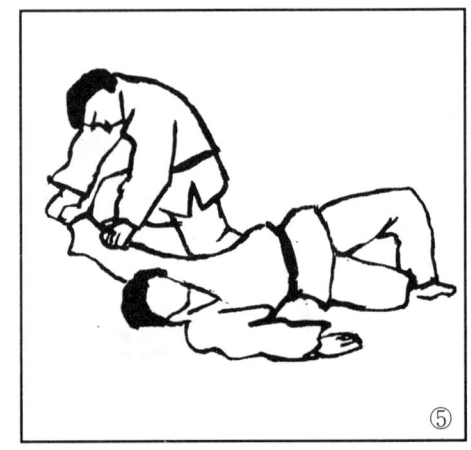

③ 왼손으로 적의 왼손 손목을 잡으면서 왼발이 적의 왼발 안쪽으로 전진하고 오른손이 적의 왼쪽 겨드랑이 사이로 들어가 옷깃을 잡아 팔굽 관절을 받쳐 꺾어 주며(그림 ②) 오른발이 적의 왼쪽 겨드랑이 사이로 들어가 오른발 앞에 위치하여 허리 치기 자세를 취한 후(그림 ③) 던지고(그림 ④) 오른발 무릎을 지면에 대주면서 제입을 한다(그림 ⑤).

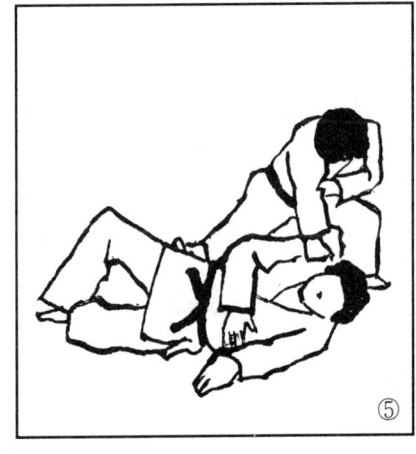

4 양손의 인지와 중지 사이로 적의 왼손 손목을 껴 주어(그림 ②, 그림 ③) 양손 모지로 적의 왼손 모지를 밀어 꺾으면서 왼발이 적의 왼발 바깥쪽으로 전진한 후 (그림 ④) 몸을 오른쪽 뒤로 틀어 왼발 무릎으로 적의 왼팔 팔굽 관절을 눌러 꺾으며 제압을 한다(그림 ⑤).

XIII. 적이 뒤에서 오른손으로 뒷덜미를 잡았을 때

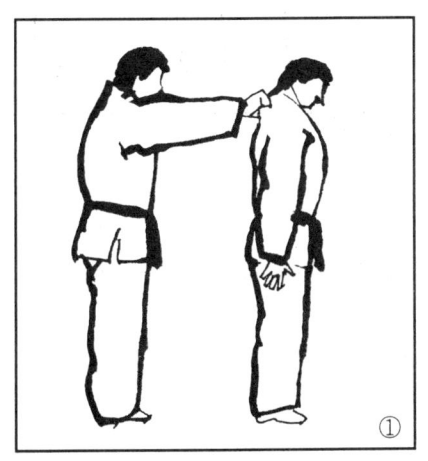

1. 왼발이 왼쪽 뒤로 돌아 적의 오른발 바깥쪽에 위치하면서 왼손으로 적의 허리를 껴안고(그림 ③) 오른손 아귀로 적의 천돌혈을 치거나 장저로 턱을 제껴 백회혈을 지면에 찍어 준다(그림 ④).

② 왼발이 오른발 앞으로 나아가 몸을 오른쪽 뒤로 틀어 대련 자세를 취하면서 오른손 수도로 적의 오른쪽 늑골을 친다(그림 ②).

③ 오른발이 왼발 앞으로 나아가 몸을 왼쪽 뒤로 틀어 대련 자세를 취하면서 왼손 수도로 적의 왼쪽 목을 친다(그림 ②).

XIV. 적이 뒤에서 양손으로 양쪽 어깨를 잡았을 때

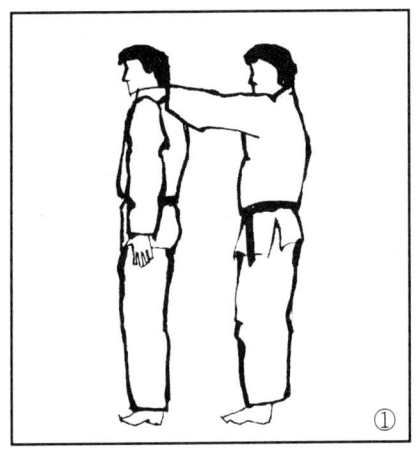

1️⃣ 왼발을 적의 왼발 앞으로 옮기는 동시에 몸을 왼쪽 뒤로 틀면서 왼쪽 어깨를 낚시바늘 모양으로 낮추어 후굴 자세를 취하고 오른손 모지가 적의 왼손 역수도 쪽을 향하게 하여 손등을 잡으면서 왼손 모지로 왼쪽 청영혈을 잡고(그림 ②) 오른발이 오른쪽 뒤로 돌아 적의 왼쪽 겨드랑이 사이로 빠져(그림 ③) 왼발 전굴 자세를 취하면서 적의 왼손 손목 관절을 꺾어 연행을 한다(그림 ④).

  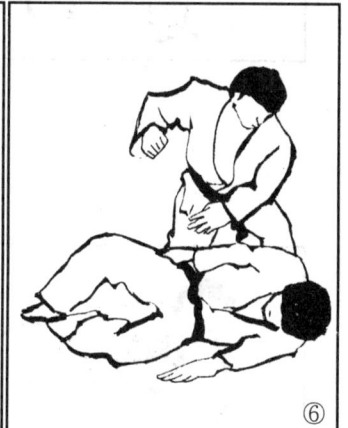

② 왼발을 적의 왼발 앞으로 옮기는 동시에 몸을 왼쪽 뒤로 틀면서 왼쪽 어깨를 낚시바늘 모양으로 낮추어 후굴 자세를 취하고 오른손 모지가 적의 왼손 역수도 쪽을 향하게 하여 왼손 손등을 잡으며 왼손 모지로 왼쪽 청영혈을 잡은 후(그림 ②) 오른발이 적의 오른발 앞으로 빠져 적의 왼손 손목 관절을 꺾으면서 자세를 낮추어(그림 ③) 왼팔을 머리 위로 넘겨 오른쪽 어깨로 받쳐 업어치기 자세를 취한 후(그림 ④) 던지고(그림 ⑤) 오른발 무릎을 지면에 대주면서 제압을 한다(그림 ⑥).

③ 오른발을 적의 낭심 앞으로 옮기는 동시에 몸을 오른쪽 뒤로 틀면서 오른쪽 어깨를 낚시바늘 모양으로 낮추어 후굴 자세를 취하고 오른손 주먹으로 적의 명치나 턱을 올려친다(그림 ②).

XV. 적이 뒤에서 양손으로 양팔 팔꿈치를 잡았을 때

1 오른발이 오른쪽 뒤로 돌아 적의 왼쪽 겨드랑이 사이로 빠져(그림 ②) 왼발 전굴 자세를 취하고 오른손 장저로 적의 왼쪽 늑골을 친다(그림 ③).

제3장 호신술(護身術) … 119

② 오른발이 오른쪽 뒤로 돌아 적의 왼쪽 겨드랑이 사이로 빠져(그림 ②) 왼발 전굴 자세를 취하면서 왼팔을 구부려 적의 왼손을 껴 주고(그림 ③) 오른발이 적의 낭심 밑으로 전진하며 오른팔 척골로 적의 왼팔 팔굽 관절에 칼 넣기를 한다(그림 ④).

3 왼발이 적의 왼발 바깥쪽으로 빠지면서 (그림 ②) 오른발이 적의 왼쪽 겨드랑이 사이로 빠져 적의 오른발 뒤에 위치하고 양손으로 적의 양 무릎을 잡아(그림 ③) 몸을 오른쪽 뒤로 틀면서 왼발 무릎을 지면에 대주며 던진다(그림 ④).

XVI 적이 뒤에서 양손으로 양손 손목을 잡았을 때

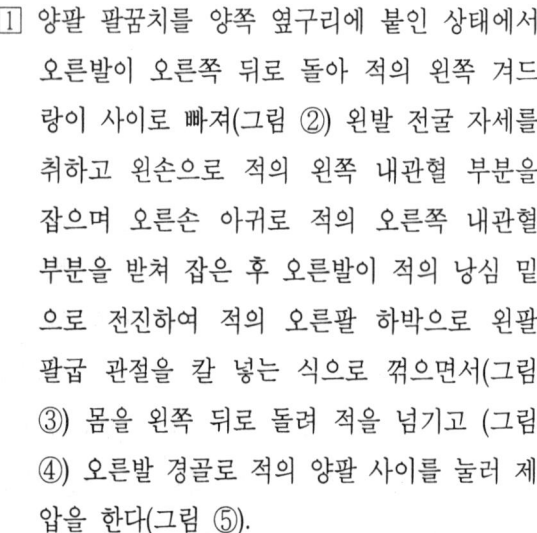

1. 양팔 팔꿈치를 양쪽 옆구리에 붙인 상태에서 오른발이 오른쪽 뒤로 돌아 적의 왼쪽 겨드랑이 사이로 빠져(그림 ②) 왼발 전굴 자세를 취하고 왼손으로 적의 왼쪽 내관혈 부분을 잡으며 오른손 아귀로 적의 오른쪽 내관혈 부분을 받쳐 잡은 후 오른발이 적의 낭심 밑으로 전진하여 적의 오른팔 하박으로 왼팔 팔굽 관절을 칼 넣는 식으로 꺾으면서(그림 ③) 몸을 왼쪽 뒤로 돌려 적을 넘기고 (그림 ④) 오른발 경골로 적의 양팔 사이를 눌러 제압을 한다(그림 ⑤).

② 왼발이 적의 왼발 바깥쪽으로 빠져 오른발 전굴 자세를 취하면서 양손은 단전호흡을 하듯이 앞으로 내밀어 명치 앞쪽에서 대각으로 교체하여 오른손으로 적의 왼손 손등을 잡고(그림 ②) 잡힌 왼손 손목을 빼어 모지로 적의 왼쪽 청영혈을 잡아 손목 관절을 꺾으면서(그림 ③) 오른발이 오른쪽 뒤로 돌아 적의 왼쪽 겨드랑이 사이로 빠져나가(그림 ④) 왼발 전굴 자세를 취하여 손목 관절을 꺾어 연행을 한다(그림 ⑤).

제3장 호신술(護身術) … 123

③ 왼발이 적의 왼발 바깥쪽으로 빠져 오른발 전굴 자세를 취하면서 양손은 단전호흡을 하듯이 앞으로 내밀어 명치 앞쪽에서 대각으로 교체하여 오른손으로 적의 왼손 손등을 잡고(그림 ②) 잡힌 왼손 손목을 빼어 모지로 적의 왼쪽 청영혈을 잡아 손목 관절을 꺾으면서 오른발이 뒤로 빠져 적의 오른발 안쪽에 위치하여 기마 자세를 취하고(그림 ③) 적의 왼팔을 머리 위로 넘겨 오른쪽 어깨로 받쳐 업어치기 자세를 취하여(그림 ④) 던지고(그림 ⑤) 오른발 무릎을 지면에 대주면서 제압을 한다(그림 ⑥).

XVII 적이 뒤에서 양손으로 양손 손목을 붙여 잡았을 때

① 오른발이 오른쪽 뒤로 돌면서 오른팔 팔꿈치로 적의 왼손 손목을 내려쳐 잡힌 왼손 손목을 빼 주고(그림 ②) 왼발 전굴 자세를 취하며 오른손을 안에서 밖으로 돌려 적의 오른손 손목을 잡아(그림 ③) 왼팔 척골로 적의 왼팔 팔굽 관절에 칼 넣기를 한다(그림 ④).

② 왼발이 앞으로 나가면서(그림 ①) 양손을 붙여 적의 왼손 손목 위에서 밖으로 돌려 잡힌 양손 손목을 빼고(그림 ②) 오른발 옆차기로 적의 명치를 친다(그림 ③).

9급 수련과정

I. 적이 뒤에서 양손을 겨드랑이 사이로 넣어 목을 깎지 끼어 잡았을 때

1️⃣ 기마 자세를 취하면서 양손 장저로 적의 손가락을 밀어 꺾으며(그림 ②) 왼손으로 밀은 적의 오른손 손가락 하나를 오른손 수도가 하늘을 향하게 하여 잡은 후 (그림 ③) 왼발이 앞으로 나가(그림 ③) 몸을 오른쪽 뒤로 돌려 오른발 전굴 자세를 취하면서 적의 오른손 손가락을 꺾는다(그림 ⑤).

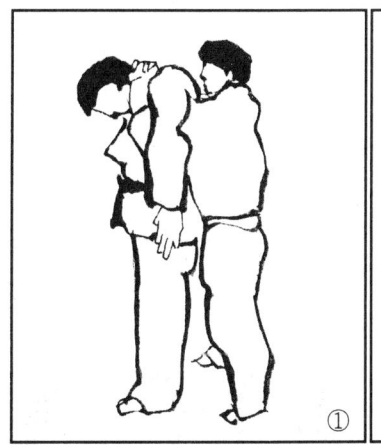  

2️⃣ 오른발이 적의 낭심 밑으로 빠지면서 양손 모지로 적의 목을 잡아 조르면서 업은 후(그림 ②) 오른발이 앞으로 나아가 던지고(그림 ③) 왼발 무릎을 지면에 대주면서 목을 조른다(그림 ④).

제3장 호신술(護身術) … 127

Ⅱ. 적이 뒤에서 양손을 겨드랑이 사이로 넣어 목을 포개 잡았을 때

  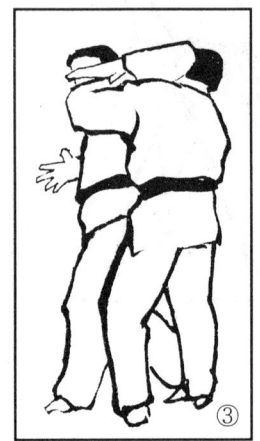 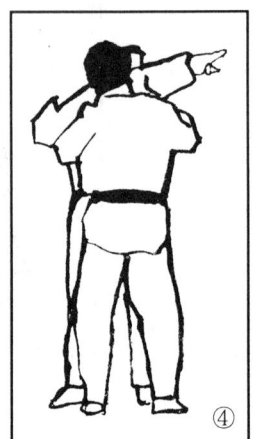

1 양팔을 들어 자세를 낮추면서 양팔 팔꿈치로 적의 양팔을 밑으로 내려치는 동시에 (그림 ②) 왼팔 팔꿈치로 적의 안면을 돌려 치고(그림 ③) 이어서 오른팔 팔꿈치로 안면을 돌려 친다(그림 ④).

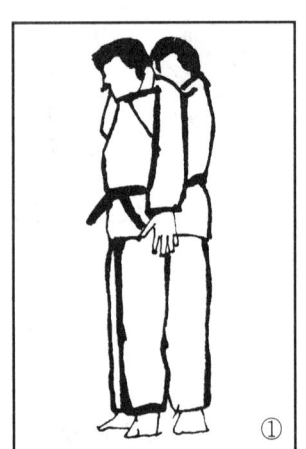 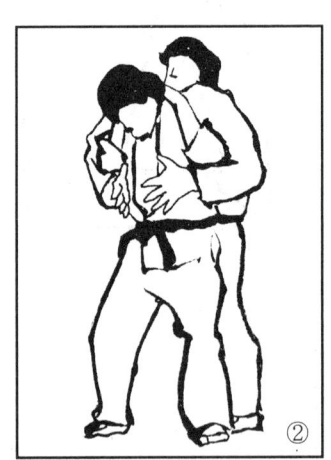 

2 자세를 낮추면서 양팔로 적의 양팔 팔꿈치를 껴주며 업어(그림 ②) 오른발이 전진하여 던진다(그림 ③).

Ⅲ. 적이 뒤에서 양손을 겨드랑이 사이로 넣어 양쪽 어깨를 잡았을 때

1 양 팔굽을 구부려 적의 팔꿈치를 받쳐 껴 주면서 업은 후(그림 ②) 오른발이 앞으로 전진하며 던진다(그림 ③).

2 오른발을 들어주면서 왼손 모지가 적의 오른손 손등 쪽을 향하게 하여 역수도 부분을 잡은 후(그림 ①) 오른발이 앞으로 전진하면서 오른쪽 어깨를 숙이는 동시에 왼손으로 적의 오른손을 제껴 손목 관절을 꺾고(그림 ②) 오른발 무릎으로 적의 오른팔 팔굽 관절을 눌러 꺾어 제압을 한다(그림 ③).

Ⅳ. 적이 뒤에서 양손을 겨드랑이 사이로 넣어 몸을 깍지 끼어 잡았을 때

1 기마 자세를 취하면서 양손 장저로 적의 양손 손가락을 밀어 꺾으면서(그림 ②) 왼손 장저로 밀은 적의 오른손 손가락 하나를 오른손 역수도 부분이 손등 쪽을 향하게 하여 잡아 왼발이 앞으로 전진한 후 (그림 ③) 몸을 오른쪽 뒤로 돌려 오른발 전굴 자세를 취하여 오른손으로 적의 오른손 손가락을 꺾는다(그림 ④).

2 기마 자세를 취하면서 양손 모지로 적의 양손 합곡혈을 잡아 밑으로 눌러 적의 양손 손가락을 꺾고(그림 ②) 적의 왼손을 놔주면서 왼발이 앞으로 전진하는 동시에 (그림 ③) 오른발이 오른쪽 뒤로 돌아 왼발 전굴 자세를 취하여 양손 모지가 적의 오른손 손등 쪽을 향하게 하여 손등을 잡아 꺾고(그림 ④) 왼발이 적의 낭심 밑으로 전진하면서 양손으로 적의 오른손 손등을 밀어 꺾으며 오른발 족기 지르기로 적의 가슴을 찬다 (그림 ⑤).

제3장 호신술(護身術) … 131

V. 적이 뒤에서 양손을 겨드랑이 사이로 넣어 몸을 껴안았을 때

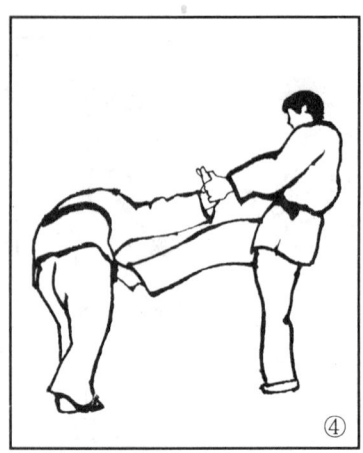

1 오른손 모지로 적의 오른쪽 곡지혈을 잡으면서 왼손 모지가 적의 오른손 수도 쪽을 향하게 하여 손등을 잡아 왼손 장저로 오른손 손등을 밀어 꺾고(그림 ②) 왼발이 앞으로 전진하는 동시에 (그림 ③) 오른발이 오른쪽 뒤로 돌아 왼발 전굴 자세를 취한 후 양손 모지가 적의 오른손 손등 쪽을 향하게 하여 손등을 잡아 왼발이 적의 낭심 밑으로 전지하며 양손으로 적의 오른손 손등을 밀어 꺾으면서 오른발 족기 지르기로 적의 가슴을 찬다(그림 ④).

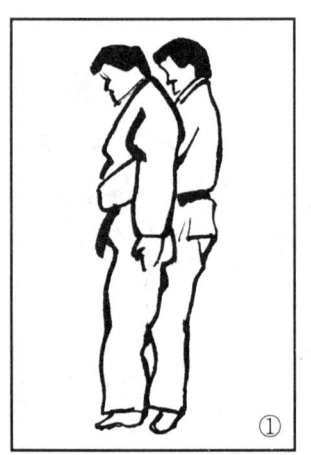 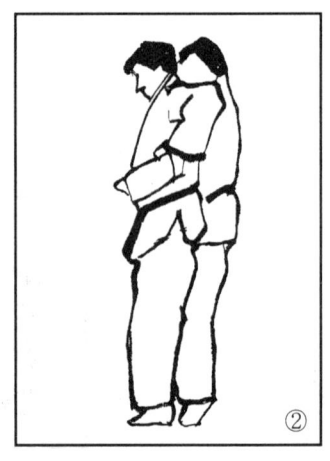 

② 양손 모지로 적의 양쪽 곡지혈을 잡고(그림 ②) 왼발이 앞으로 전진하며(그림 ③) 적의 양팔을 놔주면서 몸을 오른쪽 뒤로 돌려 오른발 옆차기로 적의 명치를 찬다(그림 ④).

Ⅵ. 적이 뒤에서 양팔로 몸을 껴안았을 때

① 자세를 낮추면서 양손으로 적의 양팔을 껴안으며(그림 ②) 업고(그림 ③) 오른발이 앞으로 전진하여 던진다(그림 ④).

제3장 호신술(護身術) … 133

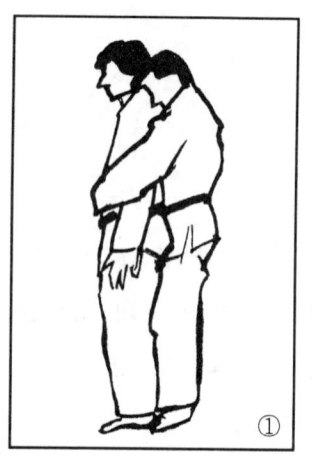  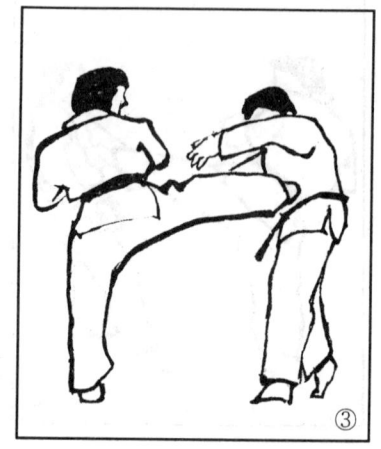

2 왼발이 앞으로 전진하면서 양손 관수로 적의 양쪽 기충혈을 찌르고(그림 ②) 몸을 오른쪽 뒤로 돌려 오른발 옆차기로 적의 명치를 찬다(그림 ③).

Ⅶ. 적이 앞에서 양팔로 몸을 껴안았을 때

1 오른발이 적의 오른발 앞에 위치하면서 오른손으로 적의 허리를 껴안으며 왼손으로 적의 오른쪽 견갑골 부분을 잡고(그림 ②) 왼발이 왼쪽 뒤로 돌아 적의 왼발 앞에 위치하여(그림 ③) 허리 치기로 던진 후 오른발 무릎을 지면에 대주면서 제압을 한다(그림 ④).

② 왼발이 왼쪽 뒤로 빠지는 동시에 양손 관수로 적의 양쪽 기충혈을 찌르고(그림 ②) 오른발 옆차기로 적의 명치를 찬다(그림 ③).

Ⅷ. 적이 앞에서 양손을 겨드랑이 사이로 넣어 몸을 껴안았을 때

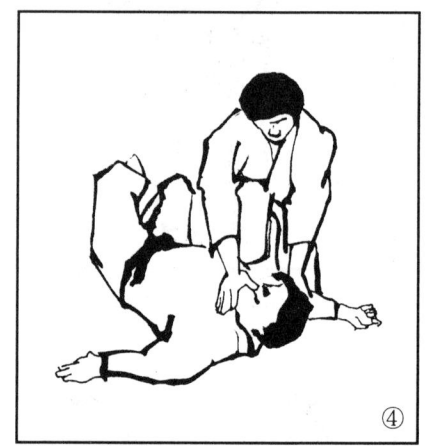

1️⃣ 왼손으로 적의 머리를 잡으면서 오른손 장저로 적의 오른쪽 턱을 받쳐 잡아(그림 ②) 왼발이 왼쪽 뒤로 돌며 양손으로 적의 목을 비틀어 꺾고(그림 ③) 오른발 무릎을 지면에 대주면서 제압을 한다(그림 ④).

2 왼발이 적의 오른발 바깥쪽으로 깊숙이 전진하며 왼손으로 적의 허리를 껴안고 오른손 장저로 적의 턱을 뒤로 제껴 백회혈을 지면에 찍어 준다(그림 ②).

IX. 적이 앞에서 양손으로 양 손목을 잡았을 때

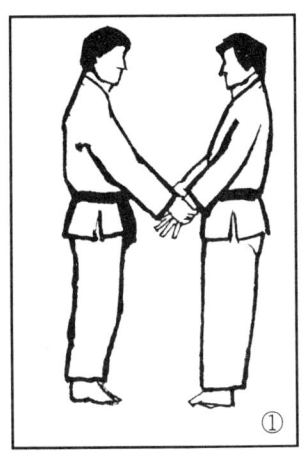  

1 왼발이 뒤로 빠져 대련 자세를 취하며(그림 ②) 양팔 척골을 앞으로 살짝 밀었다 양손을 왼쪽 어깨 앞으로 당겨 잡힌 양손 손목을 빼고(그림 ③) 오른발이 적의 낭심 앞으로 전진하면서 오른손 수도로 적의 오른쪽 천정혈을 친다(그림 ④).

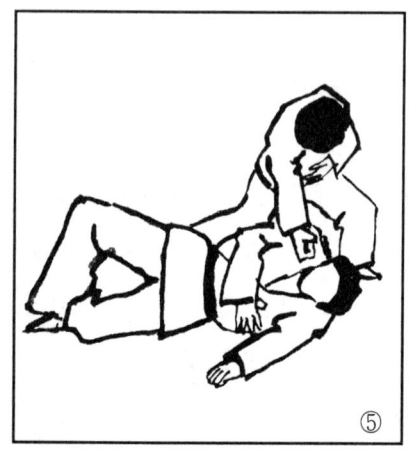

② 왼발이 적의 낭심 밑으로 전진하면서 오른손을 안에서 밖으로 돌려 적의 왼손 손바닥을 잡으며 잡힌 왼손 손목을 빼어(그림 ②) 적의 낭심을 잡거나 낭심 밑으로 들어가 받치고 오른팔을 쭉 펴서 적의 왼손 손목 관절을 꺾으면서(그림 ③) 원을 그리듯이 왼발 무릎 쪽으로 당겨 밑 업어 던지고(그림 ④) 오른발 무릎을 지면에 대주면서 제압을 한다(그림 ⑤).

③ 왼발이 뒤로 빠져 대련 자세를 취하며 (그림 ②) 양팔 척골을 앞으로 살짝 밀었다 양손을 왼쪽 어깨 앞으로 당겨 잡힌 양손 손목을 빼고(그림 ③) 오른발 옆차기로 적의 명치나 천돌혈을 찬다 (그림 ④).

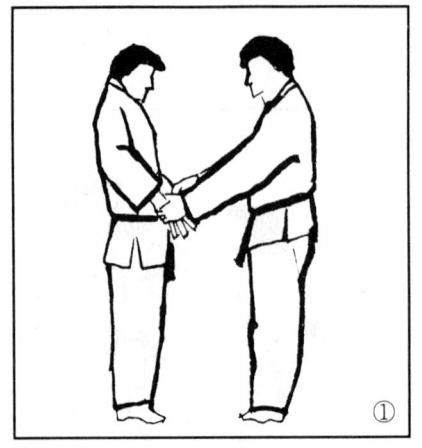 

4 오른손과 왼손을 적의 양쪽 경문혈에 대줬다 어깨를 뒤로 틀면서 손목을 잡는 방법으로 적의 힘을 역이용하는 동작의 일부로써 유단자 술기를 배우는데 있어 꼭 필요한 동작이니 유념하여 숙달토록 하여야 한다. 왼발이 적의 오른발 앞으로 전진한 후 오른손을 적의 오른쪽 경문혈 방향으로 살짝 밀었다(그림 ②) 오른손 손바닥이 하늘을 향하게 하여 모지가 적의 왼손 손목 바깥쪽으로 나가는 동시에 몸을 오른쪽 뒤로 틀어 적의 왼손 손등을 오른쪽 젖가슴에 대준 후 몸을 왼쪽 뒤로 틀면서 적의 왼손 손목을 잡고(그림 ③) 잡힌 왼손 손목을 빼어 척골로 적의 오른팔 팔굽 관절에 칼 넣기를 한다(그림 ④).

5 왼발이 왼쪽 뒤로 빠져 오른발 전굴 자세를 취하면서 양손 관수로 찌르는 듯 살짝 밀었다 양손 모지가 적의 손목 관절 바깥쪽으로 나가 팔굽을 구부린 후(그림 ②) 양손 모지로 적의 양손 손목 관절을 누르면서 손등을 잡아 손목 관절을 꺾고(그림 ③) 왼발 족기 지르기로 적의 낭심을 차거나 앞차기로 명치를 찬다(그림 ④).

6 왼발이 왼쪽 뒤로 빠져 오른발 전굴 자세를 취하면서 양손 관수로 찌르는 듯 살짝 밀었다(그림 ②) 양손 모지가 적의 손목관절 바깥쪽으로 나가 팔굽 관절을 구부려 (그림 ③) 손뼉을 치듯이 적의 양 손목의 고관절을 부딪쳐 준다(그림 ④).

7 왼발이 적의 왼발 앞으로 전진하며 오른손을 적의 오른쪽 경문혈 부분으로 밀면서 왼손으로 적의 왼손 손목을 잡아 잡힌 오른손 손목을 빼 주고(그림 ②) 오른발이 적의 왼쪽 겨드랑이 사이로 들어가 오른발 앞에 위치하며 오른손으로 적의 양팔을 감싸 잡아(그림 ③) 업어 던지고 오른발 무릎을 지면에 대주면서 제압을 한다(그림 ④).

X. 적이 앞에서 양손으로 오른손 손목을 잡았을 때

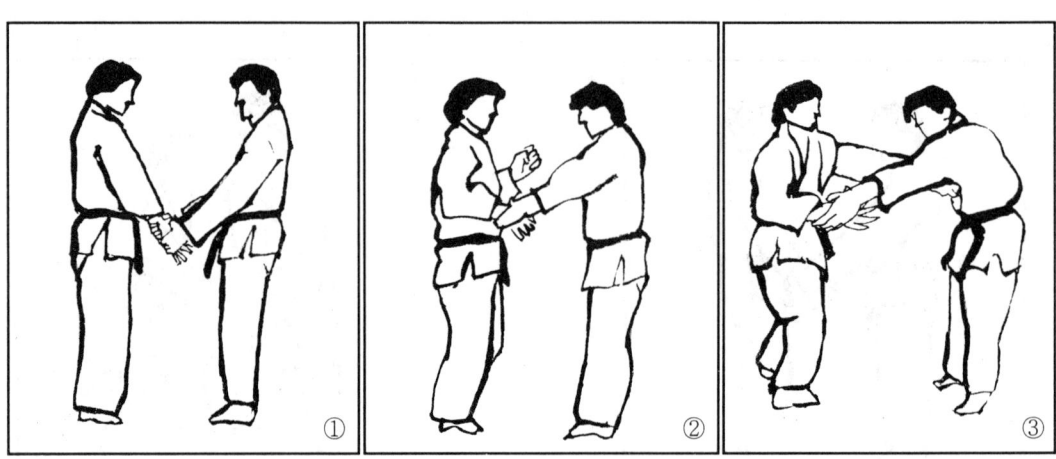

1 자세를 낮추면서 왼손 망치로 적의 오른쪽 곡지혈을 치고(그림 ②) 이어서 주먹으로 명치를 친다(그림 ③).

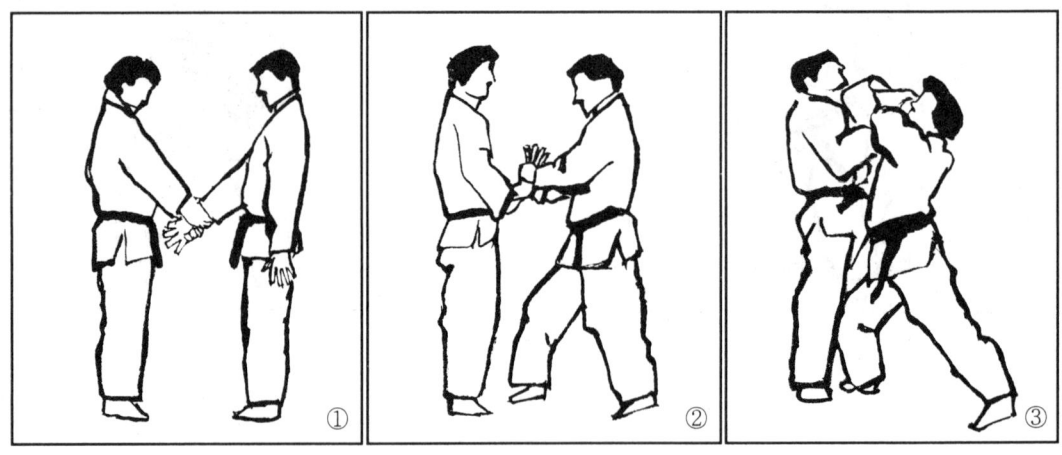

2 오른발이 적의 낭심 밑으로 전진하면서 왼손으로 오른손 수도를 받쳐 잡아(그림 ②) 오른팔 팔꿈치로 적의 명치나 턱을 올려친다(그림 ③).

3 오른발이 적의 낭심 밑으로 전진하면서 왼손으로 오른손 수도를 받쳐 잡아(그림 ②) 오른팔 팔꿈치로 적의 턱을 돌려 친다(그림 ③).

4 왼발이 적의 왼발 바깥쪽으로 나가면서 오른손을 적의 오른쪽 경문혈에 대주고(그림 ②) 오른발이 적의 오른발 뒤로 들어가(그림 ③) 몸을 오른쪽 뒤로 틀면서 왼발 무릎을 지면에 대주는 동시에 오른팔 팔꿈치로 적의 명치나 유중혈을 돌려 친다(그림 ④).

제3장 호신술(護身術) … 145

5 오른발이 적의 낭심 앞으로 전진하면서 오른손을 적의 오른쪽 경문혈에 대줬다(그림 ②) 몸을 오른쪽 뒤로 틀며 오른손을 안에서 밖으로 돌려 적의 오른손 손목을 잡고 (그림 ③) 왼팔의 척골로 적의 오른팔 팔굽 관절에 칼 넣기를 한다(그림 ④).

 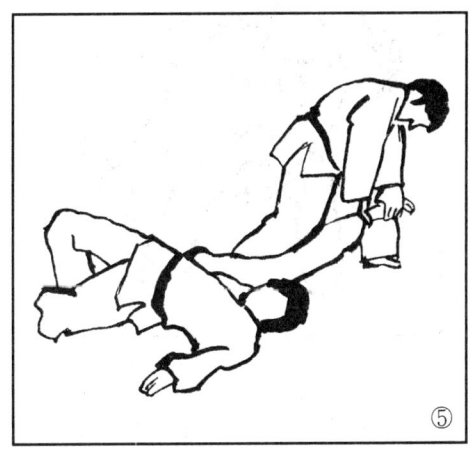

6 오른발이 적의 왼발 앞으로 전진하면서 왼손으로 적의 오른손 손등을 잡으며 오른손은 적의 오른손 손바닥 쪽을 잡아 적의 왼쪽 경문혈에 대주고(그림 ②) 왼발이 적의 오른쪽 겨드랑이 사이로 들어가(그림 ③) 왼발을 축으로 몸을 오른쪽 뒤로 돌려 왼발 무릎을 지면에 대주면서 양손으로 적의 오른손 손목관절을 꺾고(그림 ④) 오른발 무릎으로 적의 오른팔 팔굽 관절을 눌러 꺾어 제압을 한다(그림 ⑤).

7 오른발이 적의 낭심 앞으로 전진하면서 왼손으로 적의 오른손 손등을 잡으며 오른손으로는 적의 오른손 손바닥 쪽을 잡고(그림 ②) 왼발이 적의 낭심 밑으로 전진하여 적의 오른팔을 머리 뒤로 넘겨 팔굽 관절을 오른팔 상박으로 받쳐(그림 ③) 적의 오른팔을 왼발 무릎쪽으로 당겨 팔굽 관절을 꺾으면서 뒤업어 던지고(그림 ④) 오른발 무릎으로 적의 오른팔 팔굽 관절을 꺾어 제압을 한다(그림 ⑤).

XI. 적이 앞에서 오른손으로 오른손 손목을 잡았을 때

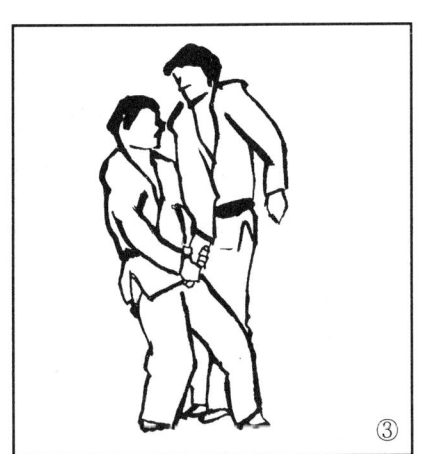

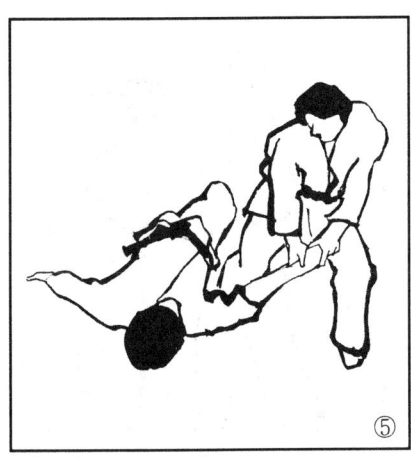

1 오른발이 적의 왼발 앞으로 전진하면서 왼손으로 적의 오른손 손등을 잡으며 오른손은 적의 오른손 손바닥을 잡아 적의 왼쪽 경문혈에 대주고(그림 ②) 왼발이 적의 오른쪽 겨드랑이 사이로 들어가(그림 ③) 왼발을 축으로 몸을 오른쪽 뒤로 돌려 왼발 무릎을 지면에 대주면서 양손으로 적의 오른손 손목 관절을 꺾고(그림 ④) 오른발 무릎으로 적의 오른팔 팔굽 관절을 눌러 꺾어 제압을 한다(그림 ⑤).

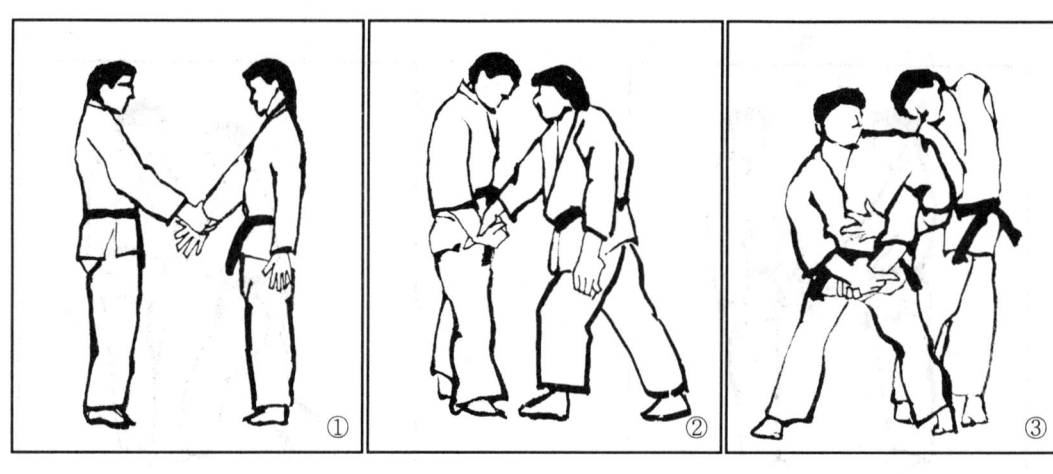

② 왼발이 적의 오른발 바깥쪽으로 전진하면서 오른손으로 적의 오른쪽 내관혈 부분의 손목을 잡고(그림 ②) 왼발을 축으로 오른발이 오른쪽 뒤로 돌아 왼발 앞서기 자세를 취하면서 왼쪽 겨드랑이 사이에 적의 오른팔을 끼어 왼팔 하박으로 팔굽 관절을 받쳐 꺾으면서 연행을 한다(그림 ③).

3 오른발이 적의 오른발 바깥쪽으로 전진하면서 오른손으로 적의 오른손 손바닥을 잡고(그림 ②) 몸을 왼쪽 뒤로 돌려 왼손 수도가 하늘을 향하게 하여 적의 오른손 손등을 잡아 양손으로 적의 손목 관절을 꺾어 준 후(그림 ③) 오른발을 축으로 왼발이 왼쪽 뒤로 돌아 적의 오른발 바깥쪽에 위치하여 왼발 전굴 자세를 취하고 오른 손 아귀로 적의 오른팔 팔꿈치를 받쳐 올리면서(그림 ④) 오른발로 적의 오른발을 걸어 넘긴 후(그림 ⑤) 오른발 무릎을 지면에 대주면서 왼손으로 적의 오른팔 팔꿈치를 눌러 제압을 한다(그림 ⑥).

제3장 호신술(護身術) … 151

4 왼발이 적의 오른발 바깥쪽으로 전진하면서 왼손 모지가 적의 오른손 손등 쪽을 향하게 하여 역수도 부분을 잡아 바깥쪽으로 제껴 꺾는 동시에 오른팔 팔꿈치를 밀어 잡힌 오른손 손목을 빼고(그림 ②) 오른발이 적의 오른쪽 겨드랑이 사이로 들어가며 오른손은 오른팔 팔꿈치 밑으로 들어가 모지가 적의 오른손 손바닥 쪽을 향하게 하여 수도 부분 쪽 손등을 잡아 밑으로 내려 손목 관절을 꺾은 후(그림 ③) 오른발로 적의 오른팔 팔꿈치를 받쳐 손목 관절을 꺾어 제압을 한다(그림 ④).

5 오른발이 적의 오른발 바깥쪽으로 깊숙이 전진하면서 왼손 모지가 적의 오른손 손등 쪽을 향하게 하여 역수도 부분을 잡아 밖으로 제껴 손목 관절을 꺾는 동시에 오른팔 팔꿈치를 밀어 잡힌 오른손 손목을 빼어 오른팔 척골로 적의 오른손 손등을 대각으로 눌러(그림 ②) 꺾으며 왼발 전굴 자세로 전환한 후(그림 ③) 왼발 무릎으로 적의 오른팔 팔굽 관절을 눌러 꺾어 제압을 한다(그림 ④).

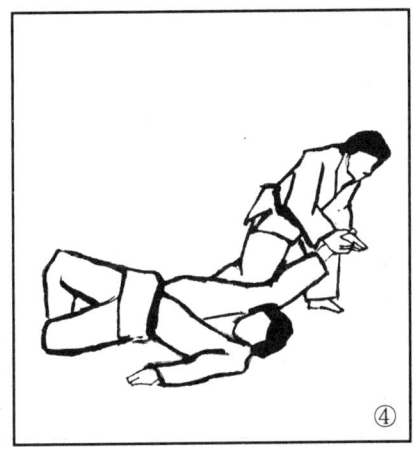

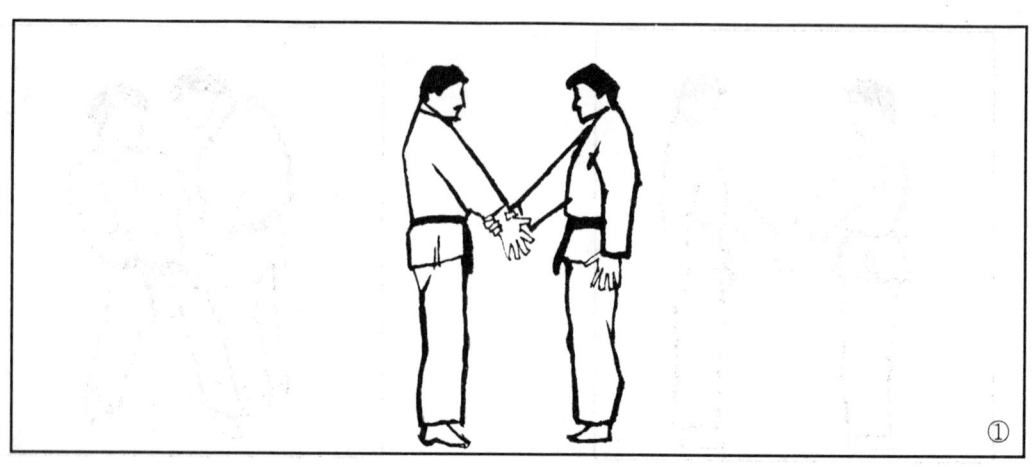

①

6 왼발이 적의 오른발 바깥쪽으로 전진하면서 오른손으로 적의 오른쪽 내관혈 부분의 손목을 잡고(그림 ②) 오른발을 당겨 기마 자세를 취하여 적의 오른팔을 머리 뒤로 넘겨 오른팔 상박으로 적의 팔굽 관절 위를 받치고 왼손은 적의 낭심 밑으로 넣어(그림 ③) 적의 오른팔을 왼발 무릎 밖으로 당겨 팔굽 관절을 꺾으면서 뒤업어 던지고(그림 ④) 오른발 무릎으로 팔굽 관절을 눌러 꺾어 제압을 한다(그림 ⑤).

②

③

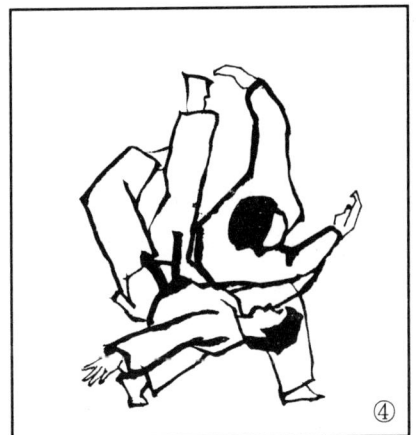
④

⑤

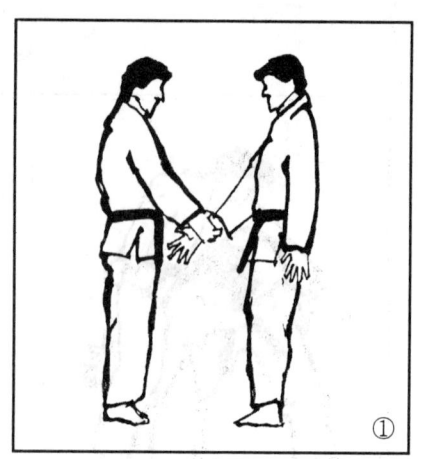 

7 왼발이 적의 오른발 바깥쪽으로 전진하며 왼손 모지로 적의 오른쪽 곡지혈을 잡고 오른손은 적의 오른쪽 내관혈 부분의 손목을 잡은 후(그림 ②) 오른발이 적의 오른쪽 겨드랑이 사이로 들어가(그림 ③) 오른발을 축으로 왼발이 왼쪽 뒤로 돌아 적의 오른쪽 겨드랑이 사이로 빠져 오른발 전굴 자세를 취하여 왼손으로 적의 머리나 뒷덜미를 잡아 연행을 한다(그림 ④).

제4장
單式足術

8급 수련과정
28가지 술기

제4장 단식족술

족술은 단식족술과 복식족술 그리고 특수족술로 크게 구분이 되며 일부의 족술을 제외한 대부분의 족술은 발목 관절 이하의 어느 부위로 어떻게 적을 공격하느냐에 따라 그 명칭이 세분되며 공격의 요체는 무릎 관절을 빠른 속도로 뻗어 공격 부위를 통하여 그 위력이 적에게 가해지는데 있다.

합기도의 족술은 그 어떤 무술의 족술 보다 다양하며 좁은 부위는 넓게, 넓은 부위는 좁게 공격을 가하는 특징을 지니고 있다.

또한 방어에 있어 안다리 차 넣기를 제외한 모든 발차기는 최종적으로 막는 손과 공격하는 발과 같은 쪽(오른손과 오른발) 이어야 하며 옆차기류의 발차기 즉 옆차기와 족도옆으로 차올리기, 뒤꿈치 차 돌리기, 찍어 차기는 하단과 상단을 막으며 뒤꿈치 차올리기와 안다리 차 넣기는 중단과 상단을 막고 그 외의 발 차기는 중단 막기를 하여야 한다.

본 수련 과정의 단식족술은 한발 단 동작에 의한 방어 및 공격을 하는 술기들로써 28가지 종류의 족술을 통하여 몸의 균형 유지는 물론 거리 감각과 신속하고 정확한 공격력 등을 체득토록 하였다.

I. 기본동작

1️⃣ 대련 자세에서(그림 ①) 오른발 무릎 관절을 곧게 펴고 오른발 발가락은 무릎 쪽으로 제껴 준 상태로 무릎 관절이 오른쪽 젖가슴에 닿도록 차올려 방광경의 이완은 물론 근육을 부드럽게 풀어 준다(그림 ②).

2️⃣ 떠서 옆차기, 떠서 뒤돌아 차기 등 떠서 공격을 하는 발차기의 기본이 되는 동작으로써 기마 자세에서(그림 ①) 양 무릎이 젖가슴을 차올리듯이 동시에 점프를 한 후(그림 ②) 양발 앞꿈치가 지면에 먼저 닿도록 착지를 하며 이러한 동작이 숙달이 되면은 점프를 한 상태에서 양발 발바닥을 부딪쳐 체공 시간을 길게 하거나(그림 ③) 90도, 180도, 360도, 450도, 540도로 회전을 하여 안전하게 착지토록 연습을 한다.

③ 한발 나가 떠서 찍어 차기, 한발 나가 떠서 뒤돌아 차기 등 한발 나가 떠서 공격을 하는 발차기의 기본이 되는 동작으로서 대련 자세에서(그림 ①) 오른발 무릎으로 젖가슴을 차올리듯이 점프를 하는 동시에(그림 ②) 왼발 또한 젖가슴을 차올리듯이 점프를 하여 양발 학 다리 자세를 취한 후(그림 ③) 둔부를 뒤로 빼어 기마 자세를 취하여 양발 앞꿈치가 지면에 먼저 닿도록 착지를 한다. 이와 같은 동작이 숙달되면 체공 상태에서 몸을 90도로 틀어 착지를 하거나 체공 시간을 최대한 늘리도록 연습을 한다.

Ⅱ. 발 차기

1. 뒤꿈치 차올리기

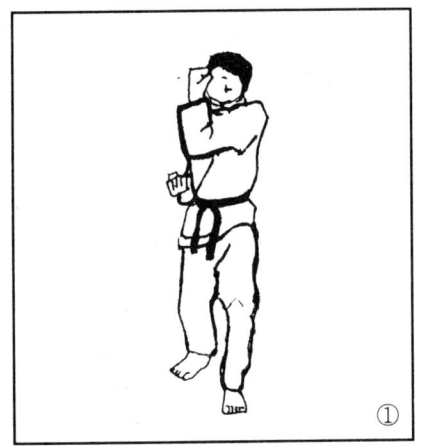

왼발 전굴 자세에서 왼팔 하박으로 중단을 막는 동시에(그림 ①) 오른팔 하박으로 상단을 막고(그림 ②) 오른발 학 다리 자세를 취하면서(그림 ③) 오른발 뒤꿈치 부분의 발바닥으로 적의 명치나, 턱을 차 올려 준다(그림 ④, 그림 ⑤).

2. 족기 지르기

왼발 전굴 자세에서 오른팔 하박으로 중단을 막고(그림 ①) 오른발 학 다리 자세를 취하면서(그림 ②) 오른발 발등의 부골 부분으로 적의 낭심을 차 준다(그림 ③, 그림 ④).

3. 옆차기

상대의 발 차기 실력을 알아보려면 뒤꿈치 차올리기와 옆차기를 시켜 보라는 말이 있다. 그 만큼 중요한 비중을 차지하고 있기 때문에 3 단계(누워서, 벽을 잡고, 서서)로 나누어 익히도록 하였다.

1 누워서 옆차기

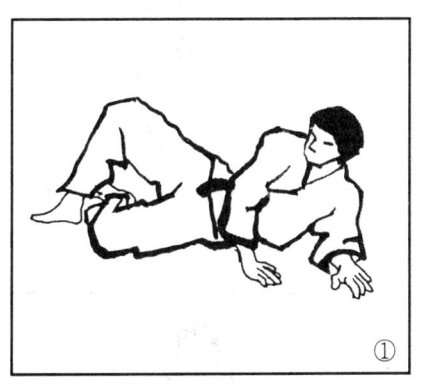 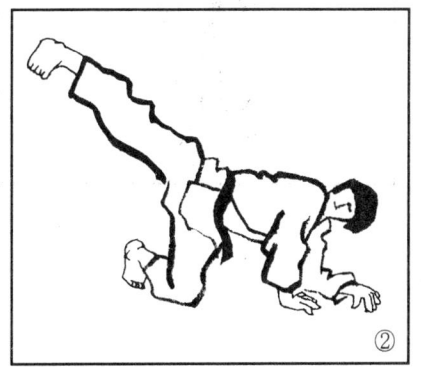

누운 상태에서 몸을 왼쪽으로 틀면서 왼팔 하박과 오른손 손바닥으로 지면을 짚고(그림 ①) 엉덩이를 들어 왼발 무릎을 수직으로 세우는 동시에 오른발 뒤꿈치 부분의 족도로 찬다. 이때 몸은 일직선을 이루게 하여 균형을 잡도록 한다(그림 ②).

2 벽 잡고 옆차기

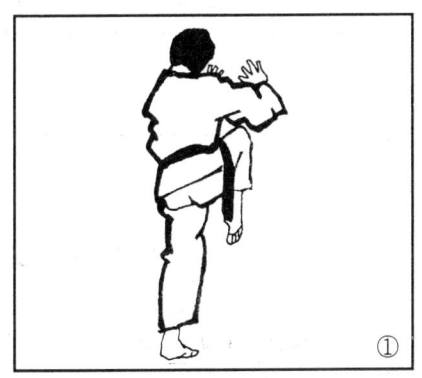 

누워서 옆차기가 숙달이 되면은 양손으로 벽을 잡고 서서 오른발 학 다리 자세를 취하여(그림 ①) 옆차기를 하며 가능한 한 찬 상태에서 벽에 의지하지 않고 균형을 유지하도록 하고 상체는 똑바로 선 자세를 취하도록 한다(그림 ②).

3 서서 옆차기

왼발 전굴 자세에서 왼팔 하박으로 하단을 막는 동시에 오른팔 하박으로 상단을 막고(그림 ①) 오른발 학 다리 자세를 취한 후(그림 ②) 몸을 왼쪽으로 틀면서(그림 ③) 옆차기를 한다 (그림 ④, 그림 ⑤).

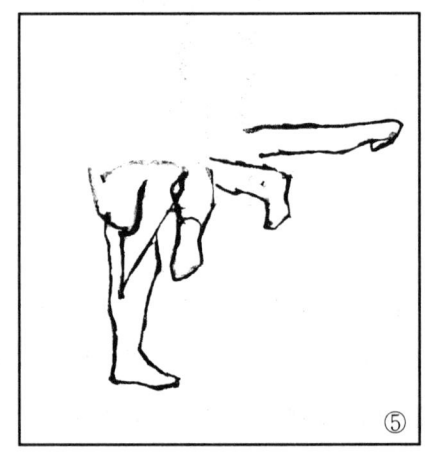

4. 안 다리 차기

왼발 전굴 자세에서 오른팔 하박으로 중단을 막고(그림 ①) 오른발 학 다리 자세를 취하여(그림 ②) 오른발 족도의 안쪽 면을 밖에서 안으로 원을 그려 공격해 들어오는 적의 주먹이나 발을 막거나 얼굴 등을 차 준다(그림 ③, 그림 ④, 그림 ⑤).

5. 바깥 다리 차기

왼발 전굴 자세에서 오른팔 하박으로 중단을 막고(그림 ①) 오른발 무릎을 왼쪽 젖가슴 앞으로 들어올려 학 다리 자세를 취하여(그림 ②) 오른발 족도를 밖에서 안으로 원을 그려 공격해 들어오는 적의 주먹이나 발을 막거나 얼굴 등을 차 준다(그림 ③, 그림 ④, 그림 ⑤).

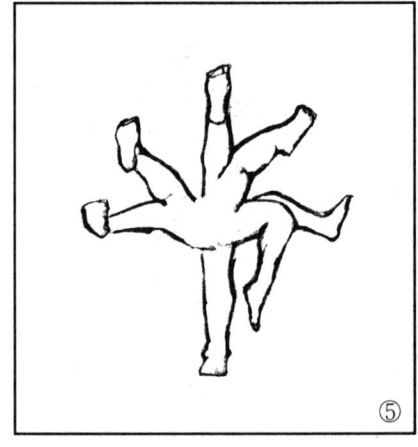

6. 앞차기

왼발 전굴 자세에서 오른팔 하박으로 중단을 막고(그림 ①) 오른발 학 다리 자세를 취하여(그림 ②) 오른발 앞꿈치로 적의 명치나 천돌혈 또는 인중혈 등을 찬다(그림 ③, 그림 ④).

7. 안 다리 차 넣기

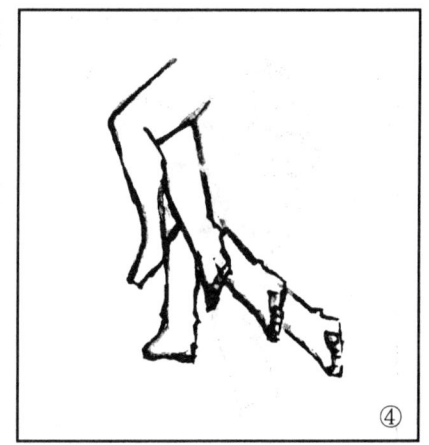

 왼발 전굴 자세에서 오른팔 하박으로 중단을 막는 동시에(그림 ①) 왼팔 하박으로 상단을 막고(그림 ②) 오른발 족도의 안쪽 면으로 적의 양교혈이나 삼음교혈을 찬다(그림 ③, 그림 ④).

8. 뒤꿈치 차내기

왼발 전굴 자세에서 오른팔 하박으로 중단을 막고(그림 ①) 오른발 학 다리 자세를 취하여(그림 ②) 오른발 뒤꿈치의 발바닥 면으로 적의 삼음교혈 이나 기문혈 등을 차낸다(그림 ③, 그림 ④, 그림 ⑤).

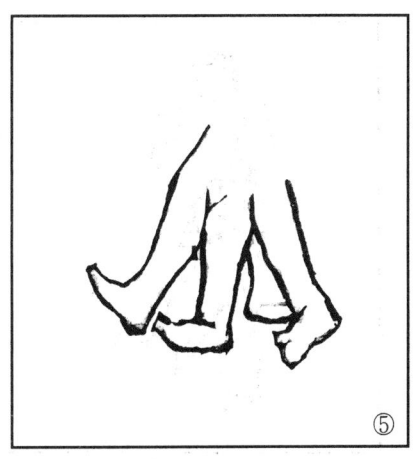

9. 족도 스쳐 차기

왼발 전굴 자세에서 오른팔 하박으로 중단을 막고(그림 ①) 오른발 족도로 적의 삼음교혈 이나 양교혈 등을 스쳐 차 준다(그림 ②, 그림 ③, 그림 ④, 그림 ⑤).

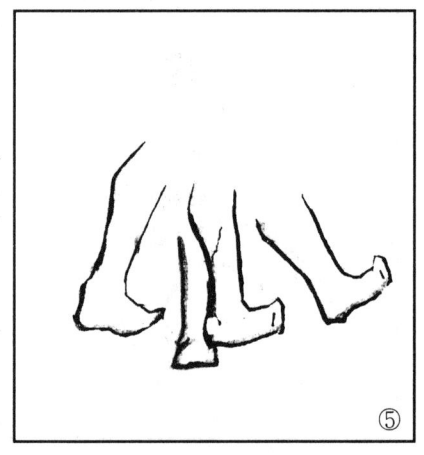

10. 뒤꿈치 차 내리기

왼발 전굴 자세에서 오른팔 하박으로 중단을 막고(그림 ①) 오른발 무릎을 왼쪽 젖가슴 앞으로 들어올려 학 다리 자세를 취하면서(그림 ②) 오른발을 밖에서 안으로 반원을 그려(그림 ③) 뒤꿈치로 적의 백회혈 등을 일직선으로 차 내린다(그림 ④, 그림 ⑤).

11. 족도 스쳐 차올리기

왼발 전굴 자세에서 오른팔 하박으로 중단을 막고(그림 ①) 오른발 족도로 적의 늑골을 스쳐 차올린다(그림 ②, 그림 ③).

12. 무릎 차올리기

왼발 전굴 자세에서 양손 손목을 대각으로 겹쳐 올려 상단을 막으면서(그림 ①) 적의 상체를 잡아 당기는 동시에 오른발 무릎으로 적의 명치나 늑골 등을 찬다(그림 ②).

13. 뒤차기

왼발이 뒤로 빠져 오른발 전굴 자세를 취하며 오른팔 하박으로 중단을 막고(그림 ①) 오른발 뒤꿈치의 발바닥 면으로 뒤에 있는 적의 명치를 찬다(그림 ②, 그림 ③, 그림 ④).

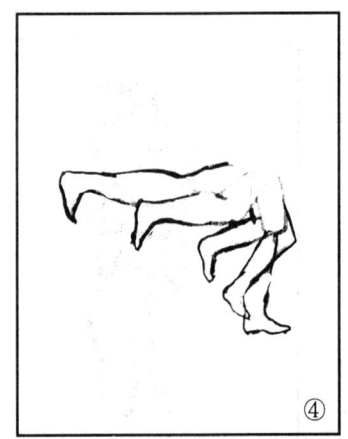

14. 족도 차 넣기

①

②

③

④

⑤

왼발 전굴 자세에서 오른팔 하박으로 중단을 막고(그림 ①) 오른발 학 다리 자세에서(그림 ②) 오른발 족도로 적의 명치를 차 준다(그림 ③, 그림 ④, 그림 ⑤).

15. 족도 옆으로 차올리기

①

②

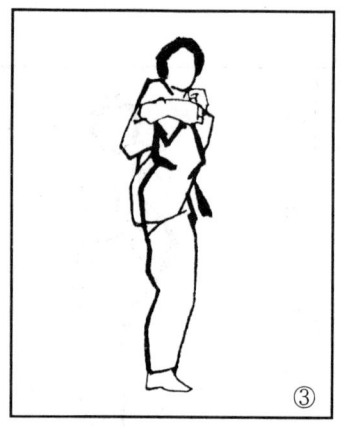  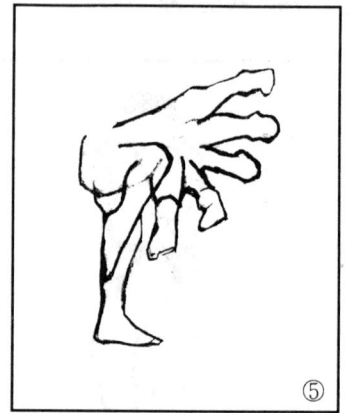

왼발 전굴 자세에서 왼팔 하박으로 하단을 막는 동시에 오른팔 하박으로 상단을 막고 (그림 ①) 몸을 왼쪽으로 틀면서 오른발 학 다리 자세를 취하여(그림 ②) 오른발 족도로 적의 턱을 차 올려 준다(그림 ③, 그림 ④, 그림 ⑤).

16. 뒤꿈치 차 돌리기

왼발 전굴 자세에서 왼팔 하박으로 하단을 막는 동시에 오른팔 하박으로 상단을 막고 (그림 ①) 오른발 무릎을 왼쪽 젖가슴 앞으로 들어올려 학 다리 자세를 취하여(그림 ②) 오른발 뒤꿈치를 밖에서 안으로 돌려 적의 예풍혈 이나 현고혈 등을 찬다(그림 ③, 그림 ④, 그림 ⑤).

17 미골 급소 차기

 왼발 전굴 자세에서 오른팔 하박으로 중단을 막고(그림 ①) 오른발 학 다리 자세를 취하여 뒤꿈치로 적의 미골이나 요추 또는 대퇴부 등을 당겨 찬다(그림 ②, 그림 ③, 그림 ④).

18. 발 막기

 왼발 전굴 자세에서 오른팔 하박으로 중단을 막고(그림 ①) 오른발 무릎을 왼쪽 젖가슴 앞으로 들어올려 학 다리 자세를 취하여(그림 ②) 속도로 바깥나리차기를 차듯이 오른발을 안에서 밖으로 돌려(그림 ③)

 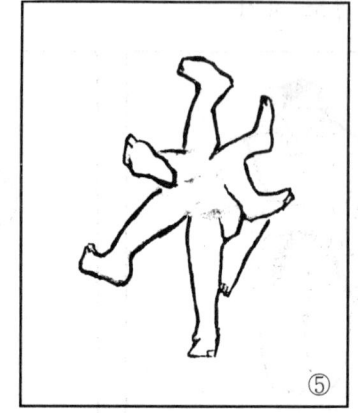

공격해 들어오는 적의 대퇴부나 하퇴부 등을 차 준다(그림 ④, 그림 ⑤).

19. 찍어 차기

왼발 전굴 자세에서 왼팔 하박으로 하단을 막는 동시에 오른팔 하박으로 상단을 막고(그림 ①) 오른발 학 다리 자세를 취하는 동시에(그림 ②) 몸을 왼쪽으로 틀어 수평으로 학 다리 자세를 취하여(그림 ③) 오른발 발등으로 적의 얼굴이나 젖가슴 등을 찬다(그림 ④, 그림 ⑤).

20. 2단 옆차기

 오른발 전굴 자세에서 오른팔 하박으로 하단을 막는 동시에 왼팔 하박으로 상단을 막고 (그림 ①) 양발 무릎으로 젖가슴을 차올리듯이 점프를 하여 오른발 옆차기로 적의 천돌혈 등을 찬다(그림 ③).

21. 한발 나가 떠서 옆차기

　오른발 전굴 자세에서 오른팔 하박으로 하단을 막는 동시에 왼팔 하박으로 상단을 막고(그림 ①) 왼발 무릎으로 왼쪽 젖가슴을 차올리듯이 학 다리 자세를 취하는 동시에(그림 ②) 점프를 하여 양발 학 다리 자세를 취한 후(그림 ③) 몸을 왼쪽으로 틀면서 오른발 옆차기로 적의 천돌혈 등을 찬다(그림 ④).

22. 한발 나가 떠서 뒤꿈치 차 돌리기

오른발 전굴 자세에서 오른팔 하박으로 하단을 막는 동시에 왼팔 하박으로 상단을 막고(그림 ①) 왼발 무릎으로 왼쪽 젖가슴을 차올리듯이 학 다리 자세를 취하는 동시에(그림 ②) 점프를 하여 양발 학 다리 자세를 취한 후(그림 ③) 몸을 왼쪽으로 틀어(그림 ④) 오른발 뒤꿈치로 적의 예풍혈 이나 현고혈 등을 차 돌린다(그림 ⑤).

23. 한발 나가 떠서 찍어 차기

　오른발 전굴 자세에서 오른팔 하박으로 하단을 막는 동시에 왼팔 하박으로 상단을 막고 (그림 ①) 왼발 무릎으로 왼쪽 젖가슴을 차올리듯이 학 다리 자세를 취하는 동시에(그림 ②) 점프를 하여 양발 학 다리 자세를 취한 후(그림 ③) 몸을 왼쪽으로 틀어 오른발 발등으로 적의 얼굴이나 젖가슴 등을 찍어 찬다(그림 ④).

제5장
防拳術

7급 수련과정
46가지 술기

제5장 방권술

적의 공격은 예고가 없으며 그 방법 또한 다양하다. 특히 권술은 신속하게 공격을 가할 수 있기 때문에 자칫 방심을 한다면 결정적인 타격을 입게 된다. 적의 공격을 효과적으로 방어하기 위해서는 우선 좁은 공간을 택하여 상대로 하여금 다양한 공격을 하게 하고 이에 대처하는 수련을 통하여 시야를 넓히고 공격의 흐름과 감각 등을 충분히 익힌 후 술기를 체득토록 한다.

Ⅰ. 기본동작(막기)

① 왼손이 오른쪽 경문혈에 오게 한 후 왼팔 하박으로 원을 그리듯이 이마까지 올려 상단을 막는다. 이때 주먹과 팔꿈치의 중간 부분이 몸의 중앙에 오도록 하며 하박과 이마와의 사이는 주먹 하나 정도의 간격을 두고 왼쪽 내관혈이 하늘을 향하게 하여 막도록 한다(그림 ①).

② 적이 오른손 주먹으로 얼굴을 공격한 후 왼손 주먹으로 복부를 공격하였을 때 왼팔 하박으로 상단을 막고 이어서 왼팔 하박으로 상단 막기의 역순으로 원을 그리듯이 내려 막는다(그림 ①).

③ 적이 오른손 주먹으로 얼굴을 공격한 후 왼손 주먹으로 복부를 공격하였을 때 왼팔 하박으로 상단을 막고 이어서 오른쪽 내관혈이 바깥쪽을 향하게 하여 안에서 밖으로 돌려 오른팔 하박으로 하단 막기를 한다(그림 ①).

제5장 방권술(防拳術) … 183

④ 자세를 낮추면서 양손을 대각으로 겹쳐 이마 앞으로 올려 상단 막기를 한다(그림 ①)

⑤ 적이 오른손 주먹으로 가슴이나 얼굴 등을 공격 할 때 몸을 왼쪽 뒤로 틀면서 오른팔 팔꿈치로 치듯이 하박으로 중단 막기를 한다(그림 ①).

Ⅱ. 때리기

① 적이 오른발 전굴 자세에서 오른손 주먹으로 공격을 할 때 오른발이 적의 낭심 앞으로 전진하여 오른발 전굴 자세를 취하면서 왼팔 하박으로 상단을 막고(그림 ①) 오른손 망치로 적의 왼쪽 현고혈을 친다(그림 ②).

2 적이 오른발 전굴 자세에서 오른손 주먹으로 공격을 할 때 오른발이 적의 낭심 앞으로 전진하여 오른발 전굴 자세를 취하면서 왼팔 하박으로 상단을 막고(그림 ①) 오른손 수도로 적의 왼쪽 천정혈을 친다(그림 ②).

3 적이 오른발 전굴 자세에서 오른손 주먹으로 공격을 할 때 오른발이 적의 낭심 앞으로 전진하여 오른발 전굴 자세를 취하면서 왼팔 하박으로 상단을 막고(그림 ①) 오른손 주먹으로 적의 턱을 올려친다(그림 ②).

제5장 방권술(防拳術) … 185

4 적이 오른발 전굴 자세에서 오른손 주먹으로 공격을 할 때 오른발이 적의 낭심 앞으로 전진하여 오른발 전굴 자세를 취하면서 왼팔 하박으로 상단을 막고(그림 ①) 오른손 장저로 적의 왼쪽 유중혈 이나 천계혈 등을 친다(그림 ②).

5 적이 오른발 전굴 자세에서 오른손 주먹으로 공격을 할 때 오른발이 적의 낭심 앞으로 전진하여 오른발 전굴 자세를 취하면서 왼팔 하박으로 상단을 막고(그림 ①) 오른손 주먹으로 적의 명치를 올려친다(그림 ②).

6 적이 오른발 전굴 자세에서 오른손 주먹으로 공격을 할 때 왼발이 적의 오른발 바깥쪽으로 전진하여 왼발 전굴 자세를 취하면서 왼팔 하박으로 상단을 막고(그림 ②) 오른손 망치로 적의 오른쪽 기문혈을 친다(그림 ②).

7 적이 오른발 전굴 자세에서 오른손 주먹으로 공격을 할 때 오른발이 적의 낭심 앞으로 전진하여 오른발 전굴 자세를 취하면서 왼팔 하박으로 상단을 막고(그림 ①) 왼손 중지권으로 적의 오른쪽 현고혈을 친다(그림 ②).

⑧ 적이 오른발 전굴 자세에서 오른손 주먹으로 공격을 할 때 왼발이 적의 오른발 바깥쪽으로 전진하여 왼발 전굴 자세를 취하면서 왼팔 하박으로 상단을 막고(그림 ①) 오른팔 팔꿈치로 적의 늑골을 돌려 친다(그림 ②).

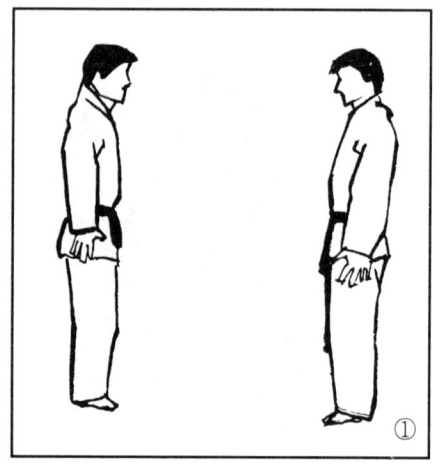 

⑨ 적이 오른발 전굴 자세에서 오른손 주먹으로 공격을 할 때 왼발이 왼쪽 옆으로 나가서 오른손 중지권으로 적의 오른쪽 극천혈을 찌른다(그림 ②).

10 적이 오른발 전굴 자세에서 오른손 주먹으로 공격을 할 때 왼발이 적의 오른발 바깥쪽으로 전진하여 왼발 전굴 자세를 취하면서 오른팔 하박으로 상단을 막고(그림 ①) 적의 오른손 수도 부분 쪽 손목을 훑어 잡으며 왼손 중지로 오른쪽 곡지혈을 잡아(그림 ②) 당기는 동시에 오른발 무릎으로 적의 명치나 늑골 등을 올려치고 오른손 수도로 아문혈을 친다(그림 ③).

III. 꺾기

1 적이 오른발 전굴 자세에서 오른손 주먹으로 공격을 할 때 왼발이 적의 오른발 바깥쪽으로 전진하여 왼발 전굴 자세를 취하면서 왼팔 하박으로 상단을 막고(그림 ①) 오른팔 하박으로 적의 오른쪽 척택혈을 당겨 치며(그림 ②) 오른발이 적의 오른쪽 겨드랑이 사이로 깊숙이 들어가 양팔로 적의 오른팔을 휘감아 꺾으면서(그림 ③) 몸을 왼쪽 뒤로 돌려 오른발 무릎으로 적의 오른쪽 극천혈을 눌러 제압을 한다(그림 ④).

2 적이 오른발 전굴 자세에서 오른손 주먹으로 공격을 할 때 왼발이 적의 오른발 바깥쪽으로 전진하여 왼발 전굴 자세를 취하면서 오른팔 하박으로 상단을 막고(그림 ①) 적의 오른손 수도 부분 쪽 손등을 훑어 잡으면서 왼손 중지로 오른쪽 곡지혈을 잡아(그림 ②) 오른발이 적의 오른쪽 겨드랑이 사이로 들어가 오른손으로 적의 오른손 손목 관절을 꺾으면서(그림 ③) 몸을 왼쪽 뒤로 돌려(그림 ④) 오른발 무릎을 지면에 대주고 오른손으로 적의 오른손을 견갑골 밑으로 넣은 후 왼손 장저로 팔꿈치를 눌러 제압을 한다(그림 ⑤).

3 적이 오른발 전굴 자세에서 오른손 주먹으로 공격을 할 때 왼발이 적의 오른발 바깥쪽으로 전진하여 왼발 전굴 자세를 취하면서 왼팔 하박으로 상단을 막고(그림 ①) 역수도 부분 쪽 손목을 훑어 잡으면서 오른손 손바닥이 하늘을 향하게 하여 적의 오른손 밑으로 나아가 수도 부분을 잡아(그림 ②) 양손으로 적의 오른팔을 밖으로 돌려 내린 후(그림 ③) 오른손 모지가 적의 오른손 역수도 쪽을 향하게 하여 손등을 잡고(그림 ④)

오른발이 적의 오른발 바깥쪽으로 들어가 손등을 눌러 꺾으면서(그림 ⑤) 몸을 왼쪽 뒤로 돌려 오른발 무릎을 지면에 대주고 왼손으로 적의 오른팔 하박을 똑바로 세우며 오른손으로 적의 손등을 눌러 손목 관절을 꺾어 제압을 한다(그림 ⑥).

4 적이 오른발 전굴 자세에서 오른손 주먹으로 공격을 할 때 왼발이 적의 오른발 바깥쪽으로 전진하여 왼발 전굴 자세를 취하면서 오른팔 하박으로 상단을 막고 (그림 ①) 수도 부분을 훑어 잡으며 왼손 중지로 오른쪽 곡지혈을 잡은 후(그림 ②) 오른발이 오른쪽 뒤로 돌아 왼발 전굴 자세를 취하고 왼손은 적의 오른팔을 훑어 내려 손목을 잡아(그림 ③) 양손으로 적의 손가락이 정면을 향하게 오른팔을 돌려 왼쪽 겨드랑이 사이에 낀 후 오른발 무릎을 지면에 대주면서 몸을 왼쪽 뒤로 돌려 왼팔 팔꿈치로 적의 오른팔 팔굽 관절을 꺾는다(그림 ④).

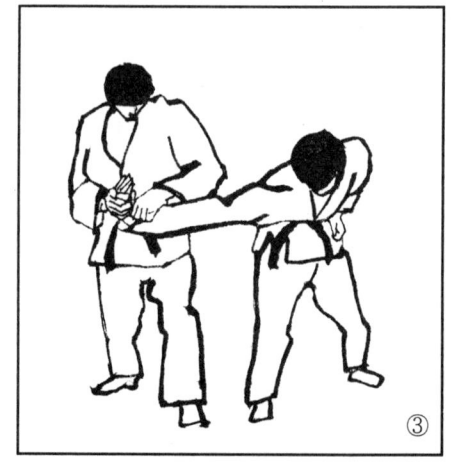

5 적이 오른발 전굴 자세에서 오른손 주먹으로 공격을 할 때 왼발이 적의 오른발 바깥쪽으로 전진하여 왼발 전굴 자세를 취하면서 오른팔 하박으로 상단을 막고 (그림 ①) 수도 부분 쪽 손목을 훑어 잡으며 왼손 손바닥이 하늘을 향하게 하여 적의 오른손 밑으로 들어가 역수도 부분을 잡아(그림 ②) 양손으로 적의 오른팔을 밖으로 돌려 내린 후(그림 ③) 오른팔 상박으로 적의 오른팔 팔굽 관절을 눌러 꺾는다(그림 ④).

6 적이 오른발 전굴 자세에서 오른손 주먹으로 공격을 할 때 왼발이 적의 오른발 바깥쪽으로 전진하여 왼발 전굴 자세를 취하면서 오른팔 하박으로 상단을 막고(그림 ①) 수도 부분을 훑어 잡으며 왼손 손바닥이 하늘을 향하게 하여 적의 오른손 밑으로 들어가 역수도 부분을 잡아(그림 ②) 양손으로 적의 오른팔을 밖으로 돌려 내린 후 (그림 ③) 오른발이 적의 오른쪽 겨드랑이 사이로 들어가(그림 ④)

⑥

⑤

 오른발을 축으로 몸을 왼쪽 뒤로 돌려 왼발이 겨드랑이 사이로 빠져(그림 ⑤) 오른발 전굴 자세를 취하고 왼손으로 적의 머리를 잡아당기면서 오른손은 적의 오른손을 들어올려 연행을 한다(그림 ⑥).

①

②

7 적이 오른발 전굴 자세에서 오른손 주먹으로 공격을 할 때 왼발이 적의 오른발 바깥쪽으로 전진하며 오른발 무릎을 지면에 대주고 왼손으로 적의 오른발 뒤꿈치를 받쳐 잡아(그림 ①) 오른팔 하박의 척골로 적의 오른쪽 삼음교혈에 칼 넣기를 한다(그림 ②).

⑧ 적이 오른발 전굴 자세에서 오른손 주먹으로 공격을 할 때 오른발이 적의 낭심 앞으로 전진하여 오른발 전굴 자세를 취하면서 왼팔 하박으로 상단을 막고(그림 ②) 역수도 부분을 훑어 잡으며 오른손 손바닥이 하늘을 향하게 하여 적의 오른손 밑으로 나아가 수도 부분을 잡아(그림 ③) 양손으로 적의 오른팔을 밖으로 돌려 내린 후(그림 ④)

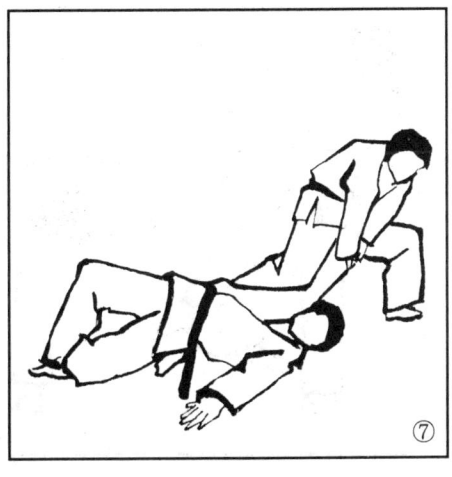

왼발이 적의 오른쪽 겨드랑이 사이로 들어가 적의 왼발 앞에 위치하여(그림 ⑤) 왼발을 축으로 몸을 오른쪽 뒤로 돌려 왼발 무릎을 지면에 대주면서 양손으로 적의 오른손 손목 관절을 꺾고(그림 ⑥) 오른발 무릎으로 적의 오른팔 팔굽 관절을 눌러 꺾으며 제압을 한다(그림 ⑦).

⑨ 적이 오른발 전굴 자세에서 오른손 주먹으로 공격을 할 때 오른발이 적의 낭심 앞으로 전진하여 오른발 전굴 자세를 취하면서 오른팔 하박으로 상단을 막고 수도 부분을 훑어 잡으며 왼손 손바닥이 하늘을 향하게 하여 적의 오른손 밑으로 나아가 역수도 부분을 잡아(그림 ①) 양손으로 적의 오른팔을 밖으로 돌려 내린 후(그림 ②) 양손 모지가 적의 오른손 손등을 향하게 잡아 손목 관절을 꺾으면서(그림 ③) 오른발이 적의 낭심 밑으로 전진하며 양손으로 적의 오른손 손등을 꺾으면서 어깨 관절을 탈골시키고 왼발 족기 지르기로 적의 낭심 이나 가슴 등을 찬다(그림 ④).

Ⅳ. 칼 넣기

1 적이 오른발 전굴 자세에서 오른손 주먹으로 공격을 할 때 기마 자세를 취하면서 오른손이 몸쪽을 향하게 양손을 대각으로 겹쳐 올려 상단을 막고(그림 ①) 오른손으로 수도 부분 쪽 손목을 잡으며 왼손 손바닥이 하늘을 향하게 하여 역수도 부분 쪽 손목을 잡아(그림 ②) 양손으로 적의 오른팔을 밖으로 돌려 내린 후(그림 ③) 왼팔 하박의 척골로 적의 오른팔 팔굽 관절에 칼 넣기를 한다(그림 ④).

② 적이 오른발 전굴 자세에서 오른손 주먹으로 공격을 할 때 오른발이 적의 낭심 앞으로 전진하여 오른발 전굴 자세를 취하면서 오른팔 하박으로 상단을 막고(그림 ①) 수도 부분 쪽 손목을 훑어 잡아 적의 왼쪽 경문혈 부분으로 밀면서(그림 ②) 왼발이 적의 낭심 밑으로 전진하며 왼팔 하박의 척골로 적의 오른팔 팔굽 관절에 칼 넣기를 한다(그림 ③).

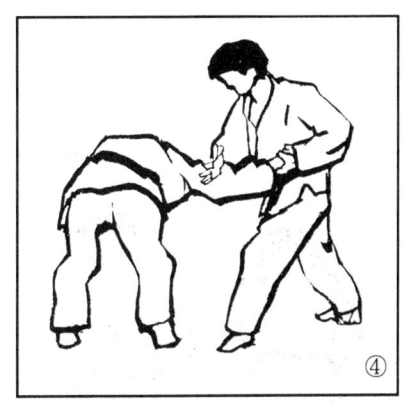

③ 적이 오른발 전굴 자세에서 오른손 주먹으로 공격을 할 때 왼발이 적의 오른발 앞으로 전진하여 왼발 전굴 자세를 취하면서 왼팔 하박으로 상단을 막고(그림 ①) 역수도 부분 쪽 손목을 훑어 잡으며 왼발을 축으로 오른발이 적의 오른쪽 겨드랑이 사이로(그림 ②) 360도를 회전하여(그림 ③) 오른팔 하박의 척골로 적의 오른팔 팔굽 관절에 칼 넣기를 한다(그림 ④).

4 적이 오른발 전굴 자세에서 오른손 주먹으로 공격을 할 때 왼발이 적의 오른발 앞으로 전진하여 왼발 전굴 자세를 취하면서 왼팔 하박으로 상단을 막고(그림 ①) 역수도 부분 쪽 손목을 훑어 잡으며 왼발을 축으로 오른발이 적의 오른쪽 겨드랑이 사이로(그림 ②) 360도를 회전한 후(그림 ③) 오른손으로 적의 오른손 손목을 잡아 왼팔 하박의 척골로 적의 오른팔 팔굽 관절에 칼 넣기를 한다(그림 ④).

5 적이 오른발 전굴 자세에서 오른손 주먹으로 공격을 할 때 오른발이 적의 낭심 앞으로 전진하여 오른발 전굴 자세를 취하면서 오른팔 하박으로 상단을 막고(그림 ①) 수도 부분 쪽 손목을 훑어 잡으며 왼손 손바닥이 하늘을 향하게 하여 적의 오른손 밑으로 나아가 역수도 부분 쪽 손목을 잡아(그림 ②) 양손으로 적의 오른팔을 밖으로 돌려 내린 후(그림 ③) 왼팔 하박의 척골로 적의 오른팔 팔굽 관절에 칼 넣기를 한다(그림 ④).

6 적이 오른발 전굴 자세에서 오른손 주먹으로 공격을 할 때 오른발이 적의 낭심 앞으로 전진하여 오른발 전굴 자세를 취하면서 오른팔 하박으로 상단을 막고(그림 ①) 수도 부분 쪽 손목을 훑어 잡으며 왼손 손바닥이 하늘을 향하게 하여 적의 오른손 밑으로 나아가 역수도 부분 쪽 손목을 잡아 (그림 ②) 양손으로 적의 오른팔을 밖으로 돌려 내린 후(그림 ③) 오른팔 하박의 척골로 적의 오른팔 팔굽 관절에 칼 넣기를 한다(그림 ④).

V. 발로 막기

1 적이 오른발 전굴 자세에서 오른손 주먹으로 공격을 할 때 왼발이 적의 오른발 바깥 쪽으로 전진하여 왼발 전굴 자세를 취하면서 오른팔 하박으로 상단을 막고(그림 ①) 손목을 훑어 잡는 동시에 오른발 바깥다리차기로 적의 오른팔 팔굽 관절을 찬다 (그림 ②).

2 적이 오른발 전굴 자세에서 오른손 주먹으로 공격을 할 때 왼발이 적의 오른발 바깥 쪽으로 전진하여 왼발 전굴 자세를 취하며 오른팔 하박으로 상단을 막고(그림 ①) 수도 부분 쪽 손목을 훑어 잡는 동시에 오른발 뒤꿈치 차 돌리기로 적의 흉추를 돌 려 찬다(그림 ②).

③ 적이 오른발 전굴 자세에서 오른손 주먹으로 공격을 할 때 왼발이 왼쪽 뒤로 돌아 대련 자세를 취하면서 오른팔 하박으로 상단을 막고(그림 ①) 수도 부분 쪽 손목을 훑어 잡는 동시에 오른발 옆차기로 적의 극천혈 이나 늑골 등을 찬다(그림 ②).

④ 적이 오른발 전굴 자세에서 오른손 주먹으로 공격을 할 때 왼발이 적의 오른발 바깥 쪽으로 전진하여 왼발 전굴 자세를 취하며 오른팔 하박으로 상단을 막고(그림 ①) 수도 부분 쪽 손목을 훑어 잡는 동시에 오른발 찍어 차기로 적의 가슴이나 늑골 등을 찬다(그림 ②).

5 적이 오른발 전굴 자세에서 오른손 주먹으로 공격을 할 때 왼발이 적의 오른발 바깥쪽으로 전진하여 왼발 전굴 자세를 취하며 왼팔 하박으로 상단을 막는 동시에(그림 ①) 오른발 안 다리 차 넣기로 적의 오른쪽 삼음교혈을 찬다(그림 ②).

VI. 던지기

1 적이 오른발 전굴 자세에서 오른손 주먹으로 공격을 할 때 왼발이 적의 오른발 바깥쪽으로 전진하여 왼발 전굴 자세를 취하면서 왼팔 하박으로 상단을 막고 역수도 부분 쪽 손목을 훑어 잡는 동시에(그림 ①) 오른손으로 적의 오른쪽 어깨를 잡아 오른발 옆차기로 적의 오른쪽 위중혈을 차거나 걸어 넘기고(그림 ②) 오른발 무릎으로 극천혈이나 중부혈을 눌러 제압을 한다(그림 ③).

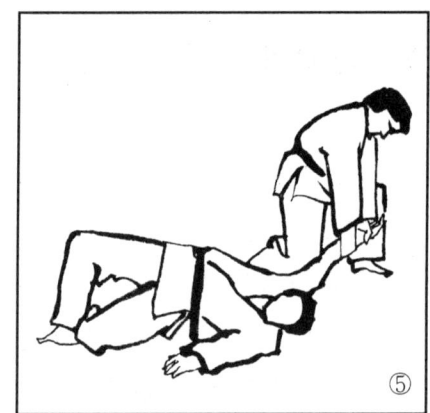

② 적이 오른발 전굴 자세에서 오른손 주먹으로 공격을 할 때 오른발이 적의 오른발 안쪽으로 전진하며 왼팔 하박으로 상단을 막고(그림 ①) 역수도 부분 쪽 손목을 훑어 잡으면서 오른손으로 적의 오른팔 상박을 잡은 후(그림 ②) 오른발을 축으로 왼발이 왼쪽 뒤로 돌아 적의 왼발 앞에 위치하면서 허리 치기 자세를 취하여(그림 ③) 던지고(그림 ④) 왼발이 왼쪽 뒤로 빠지며 오른발 무릎으로 적의 오른팔 팔굽 관절을 눌러 꺾어 제압을 한다(그림 ⑤).

3 왼발이 적의 오른발 바깥쪽으로 전진하며 왼팔 하박으로 상단을 막고(그림 ①) 역수도 부분 쪽 손목을 훑어 잡는 동시에 오른손 손바닥이 하늘을 향하게 하여 적의 오른손 밑으로 나아가 수도 부분 쪽 손목을 잡아 양손으로 적의 오른팔을 밖으로 돌려 내린 후(그림 ②) 오른발이 계족으로 들어가 기마 자세를 취하면서 상체를 적의 오른쪽 겨드랑이 사이로 넣어 오른팔 상박으로 적의 오른팔 팔굽 관절을 받친 후(그림 ③) 오른손으로 적의 오른팔을 왼발 무릎 바깥쪽으로 당겨 팔굽 관절을 꺾으면서 뒤 업어치기로 던지고(그림 ④) 제압을 한다(그림 ⑤).

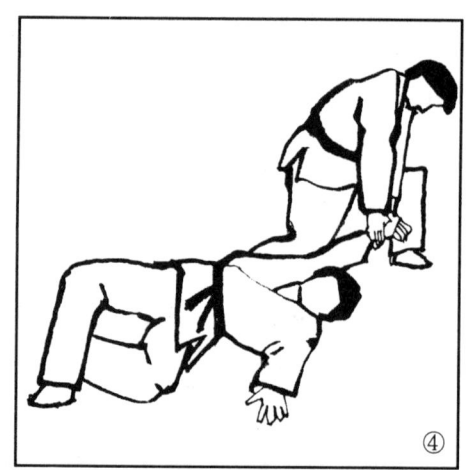

④ 적이 오른발 전굴 자세에서 오른손 주먹으로 공격을 할 때 오른발이 적의 오른발 안쪽으로 전진하며 왼팔 하박으로 상단을 막고 역수도 부분 쪽 손목을 훑어 잡는 동시에(그림 ①) 오른손을 적의 오른쪽 겨드랑이 사이로 넣어 오른팔 팔굽으로 적의 오른팔 팔굽 관절을 끼어 꺾으면서 오른발을 축으로 왼발이 왼쪽 뒤로 돌아 적의 왼발 앞에 위치하여 허리 치기 자세를 취한 후(그림 ②) 던지고(그림 ③) 오른발 무릎으로 적의 오른팔 팔굽 관절을 눌러 꺾어 제압을 한다(그림 ④).

5 적이 오른발 전굴 자세에서 오른손 주먹으로 공격을 할 때 오른발이 적의 오른발 안쪽으로 전진하며 왼팔 하박으로 상단을 막고 역수도 부분쪽 손목을 훑어 잡는 동시에(그림 ①) 오른팔로 적의 목을 휘감으면서 오른발을 축으로 왼발이 왼쪽 뒤로 돌아 적의 왼발 앞에 위치하여 허리 치기 자세를 취한 후(그림 ②) 던지고(그림 ③) 오른발 무릎을 지면에 대주면서 제압을 한다(그림 ④).

6 적이 오른발 전굴 자세에서 오른손 주먹으로 공격을 할 때 왼발이 적의 오른발 바깥쪽으로 전진하며 오른팔 하박으로 상단을 막고 수도 부분 쪽 손목을 훑어 잡는 동시에(그림 ①) 왼손 손바닥이 하늘을 향하게 하여 적의 오른손 밑으로 들어가 적의 오른손 역수도 부분의 손목을 잡아(그림 ②) 양손으로 적의 오른팔을 밖으로 돌려 내려 준 후(그림 ③) 오른발이 적의 낭심 밑으로 전진하며 오른팔 상박으로 적의 오른팔 팔굽 관절을 눌러 꺾으면서 밀어 던진다(그림 ④).

Ⅶ. 적이 왼발 전굴 자세에서 오른손 주먹으로 공격을 할 때

1️⃣ 오른발이 적의 왼발 바깥쪽으로 전진하며 오른팔 하박으로 상단을 막는 동시에(그림 ①) 오른팔을 훑어 오른쪽 밖으로 쳐내는 동시에 왼손 장저로 적의 오른쪽 늑골을 친다(그림 ②).

2️⃣ 오른발이 적의 왼발 바깥쪽으로 전진하며 오른팔 하박으로 상단을 막아 수도 부분 쪽 손목을 훑어 잡고(그림 ①) 왼손으로 적의 왼발 발목을 잡아당기는 동시에 오른손으로 적의 오른팔을 왼쪽 젖가슴 쪽으로 밀어(그림 ②) 던지고 제압을 한다(그림 ③).

  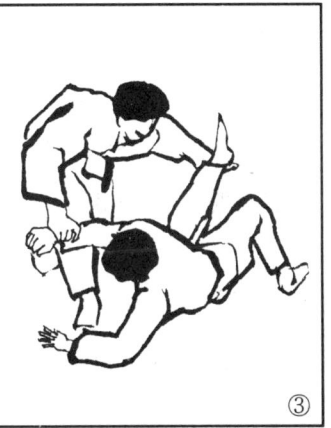

③ 오른발이 적의 낭심 밑으로 전진하며 왼팔 하박으로 상단을 막아 역수도 부분을 훑어 잡고(그림 ①) 왼발을 계족으로 당겨 기마 자세를 취하면서 오른손으로 적의 낭심을 잡거나 낭심 밑으로 넣어 밑 업어치기 자세를 취한 후(그림 ②) 왼손으로 적의 오른손을 크게 원을 그리듯이 오른발 무릎 바깥쪽으로 당겨 던지고 제압을 한다(그림 ③).

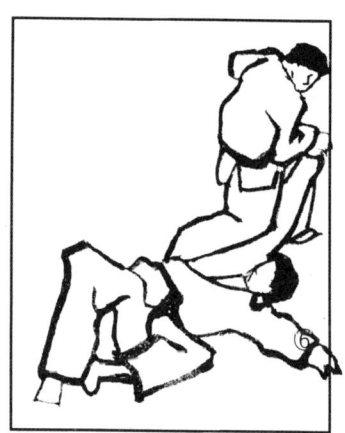

4 오른발이 적의 낭심 앞으로 전진하며 왼팔 하박으로 상단을 막는 동시에 역수도 부분의 손목을 훑어 잡고(그림 ①) 오른손 손바닥이 하늘을 향하게 하여 적의 오른손 밑으로 나아가 수도 부분 쪽 손목을 잡아(그림 ②) 양손으로 적의 오른팔을 밖으로 돌려 내린 후(그림 ③) 왼발이 적의 낭심 밑으로 전진하며 상체를 적의 오른쪽 겨드랑이 사이로 넣어 오른팔 상박으로 적의 오른팔 팔굽 관절을 받쳐 뒤 업어치기 자세를 취한 후(그림 ④) 오른손으로 적의 오른팔을 왼발 무릎 바깥쪽으로 당겨 적의 팔굽 관절을 꺾으면서 던지고(그림 ⑤) 오른발 무릎으로 적의 오른팔 팔굽 관절을 눌러 꺾어 제압을 한다(그림 ⑥).

제5장 방권술(防拳術)

5 왼발이 적의 낭심 앞으로 전진하며 오른팔 상박으로 상단을 막는 동시에 수도 부분 쪽 손목을 훑어 잡고(그림 ①) 왼손 손바닥이 하늘을 향하게 하여 적의 오른손 밑으로 들어가 역수도 부분 쪽 손목을 잡아(그림 ②) 양손으로 적의 오른팔을 밖으로 돌려 내린 후(그림 ③) 오른발이 적의 낭심 밑으로 전진하면서 오른손으로 적의 오른발을 받쳐 올리거나 낭심 밑으로 들어가 밑 업어치기 자세를 취하여 (그림 ④) 던지고 제압을 한다(그림 ⑤).

제6장
防足術

6급 수련과정
46가지 술기

제6장 방족술

보통 발은 주먹보다 3배의 힘을 지니고 있으며, 길이 또한 길기 때문에 신속성, 유연성과 정확성을 보완하게 된다면 인간이 지니고 있는 신체의 그 어느 부분보다도 더 위력적인 훌륭한 무기가 될 것이다.

본 수련 과정의 방족술은 족술의 공격으로부터 유, 원, 화의 원리에 입각하여 손쉽게 적을 제압 할 수 있는 4종류 46가지의 술기를 다루었으며 옆차기의 공격을 가정하여 술기들을 연마토록 하였으나 술기 중에 바깥쪽으로 전진하며 이루어지는 술기들은 뒤꿈치 차 돌리기나 뒤돌아 차기 등의 족술에 안으로 전진하며 이루어지는 술기들은 찍어 차기나 안다리 차기 등의 족술의 공격에 오히려 적용하기에 쉽다는 것을 알 수 있을 것이다. 따라서 수련시 상대에게 다양한 발차기의 공격을 하도록 하여 본 과정의 술기들을 적용하여 연습을 해 둔다면 실전에 많은 도움이 될 것이다.

Ⅰ. 기본 자세

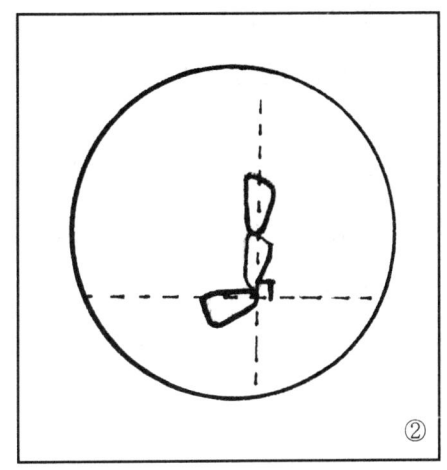

1 앞에 있는 오른발과 뒤에 있는 왼발과의 간격을 한 족장(발바닥의 길이)의 거리를 두어 오른발 뒤꿈치와 왼발 뒤꿈치가 90도의 각을 이루게 하고 양발 무릎은 양발 발가락 방향으로 구부려 준다. 또한 오른손은 왼쪽 젖가슴 앞으로 구부려 몸통을 방어할 수 있게 하며 왼손은 왼쪽 경문혈 부분에 위치하여 언제든지 공격과 방어를 할 수 있는 대련 자세를 취한다 (그림 ①, 그림 ②).

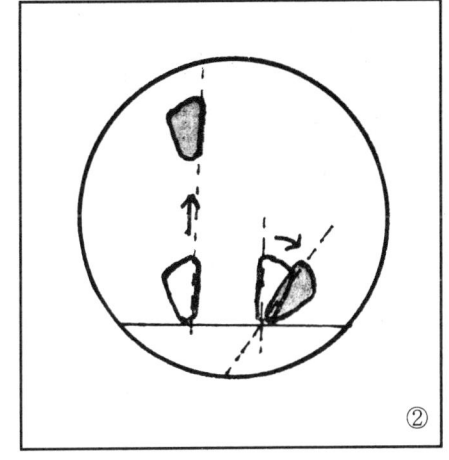

2 차려 자세에서 왼발을 어깨 넓이로 벌려 준 후 다시 평상시 보폭의 1.5배를 앞으로 나아가 오른발은 오른쪽 밖으로 왼발은 왼쪽 밖으로 각각 15도정도 튼 상태에서 왼발 무릎을 왼발 발가락이 안 보이는 순간까지 구부려 왼발 전굴 자세를 취하고 왼팔을 오른쪽 어깨에서부터 왼발 대퇴부 밖까지 돌려 내관혈 쪽으로 하단을 막는 동시에 오른팔은 왼쪽 경문혈 부분에서부터 이마 앞까지 하박을 원을 그리듯이 올려 주먹과 팔꿈치의 중간 부분이 이마의 정 중앙에 오게 하여 내관혈 쪽으로 상단을 막는다(그림 ①, 그림 ②).

③ 대련 자세와 마찬가지로 오른발과 왼발이 한 족장의 거리를 두어 90도 각을 이루게 하고 오른손 손바닥이 하늘을 향하게 하여 왼쪽 어깨 앞에 위치하고 왼손 수도는 하늘을 향하게 하여 왼쪽 어깨 위로 들어준 상태에서 자세를 낮추면서 오른손 손끝이 오른쪽 어깨와 수평이 되게 수도로 중단 바깥 막기를 하는 동시에 왼손은 명치 앞까지 돌려 몸통을 방어하는 자세를 취한다(그림 ①).

④ 대련 자세에서 오른발이 적의 오른발 바깥쪽으로 계족으로 전진하며 오른팔 하박으로 하단을 막는 동시에 적의 오른발을 오른팔 팔굽으로 걸어 준다(그림 ①).

⑤ 대련 자세에서 오른발이 적의 낭심 앞으로 전진하는 동시에 왼발은 왼쪽 뒤로 약간 돌아 오른발 전굴 자세를 취하면서 왼팔 하박으로 하단 막기를 하여 적의 오른발을 막는다(그림 ①).

6 대련 자세에서 왼발이 적의 오른발 바깥쪽으로 전진하는 동시에 오른발은 오른쪽 뒤로 약간 돌아 왼발 전굴 자세를 취하면서 오른팔 하박으로 하단 막기를 하여 적의 오른발을 막는다(그림 ①).

7 대련 자세에서 오른발이 적의 오른발 바깥쪽으로 계족으로 전진하면서 오른팔 하박으로 하단 막기를 하여 적의 오른발을 막는다(그림 ①).

8 대련 자세에서 왼발이 적의 오른발 바깥쪽으로 전진하는 동시에 오른발이 오른쪽 뒤로 약간 돌아 왼발 전굴 자세를 취하고 왼팔 하박의 척골로 적의 오른발 대퇴부를 당겨 치면서 훑어 내려 막는다(그림 ①).

Ⅱ. 때리기

1 적이 오른발 옆차기로 공격을 할 때 대련 자세에서 왼발이 적의 오른발 바깥쪽으로 전진하면서 오른발이 오른쪽 뒤로 약간 돌아 왼발 전굴 자세를 취하는 동시에 오른손 수도가 위를 향하게 하여 장저로 적의 오른발 대퇴부를 내리치며 아귀로 훑어 내리고(그림 ①) 오른손 주먹으로 적의 오른팔 상박의 비뇌혈을 친다(그림 ②).

2 적이 오른발 옆차기로 공격을 할 때 대련 자세에서 왼발이 적의 오른발 바깥쪽으로 전진하면서 오른발이 오른쪽 뒤로 약간 돌아 왼발 전굴 자세를 취하는 동시에 왼팔 하박의 척골로 적의 오른발 대퇴부를 당겨 치면서 훑어 내려 막고(그림 ①) 오른팔 팔꿈치로 적의 오른발 대퇴부나 하퇴부를 내리친다(그림 ②).

③ 적이 오른발 옆차기로 공격을 할 때 대련 자세에서(그림 ①) 오른발이 적의 오른발 바깥쪽으로 계족으로 전진하며 오른팔 팔꿈치로 적의 오른발 하퇴부의 양교혈 이나 외구혈 또는 광명혈 등을 내리친다(그림 ②).

④ 적이 오른발 옆차기로 공격을 할 때 대련 자세에서(그림 ①) 왼발이 적의 오른발 바깥쪽으로 전진하면서 오른팔 하박으로 하단을 막는 동시에 오른발은 오른쪽 뒤로 약간 돌아 기마 자세를 취하여 왼손 손바닥으로 적의 오른발 하퇴부를 받쳐 잡고 오른손 수도로 하퇴부의 양교혈 이나 외구혈 또는 광명혈 등을 친다(그림 ②).

제6장 방족술(防足術) … 225

5 적이 오른발 옆차기로 공격을 할 때 대련 자세에서(그림 ①) 왼발이 적의 오른발 바깥쪽으로 전진하면서 오른팔 하박으로 하단을 막는 동시에 오른발은 오른쪽 뒤로 약간 돌아 기마 자세를 취하여 양손으로 적의 오른발을 받쳐 잡고 이마로 무릎 관절을 친다(그림 ②).

6 적이 오른발 옆차기로 공격을 할 때 대련 자세에서(그림 ①) 오른발이 오른쪽 뒤로 빠져 왼발 전굴 자세를 취하며 왼손으로 적의 오른발을 받쳐 잡아 각권으로 오른발 신맥혈 이나 금문혈 등을 친다(그림 ②).

7 적이 오른발 옆차기로 공격을 할 때 대련 자세에서 왼발이 적의 오른발 바깥쪽으로 전진하면서 오른팔 하박으로 하단을 막는 동시에 오른발은 오른쪽 뒤로 약간 돌아 기마 자세를 취하여 양손으로 적의 오른발을 받쳐 잡아 들어올려 주며(그림 ①) 양손 수도로 적의 대퇴부와 하퇴부를 동시에 친다(그림 ②).

8 적이 오른발 옆차기로 공격을 할 때 대련 자세에서 왼발이 적의 오른발 바깥쪽으로 전진하면서 오른팔 하박으로 하단을 막는 동시에 오른발은 오른쪽 뒤로 약간 돌아 기마 자세를 취하여 양손으로 적의 오른발을 받쳐 잡고(그림 ①) 몸을 왼쪽으로 틀어 오른발 무릎을 지면에 대주면서 양손 수도로 적의 낭심과 임파선을 친다(그림 ①).

제6장 방족술(防足術) … 227

9 적이 오른발 옆차기로 공격을 할 때 대련 자세에서 왼발이 적의 오른발 바깥쪽으로 전진하면서 오른팔 하박으로 하단을 막는 동시에 오른발은 오른쪽 뒤로 약간 돌아 기마 자세를 취하여 양손으로 적의 오른발을 받쳐 잡고(그림 ①) 오른발 무릎 차올리기로 적의 오른발 무릎 관절을 찬다(그림 ②).

10 적이 오른발 옆차기로 공격을 할 때 대련 자세에서 왼발이 적의 오른발 바깥쪽으로 전진하면서 오른팔 하박으로 하단을 막는 동시에 오른발은 오른쪽 뒤로 약간 돌아 기마 자세를 취하여 양손으로 적의 오른발을 받쳐 잡고(그림 ①) 오른발 안 다리 차 넣기로 적의 왼쪽 삼음교혈을 찬다(그림 ②).

Ⅲ. 발로 막기

1️⃣ 적이 오른발 옆차기로 공격을 할 때 대련 자세에서 왼발이 적의 오른발 바깥쪽으로 전진하는 동시에 오른팔 하박으로 하단을 막고(그림 ①) 오른발 뒤꿈치 차 돌리기로 적의 흉추나 아문혈 등을 찬다(그림 ②).

2️⃣ 적이 오른발 옆차기로 공격을 할 때 대련 자세에서 왼발이 적의 오른발 바깥쪽으로 전진하면서 오른팔 하박으로 하단을 막고(그림 ①) 오른발 발 막기로 적의 오른발 대퇴부나 하퇴부를 내려 찬다(그림 ②).

③ 적이 오른발 옆차기로 공격을 할 때 대련 자세에서 왼발이 적의 오른발 바깥쪽으로 전진하면서 오른팔 하박으로 하단을 막고(그림 ①) 오른발 뒤꿈치 차 내리기로 적의 오른발 대퇴부를 찬다(그림 ②).

④ 적이 오른발 옆차기로 공격을 할 때 대련 자세에서 왼발이 적의 오른발 바깥쪽으로 전진하면서 오른팔 하박으로 하단을 막고(그림 ①) 오른발 하단 옆차기로 적의 왼쪽 위중혈을 찬다(그림 ②).

２ 적이 오른발 옆차기로 공격을 할 때 대련 자세에서 오른발이 오른쪽 뒤로 빠지면서 양손으로 적의 오른발 하퇴부를 훑어 오른손으로 발등을 잡으며 왼손으로는 뒤꿈치를 잡아(그림 ①) 오른발 발목 쪽으로 당겨 적의 가지랭이를 벌려 준다(그림 ②).

３ 적이 오른발 옆차기로 공격을 할 때 대련 자세에서 왼발이 적의 오른발 바깥쪽으로 전진하며 오른팔 하박으로 하단을 막는 동시에 적의 오른발을 팔굽에 끼고 오른발은 오른쪽 뒤로 약간 돌아 기마 자세를 취한 후(그림 ①) 왼발이 적의 낭심 밑으로 전진하며 왼팔 하박의 척골로 적의 오른발 무릎 관절에 칼 넣기를 한다(그림 ②).

④ 적이 오른발 옆차기로 공격을 할 때 대련 자세에서 오른발이 오른쪽 뒤로 빠지면서 양손으로 적의 오른발 하퇴부를 훑어 잡고(그림 ①) 오른발이 적의 낭심 밑으로 전진하면서 오른손 인지로 적의 오른발 삼음교혈에 아욱을 넣는다(그림 ②).

⑤ 적이 오른발 옆차기로 공격을 할 때 대련 자세에서 오른발이 오른쪽 뒤로 빠지면서 양손으로 적의 오른발 하퇴부를 훑어 잡고(그림 ①) 오른발이 적의 낭심 밑으로 전진하면서 오른팔 하박의 척골로 적의 오른발 삼음교혈에 칼 넣기를 한다(그림 ②).

6 적이 오른발 옆차기로 공격을 할 때 대련 자세에서(그림 ①) 왼발이 적의 오른발 바깥쪽으로 전진하며 오른팔 하박으로 하단을 막는 동시에 적의 오른발을 오른팔 팔굽에 끼면서 오른발이 오른쪽 뒤로 약간 돌아 기마 자세를 취하여 왼손으로 발목을 잡고(그림 ②) 오른발이 적의 낭심 밑으로 전진하며 오른팔 하박의 요골로 적의 오른발 삼음교혈에 칼 넣기를 한 후(그림 ③) 오른발 무릎을 지면에 대주면서 제압을 한다(그림 ④).

7 적이 오른발 옆차기로 공격을 할 때 대련 자세에서(그림 ①) 왼발이 적의 오른발 바깥쪽으로 전진하며 오른팔 하박으로 하단을 막는 동시에 적의 오른발을 팔굽에 끼고 오른발은 오른쪽 뒤로 약간 돌아 기마 자세를 취하여(그림 ②) 오른발이 적의 낭심 밑으로 전진하면서 오른팔 하박의 요골로 적의 오른발 삼음교혈에 칼 넣기를 한 후 (그림 ③) 오른발 무릎을 지면에 대주면서 제압을 한다(그림 ④).

8 적이 오른발 옆차기로 공격을 할 때 대련 자세에서(그림 ①) 왼발이 적의 오른발 바깥쪽으로 전진하며 오른팔 하박으로 하단을 막는 동시에 적의 오른발을 팔굽에 끼고 오른발은 오른쪽 뒤로 약간 돌아 기마 자세를 취한 후(그림 ②) 왼손으로 적의 무릎 관절을 밑으로 눌러 주면서 오른발이 적의 낭심 밑으로 전진하며 오른팔 하박의 요골로 적의 오른발 삼음교혈에 칼 넣기를 하고(그림 ③) 오른발 무릎을 지면에 대주면서 제압을 한다(그림 ④).

⑨ 적이 오른발 옆차기로 공격을 할 때 대련 자세에서 오른발이 뒤로 빠져 기마 자세를 취하면서 왼손이 몸 쪽을 향하게 양손 손목을 대각으로 겹쳐 적의 오른발을 밑으로 내려 막고(그림 ①) 오른손으로 적의 뒤꿈치를 잡으며 왼손은 바깥쪽으로 틀어 적의 발등을 잡아(그림 ②) 오른발이 오른쪽 옆으로 빠지면서 양손으로 적의 오른발을 오른쪽 밖으로 비틀어 꺾고(그림 ③) 왼발이 적의 낭심 앞으로 전진하여 오른발로 적의 왼쪽 기문혈을 눌러 주며 양손으로 오른발을 몸 쪽으로 밀면서 비틀어 꺾는다(그림 ④).

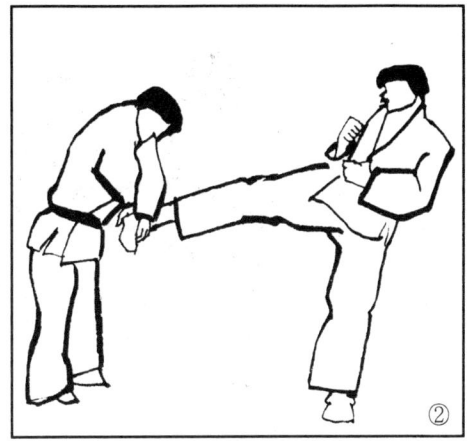

10 적이 오른발 옆차기로 공격을 할 때 대련 자세에서 오른발이 뒤로 빠져 기마 자세를 취하면서 오른손이 몸 쪽을 향하게 양손 손목을 대각으로 겹쳐 적의 오른발을 밑으로 내려 막고(그림 ①) 왼손으로 적의 발등을 잡으며 오른손은 바깥쪽으로 틀어 적의 뒤꿈치를 잡아(그림 ②) 왼발이 왼쪽 옆으로 빠지면서 양손으로 적의 오른발을 왼쪽 밖으로 비틀어 꺾고(그림 ③) 왼발이 적의 낭심 앞으로 전진하여 오른발로 적의 왼쪽 기문혈을 눌러주며 양손으로 오른발을 몸 쪽으로 밀면서 비틀어 꺾는다(그림 ④).

11 적이 오른발 옆차기로 공격을 할 때 대련 자세에서 오른발이 뒤로 빠져 기마 자세를 취하면서 오른손이 몸 쪽을 향하게 양손 손목을 대각으로 겹쳐 적의 오른발을 밑으로 내려 막아(그림 ①) 오른팔 팔굽으로 적의 오른발을 걸어 껴 주고(그림 ②) 오른발이 적의 낭심 밑으로 전진하며 오른팔 하박의 요골로 적의 오른발 삼음교혈에 칼 넣기를 한 후(그림 ③) 오른발 무릎을 지면에 대주면서 제압을 한다(그림 ④).

Ⅴ. 던지기

1 적이 오른발 옆차기로 공격을 할 때 대련 자세에서 게족으로 적의 오른발 바깥쪽으로 전진하며 오른팔 하박으로 하단을 막는 동시에(그림 ①) 목을 휘감으면서 오른발로 적의 왼발을 걸고(그림 ②) 몸을 왼쪽 뒤로 틀면서 왼발 전굴 자세를 취하여 던지고(그림 ③) 오른발 무릎을 지면에 대주면서 제압을 한다(그림 ④).

2 적이 오른발 옆차기로 공격을 할 때 대련 자세에서(그림 ①) 왼발이 적의 오른발 바깥쪽으로 전진하며 오른팔 하박으로 하단을 막는 동시에 적의 오른발을 팔굽에 끼고 오른발은 오른쪽 뒤로 약간 돌아 왼발 전굴 자세를 취한 후(그림 ②) 오른발로 적의 왼발을 걸어 당겨(그림 ③) 던지고(그림 ④) 오른발 무릎을 지면에 대주면서 제압을 한다(그림 ⑤).

3 적이 오른발 옆차기로 공격을 할 때 대련 자세에서 (그림 ①) 왼발이 적의 오른발 바깥쪽으로 전진하며 오른팔 하박으로 하단을 막는 동시에 적의 오른발을 팔굽에 끼고 오른발은 오른쪽으로 약간 돌아 기마 자세를 취한 후(그림 ②) 왼발로 적의 왼발을 걸어 당기면서(그림 ③) 던진 후(그림 ④) 제압을 한다(그림 ⑤).

4 적이 오른발 옆차기로 공격을 할 때 대련 자세에서(그림 ①) 오른발을 앞으로 내밀면서 왼발 무릎을 구부려 쪼그려 앉아 오른팔 하박으로 상단을 막고(그림 ②) 몸의 중심을 오른발로 옮겨 주면서 일어나 오른발 전굴 자세를 취하여 적을 밀어 던지고 (그림 ③) 제압을 한다(그림 ④).

IV. 꺾 기

① 이 수련을 연장자가 공격을 받을 때 대련 자세에서 손등이 젖이 든 주먹으로 빠지면서 공격자의 손등을 양손으로 눌러 덮이면서 밀어 내리고 팔을 손등으로 펴면서 손등이 순으로 생되도록 신장시 킬 경우(그림 ①) 손등을 누르며 누르는 방사 당기지 않고 정지시 신 주먹 쥔 손을 순으로 눌러 상대방의 팔을 펴면서 꺾는다(그림 ②).

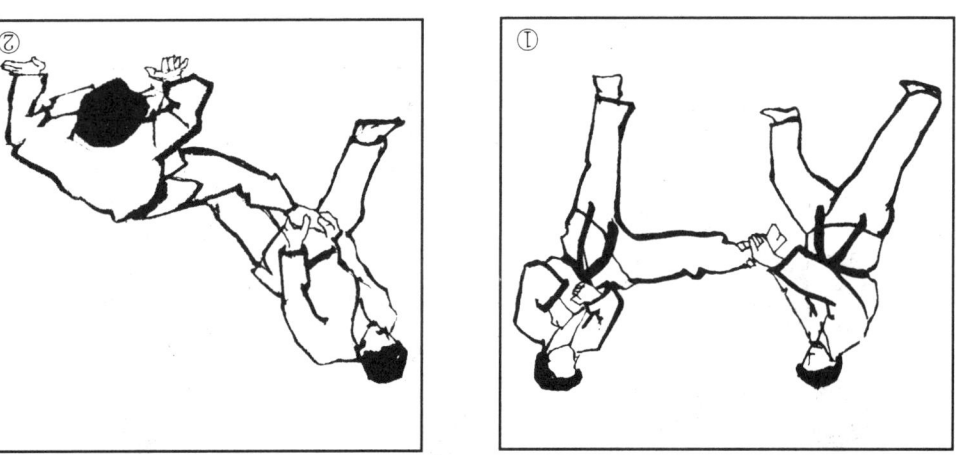

① 이 수련을 연장자가 공격을 할 때 대련에서 상대방이 젖이 손등으로 정지받아 상대방으로 손등을 바뀌다니까지 젖이 있는 상태에서 상대방의 손등을 바뀌다니까지 젖이 있는 부를 잡는다(그림 ②).

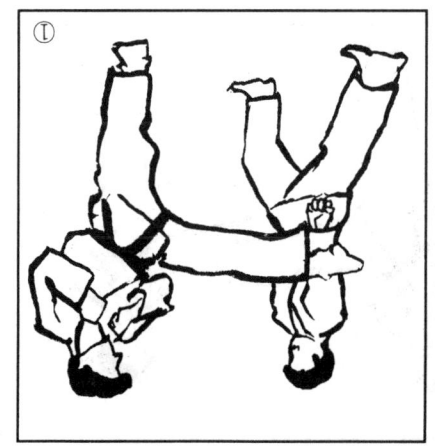
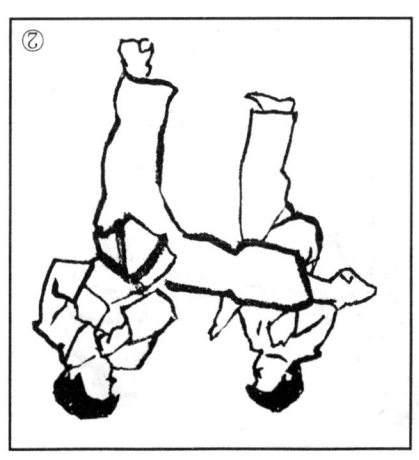

5 갑이 오른발 앞굽기로 왼 대림 막기 자세에서 을드림이 오른손 신곽 빼지기가 들어올 때 갑은 왼발을 오른발 앞으로 옮겨디디며 오른손 기절을 등을 잡는다(그림 ①) 오른손 앞굽기로 돌려 치기 자세 이나 지결 등을 잡는다(그림 ②).

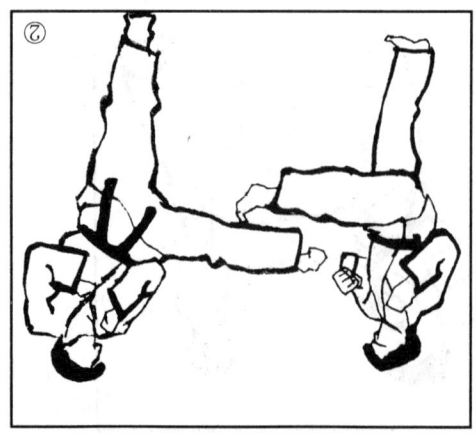
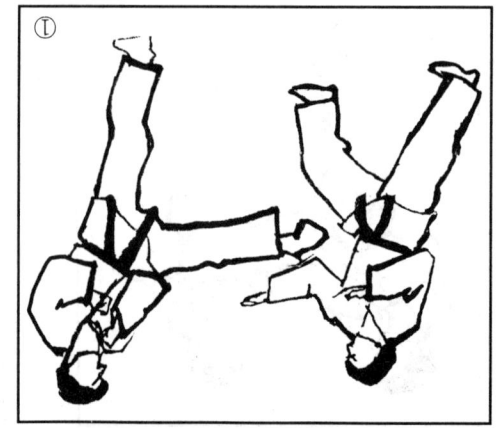

6 갑이 오른발을 옮겨디디 공격할 때 대림 자세에서 을드림이 오른손 신곽 빼지기로 왼발을 옮겨 상에 바치고 왼손 지결 잡이 앞뒤로 등을 잡고(그림 ①)과 다리 오른발을 옮겨 상에 바치고 지결이나 결론 등을 잡는다(그림 ②).

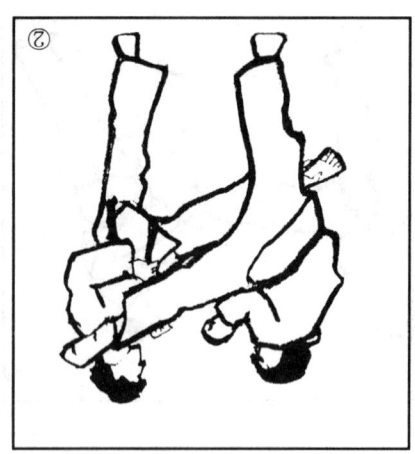
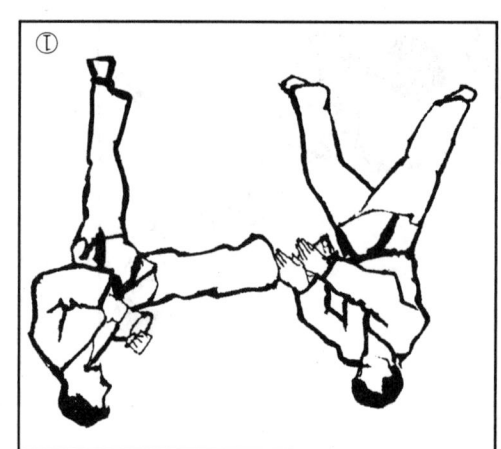

5 적이 오른발 옆차기로 공격을 할 때 대련 자세에서 (그림 ①) 오른발을 앞으로 내밀면서 왼발 무릎을 구부려 쪼그려 앉아 오른팔 하박으로 상단을 막고 (그림 ②) 몸의 중심을 오른발로 옮겨 주면서 일어나 오른손으로 적의 옷깃을 잡으며 오른쪽 어깨로 적의 오른발을 걸고 왼발이 전진하여(그림 ③) 오른발 뒤꿈치로 적의 왼발을 걸어 당겨(그림 ④) 던진다(그림 ⑤).

6 적이 오른발 옆차기로 공격을 할 때 대련 자세에서(그림 ①) 왼발이 적의 오른발 바깥쪽으로 전진하며 오른팔 하박으로 하단을 막는 동시에 오른발은 오른쪽 뒤로 약간 돌아 기마 자세를 취하여 양손으로 적의 오른발을 받쳐 잡고(그림 ②) 왼발 전굴 자세를 취하면서 양손으로 적의 오른발을 들어올려 던진다(그림 ③).

①

②

③

④

7 적이 오른발 옆차기로 공격을 할 때 대련 자세에서(그림 ①) 왼발이 적의 오른발 바깥쪽으로 전진하며 오른팔 하박으로 하단을 막는 동시에 오른발은 오른쪽 뒤로 약간 돌아 기마 자세를 취하여 양손으로 적의 오른발을 받쳐 잡고(그림 ②) 오른발로 적의 왼발을 걸어 당겨(그림 ③) 던진다(그림 ④).

8 적이 오른발 옆차기로 공격을 할 때 대련 자세에서(그림 ①) 왼발이 적의 오른발 바깥쪽으로 전진하며 오른팔 하박으로 하단을 막는 동시에 오른발은 오른쪽 뒤로 약간 돌아 기마 자세를 취하여 양손으로 적의 오른발을 받쳐 잡고(그림 ②) 왼발로 적의 왼발 을 걸어 당겨(그림 ③) 던진다(그림 ④).

9 적이 오른발 옆차기로 공격을 할 때 대련 자세에서(그림 ①) 오른발이 적의 낭심 앞으로 전진하며 왼팔 하박으로 하단을 막는 동시에(그림 ②) 적의 오른발을 팔굽으로 걸고 오른손으로 적의 목이나 허리를 껴안으며 왼발이 왼쪽 뒤로 돌아 적의 왼발 앞에 위치하여(그림 ③) 허리 치기 자세를 취한 후(그림 ④) 던지고 오른발 무릎을 지면에 대주면서 오른손 관수로 적의 기충혈을 찌른다(그림 ⑤).

10 적이 오른발 옆차기로 공격을 할 때 대련 자세에서(그림 ①) 왼발이 적의 오른발 바깥쪽으로 전진하며 오른발이 오른쪽 뒤로 약간 돌아 왼발 전굴 자세를 취하면서 오른팔 하박으로 하단을 막고(그림 ②) 적의 뒷덜미를 잡아 오른발 하단 옆차기로 적의 왼쪽 위중혈을 차면서 뒷덜미를 당겨 넘긴 후(그림 ③) 오른발 무릎을 지면에 대주면서 제압을 한다(그림 ④).

제7장
複式足術

5급 수련과정
31가지 술기

제7장 복식족술

　복식족술은 단식족술을 충분히 연마하여 체득하지 못한 상태에서는 이루어질 수 없으며 한사람 이나 다수의 적을 동시에 또는 연속적으로 방어와 공격을 하는 기법으로써 한발로 연속으로 방어와 공격을 하는 한발복식과 양발로 공격하는 양발복식 그리고 손과발로 방어와 공격을 하는 수족복식으로 구분되며 그 기법 또한 다양하다. 본5급 수련 과정에서는 31가지의 기법을 체득토록 하였다.

Ⅰ. 한발복식

1. 족기 지르고 옆차기

적이 앞과 오른쪽에 있을 때 왼발 전굴 자세에서 오른팔 하박으로 중단을 막고(그림 ①) 오른발 학 다리 자세를 취하는 동시에(그림 ②) 오른발 족기 지르기로 앞에 있는 적의 낭심을 찬 후(그림 ③) 학 다리 자세를 취하면서(그림 ④)오른발 옆차기로 오른쪽에 있는 적의 늑골이나 명치 또는 천돌혈 등을 찬다(그림 ⑤).

2. 족기 지르고 뒤차기

적이 앞과 등뒤에 있을 때 왼발 전굴 자세에서 오른팔 하박으로 중단을 막고(그림 ①) 오른발 학 다리 자세를 취하는 동시에(그림 ②) 오른발 족기 지르기로 앞에 있는 적의 낭심을 찬 후(그림 ③) 학 다리 자세를 취하면서(그림 ④) 오른발 뒤차기로 뒤에 있는 적의 명치를 찬다(그림 ⑤).

3. 안 다리 차 넣고 앞으로 옆차기

적이 앞에 있을 때 왼발 전굴 자세에서 오른팔 하박으로 중단을 막으며(그림 ①) 왼팔 하박으로 상단을 막아 오른발 안 다리 차 넣기로 적의 양교혈이나 삼음교혈을 찬 후(그림 ②) 학 다리 자세를 취하면서(그림 ③) 몸을 왼쪽으로 틀어(그림 ④) 오른발 옆차기로 적의 늑골이나 명치 또는 천돌혈 등을 찬다(그림 ⑤).

4. 안 다리 차고 앞으로 옆차기

적이 앞에 있을 때 왼발 전굴 자세에서 오른팔 하박으로 중단을 막는 동시에(그림 ①) 오른발 학 다리 자세를 취하여(그림 ②) 오른발 안 다리 차기로 공격해 들어오는 적의 주먹이나 발을 막거나 얼굴 등을 찬 후(그림 ③, 그림 ④) 몸을 왼쪽으로 틀어 학 다리 자세를 취하면서(그림 ⑤) 오른발 옆차기로 적의 늑골이나 명치 또는 천돌혈 등을 찬다(그림 ⑥).

5. 족기 지르고 찍어 차기

 적이 앞에 있을 때 왼발 전굴 자세에서 오른팔 하박으로 중단을 막고(그림 ①) 오른발 학 다리 자세를 취하여(그림 ②) 오른발 족기 지르기로 적의 낭심을 찬 후(그림 ③) 학 다리 자세를 취하면서(그림 ④) 몸을 왼쪽으로 틀어 수평으로 학 다리 자세를 취하는 동시에(그림 ⑤) 오른발 찍어 차기로 적의 얼굴이나 젖가슴 등을 찬다(그림 ⑥).

6. 안 다리 차고 바깥 다리 차기

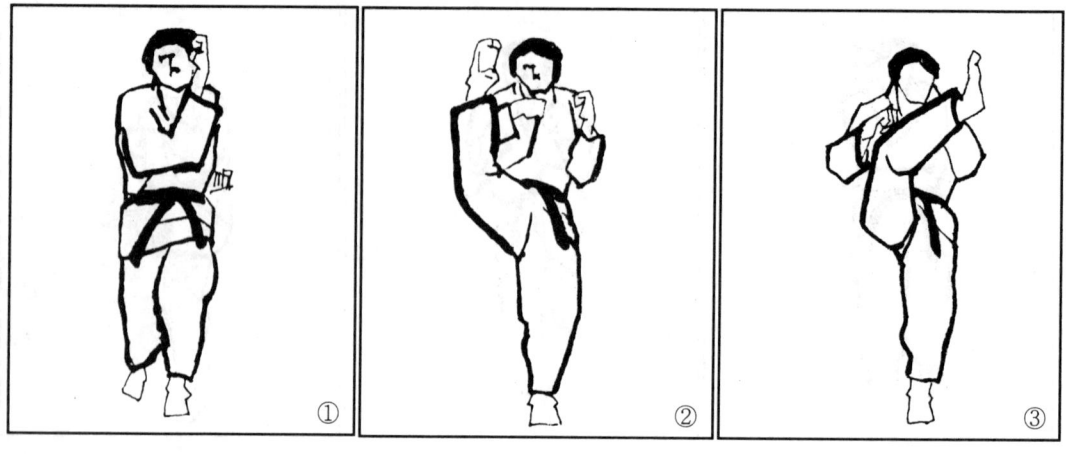

　적이 앞에 있을 때 왼발 전굴 자세에서 오른팔 하박으로 중단을 막고(그림 ①) 오른발 학 다리 자세를 취하는 동시에 오른발 안 다리 차기로 공격해 들어오는 적의 주먹이나 발을 막거나 얼굴 등을 찬 후(그림 ②, 그림 ③) 학 다리 자세를 취하여 (그림 ④) 오른발 바깥 다리 차기로 공격해 들어오는 적의 주먹이나 발을 막거나 얼굴 등을 찬다(그림 ⑤, 그림 ⑥).

7. 안 다리 차 넣고 찍어 차기

적이 앞에 있을 때 왼발 전굴 자세에서 오른팔 하박으로 중단을 막으며(그림 ①)왼팔 하박으로 상단을 막고 오른발 안 다리 차 넣기로 적의 양교혈이나 삼음교혈을 찬 후(그림 ②) 학 다리 자세를 취하면서(그림 ③) 몸을 왼쪽으로 틀어 수평으로 학 다리 자세를 취하여(그림 ④) 오른발 찍어 차기로 적의 얼굴이나 젖가슴 등을 찬다(그림 ⑤).

8. 발 막고 찍어 차기

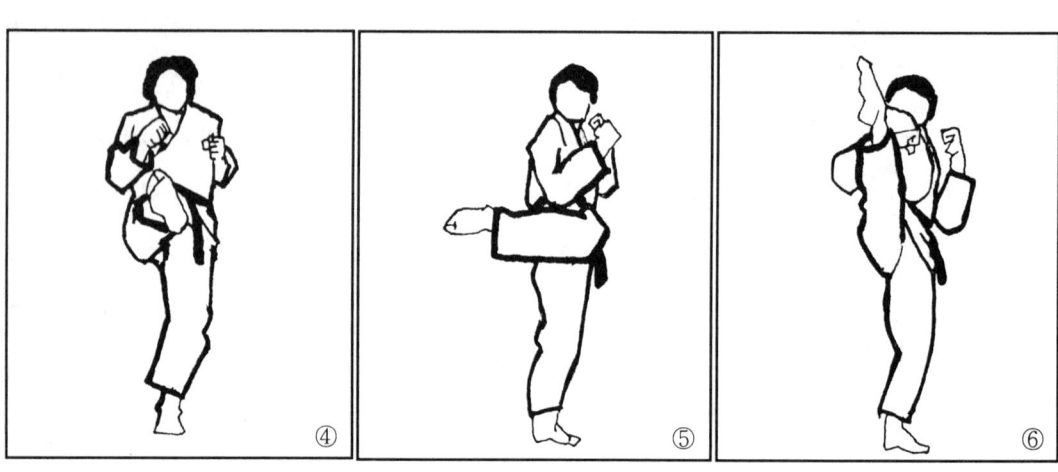

　적이 앞에 있을 때 왼발 전굴 자세에서 오른팔 하박으로 중단을 막고(그림 ①) 오른발 무릎을 왼쪽 젖가슴 앞으로 들어 올려 오른발 학 다리 자세를 취하여(그림 ②) 오른발 발 막기로 공격해 들어오는 적의 대퇴부나 하퇴부를 찬 후(그림 ③, 그림 ④) 몸을 왼쪽으로 틀어 수평으로 학 다리 자세를 취하는 동시에(그림 ⑤) 오른발 찍어 차기로 적의 얼굴이나 젖가슴 등을 찬다(그림 ⑥).

9. 하단 옆 차고 상단 옆차기

적이 앞에 있을 때 왼발 전굴 자세에서 왼팔 하박으로 하단을 막는 동시에 오른팔 하박으로 상단을 막고(그림 ①) 오른발 학 다리 자세를 취하면서(그림 ②) 몸을 왼쪽으로 틀어 오른발 하단 옆차기로 적의 하퇴부나 대퇴부를 찬 후(그림 ③) 학 다리 자세를 취하여(그림 ④) 상단 옆차기로 적의 늑골이나 명치 또는 천돌혈 등을 찬다(그림 ⑤).

10. 안 다리 차 넣고 뒤꿈치 차 돌리기

적이 앞에 있을 때 왼발 전굴 자세에서 오른팔 하박으로 중단을 막으며(그림 ①) 왼팔 하박으로 상단을 막고 오른발 안 다리 차 넣기로 적의 양교혈이나 삼음교혈을 찬 후(그림 ②) 오른발 무릎을 왼쪽 젖가슴 앞으로 들어올려 학 다리 자세를 취하여(그림 ③) 오른발 뒤꿈치 차 돌리기로 적의 흉추나 예풍혈 또는 현고혈 등을 찬다(그림 ④, 그림 ⑤).

11. 미골 급소 차고 족기 지르기

적이 앞에 있을 때 왼발 전굴 자세에서 오른팔 하박으로 중단을 막고(그림 ①) 오른발 학 다리 자세를 취하여 오른발 미골 급소 차기로 적의 미골이나 요추 또는 대퇴부 등을 당겨 찬 후 (그림 ②, 그림 ③) 학 다리 자세를 취하여(그림 ④) 오른발 족기 지르기로 적의 낭심을 찬다(그림 ⑤).

12. 뒤꿈치 차 내리고 찍어 차기

적이 앞에 있을 때 왼발 전굴 자세에서 오른팔 하박으로 중단을 막고(그림 ①) 오른발 무릎을 왼쪽 젖가슴 앞으로 들어 올려 학 다리 자세를 취하면서(그림 ②) 오른발 뒤꿈치 차 내리기로 적의 백회혈 등을 차고(그림 ③, 그림 ④, 그림 ⑤) 학 다리 자세를 취하는 동시에(그림 ⑥) 몸을 왼쪽으로 틀어 수평으로 학 다리 자세를 취하여(그림 ⑥) 오른발 찍어 차기로 적의 얼굴이나 젖가슴 등을 찬다(그림 ⑦).

13. 뒤꿈치 차 돌리고 찍어 차기

적이 앞에 있을 때 왼발 전굴 자세에서 왼팔 하박으로 하단을 막는 동시에 오른팔 하박으로 상단을 막고(그림 ①) 오른발 무릎을 왼쪽 젖가슴 앞으로 들어 올려 학 다리 자세를 취하여(그림 ②) 뒤꿈치 차 돌리기로 적의 예풍혈 이나 현고혈 등을 찬 후(그림 ③, 그림 ④) 학 다리 자세를 취하는 동시에 (그림 ⑤) 몸을 왼쪽으로 틀어 수평으로 학 다리 자세를 취하여(그림 ⑥) 오른발 찍어 차기로 적의 얼굴이나 젖가슴 등을 찬다(그림 ⑦).

14. 옆 차고 뒤꿈치 차 돌리기

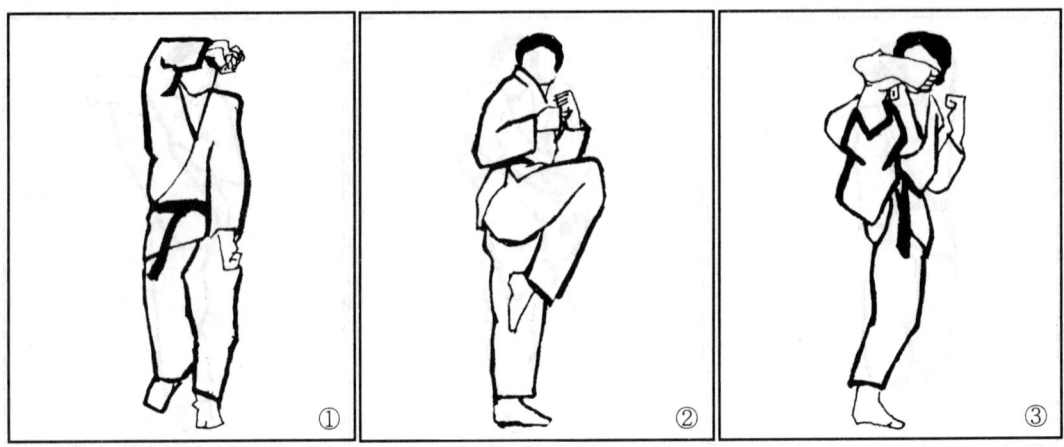

적이 앞에 있을 때 왼발 전굴 자세에서 왼팔 하박으로 하단을 막는 동시에 오른팔 하박으로 상단을 막고(그림 ①) 오른발 학 다리 자세를 취하면서 몸을 왼쪽으로 틀어(그림 ②) 오른발 옆차기로 적의 명치나 천돌혈 등을 찬 후(그림 ③) 학 다리 자세를 취하여(그림 ④) 오른발 뒤꿈치 차 돌리기로 적의 현고혈이나 예풍혈 등을 찬다(그림 ⑤, 그림 ⑥).

15. 바깥 다리 차고 앞으로 옆차기

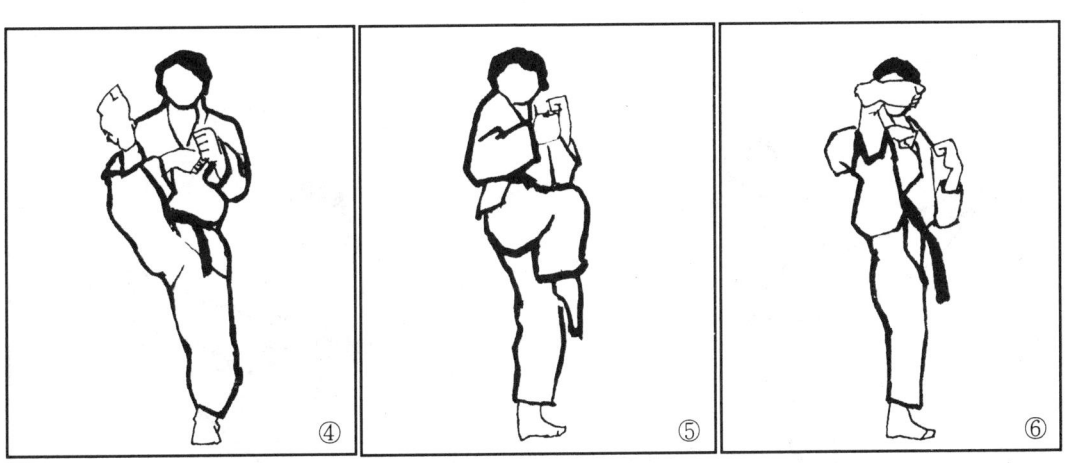

적이 앞에 있을 때 왼발 전굴 자세에서 오른팔 하박으로 중단을 막고(그림 ①) 오른발 무릎을 왼쪽 젖가슴 앞으로 들어 올려 학 다리 자세를 취하여(그림 ②) 오른발 바깥 다리 차기로 공격해 들어오는 적의 주먹이나 발을 막거나 얼굴 등을 찬 후(그림 ③, 그림 ④) 몸을 왼쪽으로 틀면서 학 다리 자세를 취하여(그림 ⑤) 오른발 옆차기로 적의 늑골이나 명치 또는 천돌혈 등을 찬다(그림 ⑥).

Ⅱ. 양발복식

1. 오른발 옆 차고 왼발 옆차기(옆으로)

적이 왼쪽과 오른쪽에 있을 때 왼발 전굴 자세에서 왼팔 하박으로 하단을 막는 동시에 오른팔 하박으로 상단을 막고(그림 ①) 오른발 학 다리 자세를 취하면서(그림 ②) 오른발 옆차기로 오른쪽에 있는 적의 늑골이나 명치 또는 천돌혈 등을 찬 후(그림 ③) 점프를 하여 왼발 옆차기로 왼쪽에 있는 적의 늑골이나 명치 또는 천돌혈 등을 찬다(그림 ④).

2. 오른발 족기 지르고 왼발 옆차기

적이 앞과 왼쪽에 있을 때 왼발 전굴 자세에서 오른팔 하박으로 중단을 막고(그림 ①) 오른발 학 다리 자세를 취하면서(그림 ②) 오른발 족기 지르기로 앞에 있는 적의 낭심을 찬 후(그림 ③) 점프를 하여 왼발 옆차기로 왼쪽에 있는 적의 늑골이나 명치 또는 천돌혈 등을 찬다(그림 ④).

3. 오른발 옆 차고 왼발 옆차기(앞으로)

적이 앞에 있을 때 왼발 전굴 자세에서 왼팔 하박으로 하단을 막는 동시에 오른팔 하박으로 상단을 막고(그림 ①) 오른발 학 다리 자세를 취하면서(그림 ②) 몸을 왼쪽으로 틀어(그림 ③) 오른발 옆차기로 앞에 있는 적의 늑골이나 명치 또는 천돌혈 등을 찬 후(그림 ④) 점프를 하여(그림 ⑤) 왼발 옆차기로 앞에 있는 적의 늑골이나 명치 또는 천돌혈 등을 찬다(그림 ⑥).

4. 오른발 옆 차고 뒤돌아 왼발 옆차기

적이 앞에 있을 때 왼발 전굴 자세에서 왼팔 하박으로 하단을 막는 동시에 오른팔 하박으로 상단을 막고 (그림 ①) 오른발 학 다리 자세를 취하면서(그림 ②)오른발 옆차기로 앞에 있는 적의 늑골이나 명치 또는 천돌혈 등을 찬 후(그림 ③) 점프를 하여(그림 ④) 몸을 왼쪽 뒤로 돌려 왼발 옆차기로 앞에 있는 적의 늑골이나 명치 또는 천돌혈 등을 찬다(그림 ⑤).

5. 3방 차기

적이 앞과 왼쪽 및 오른쪽에 있을 때 왼발 전굴 자세에서 오른팔 하박으로 중단을 막고(그림 ①) 오른발 학 다리 자세를 취하면서(그림 ②) 오른발 족기 지르기로 앞에 있는 적의 낭심을 찬 후(그림 ③) 학 다리 자세를 취하면서(그림 ④) 왼발 옆차기로 왼쪽에 있는 적의 늑골이나 명치 또는 천돌혈 등을 차는 동시에(그림 ⑤) 점프를 하여 오른발 옆차기로 오른쪽에 있는 적의 늑골이나 명치 또는 천돌혈 등을 찬다(그림 ⑥).

6. 4방 차기

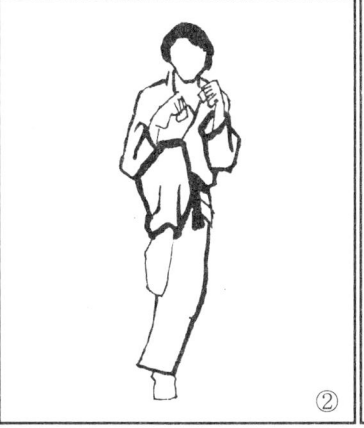

적이 앞과 뒤 그리고 왼쪽과 오른쪽에 있을 때 왼발 전굴 자세에서 오른팔 하박으로 중단을 막고(그림 ①) 오른발 학 다리 자세를 취하면서(그림 ②) 오른발 족기 지르기로 앞에 있는 적의 낭심을 찬 후(그림 ③) 학 다리 자세를 취하면서(그림 ④) 오른발 뒤차기로 뒤에 있는 적의 명치를 차고(그림 ⑤) 학 다리 자세를 취하며 점프를 하여 왼발 옆차기로 왼쪽에 있는 적의 늑골이나 명치 또는 천돌혈 등을 차고(그림 ⑥) 점프를 하여 오른발 옆차기로 오른쪽에 있는 적의 늑골이나 명치 또는 천돌혈 등을 찬다(그림 ⑦).

제7장 복식족술(複式足術) ··· 273

Ⅲ. 수족 복식

1. 옆 차고 정면 찌르기

적이 앞과 오른쪽에 있을 때 오른발 학 다리 자세를 취하면서(그림 ①) 오른발 옆차기로 오른쪽에 있는 적의 늑골이나 명치 또는 천돌혈 등을 차는 동시에 오른손 중지권으로 앞에 있는 적의 천돌혈을 찌른다(그림 ②).

2. 옆 차고 옆면 찌르기

적이 왼쪽과 오른쪽에 있을 때 오른발 학 다리 자세를 취하면서(그림 ①) 오른발 옆차기로 오른쪽에 있는 적의 늑골이나 명치 또는 천돌혈 등을 차는 동시에 오른손 중지권으로 왼쪽에 있는 적의 명치나 천돌혈 등을 찌른다(그림 ②).

3. 3면 찌르기

적이 앞과 왼쪽 및 오른쪽에 있을 때 오른발 학 다리 자세를 취하면서(그림 ①) 오른발 옆차기로 오른쪽에 있는 적의 늑골이나 명치 또는 천돌혈등을 차는 동시에 오른손 중지권으로는 앞에 있는 적의 천돌혈을 왼손 중지권으로는 왼쪽에 있는 적의 천돌혈을 찌른다(그림 ②).

4. 옆 차고 각권 내려치기

적이 앞에 있을 때 왼발 전굴 자세에서 왼팔 하박으로 하단을 막는 동시에 오른팔 하박으로 상단을 막고 (그림 ①) 오른발 학 다리 자세를 취하면서(그림 ②) 몸을 왼쪽으로 틀어(그림 ③) 오른발 옆차기로 적의 늑골이나 명치 또는 천돌혈 등을 차고(그림 ④) 앞으로 내딛어 오른발 전굴 자세나 꼬아 서서 오른손 각권으로 적의 인중혈을 내리친다(그림 ⑤).

5. 안 다리 차고 각권 돌려 치기

　적이 앞에 있을 때 왼발 전굴 자세에서 오른팔 하박으로 중단을 막고(그림 ①) 오른발 학 다리 자세를 취하면서(그림 ②) 오른발 안 다리 차기로 공격해 들어오는 적의 주먹이나 발을 막거나 얼굴 등을 차고(그림 ③) 앞으로 내딛어 오른발 전굴 자세를 취하여(그림 ④) 오른손 각권으로 적의 현고혈 이나 하관혈 등을 돌려 친다(그림 ⑤).

6. 옆 차고 손가락으로 안면 후려 치기

적이 앞에 있을 때 왼발 전굴 자세에서 왼팔 하박으로 하단을 막는 동시에 오른팔 하박으로 상단을 막고(그림 ①) 오른발 학 다리 자세를 취하면서 (그림 ②) 몸을 왼쪽으로 틀어(그림 ③) 오른발 옆 차기로 적의 늑골이나 명치 또는 천돌혈 등을 차고(그림 ④) 앞으로 내딛어 오른발 전굴 자세를 취한 후(그림 ⑤) 오른손 손가락의 힘을 뺀 상태로 적의 눈을 후려친다(그림 ⑥).

제7장 복식족술(複式足術) … 277

7. 양손 허벅지 치고 손뼉치며 옆차기

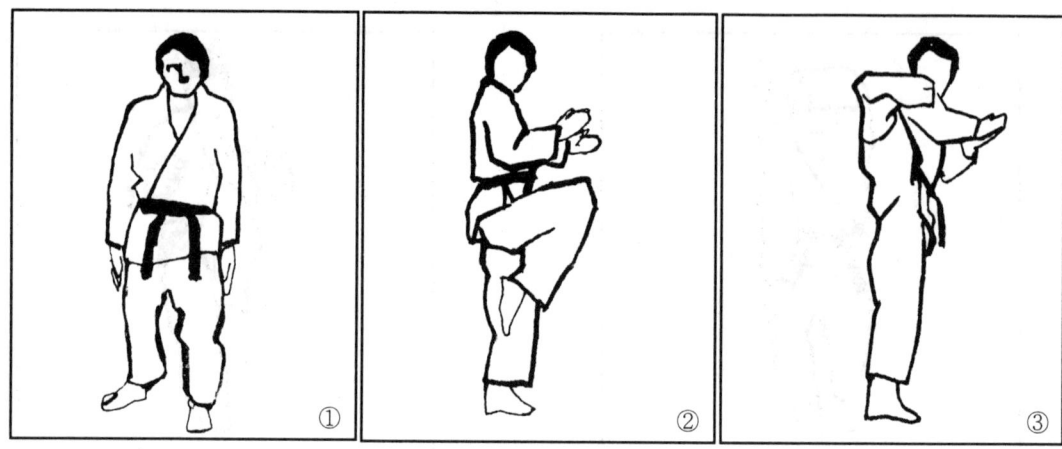

적이 앞에 있을 때 왼발 전굴 자세에서 양손으로 허벅지를 치며(그림 ①) 손뼉을 치는 동시에 몸을 왼쪽으로 틀어 오른발 학 다리 자세를 취하면서(그림 ②) 오른발 옆차기로 적의 늑골이나 명치 또는 천돌혈 등을 찬다(그림 ③).

8. 옆 차고 수도 치기

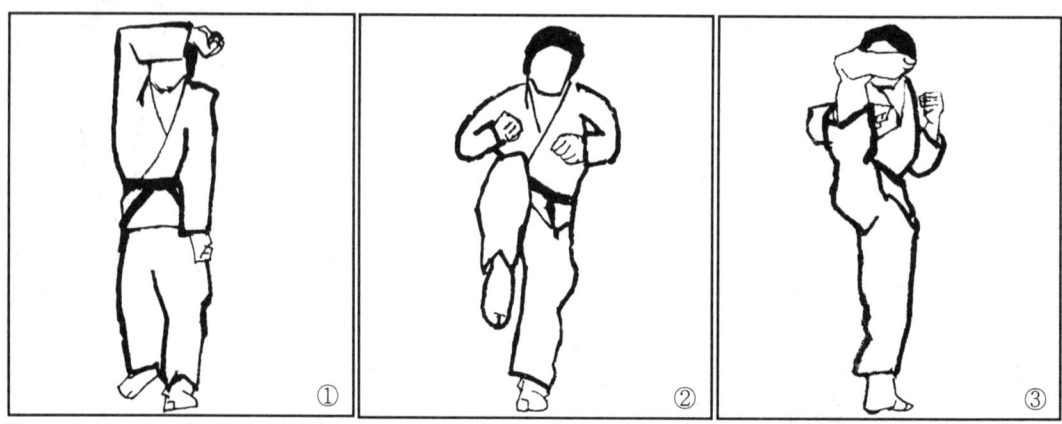

적이 앞에 있을 때 왼발 전굴 자세에서 왼팔 하박으로 하단을 막는 동시에 오른팔 하박으로 상단을 막고(그림 ①) 오른발 학 다리 자세를 취하면서(그림 ②) 몸을 왼쪽으로 틀어 오른발 옆차기로 적의 늑골이나 명치 또는 천돌혈 등을 찬 후 앞으로 내딛어 오른발 전굴 자세를 취하여 오른손 수도로 적의 목을 친다(그림 ④).

9. 양팔 돌려 막고 옆차기

　적이 앞에서 발 차기로 공격을 할 때 왼발이 왼쪽 뒤로 빠져 오른발 전굴 자세를 취하면서 오른팔 하박으로 하단을 막는 동시에 왼팔 하박으로 상단을 막고(그림 ①) 다시 오른발이 오른쪽 뒤로 빠져 왼발 전굴 자세를 취하면서 왼팔 하박으로 하단을 막는 동시에 오른팔 하박으로 상단을 막고(그림 ②) 오른발 학 다리 자세를 취하면서(그림 ③) 몸을 왼쪽으로 틀어(그림 ④) 오른발 옆차기로 적의 늑골이나 명치 또는 천돌혈 등을 찬다(그림 ⑤).

10. 안 다리 차고 중지 관절 찌르기

적이 앞에 있을 때 왼발 전굴 자세에서 오른팔 하박으로 중단을 막고(그림 ①) 오른발 학 다리 자세를 취하면서 오른발 안 다리 차기로 공격해 들어오는 적의 주먹이나 발을 막거나 얼굴 등을 차고(그림 ②, 그림 ③) 앞으로 내딛어 오른발 전굴 자세를 취하며 오른손 중지권으로 적의 천돌혈을 찌른다(그림 ④).

제8장
特殊足術

4급 수련과정
10가지 술기

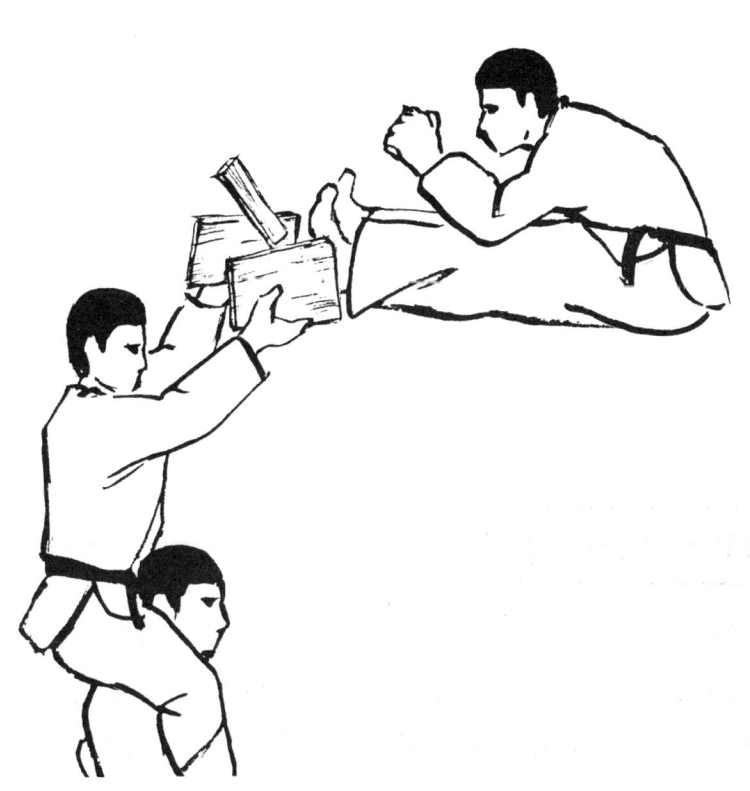

제8장 특수족술

특수족술은 발 차기의 꽃이라 할 만큼 단식족술과 복식족술의 기법을 체득하지 못하고는 행할 수 없는 술기로서 고도의 테크닉은 물론 체공과 자유로운 몸놀림이 요구되는 술기이다. 본 수련 과정에서는 그 기초적인 기법 중 10가지를 체계적으로 연마토록 하였다.

1. 정면 차기

①

②

③

④

⑤

　특수족술에 있어서 한발을 축으로 회전하여 차는 발 차기(정면차기, 앉아 뒤돌아 차기, 서서 뒤돌아 차기)인 경우에는 차는 발로 적이나 목표물과의 거리를 맞추고 축이 되는 발은 차는 방향으로 45도를 비켜나가 뒤꿈치를 틀어 차는 발과의 거리가 한 족장(발의 길이)이 되게 딛고 공격을 한다. 이때 몸의 무게 중심은 축이 되는 발에 두어야 하며 공격하는 발과 허리는 힘을 빼고 빠른 속도로 회전을 하여 목표물에 닿는 순간 힘을 주어 공격을 하도록 하여야 한다. 정면 차기는 대련 자세에서(그림 ①) 왼발이 한 족장 전진하여 왼발을 축으로 몸을 왼쪽 뒤로 틀면서(그림 ②) 왼발 무릎을 구부려 나사형으로 앉는 동시에 양손을 몸 쪽으로 45도를 틀어 팔을 굽혀 지면을 짚으면서 오른발 발등으로 적의 왼발 위중혈 이나 승산혈 또는 부양혈 등을 찍어 찬다(그림 ③, 그림 ④, 그림 ⑤).

2. 앉아 뒤돌아 차기

　대련 자세에서 왼발이 오른발 바깥쪽 45도로 나아가 뒤꿈치를 틀어 뒤꿈치가 지면에 닿지 않도록 딛으면서 몸의 무게 중심을 왼발로 옮긴 후(그림 ①, 그림 ②) 왼발을 축으로 몸을 오른쪽 뒤로 돌리면서(그림 ③) 왼발 무릎을 구부려 앉는 동시에(그림 ④) 양손을 몸쪽으로 45도를 틀어 팔을 굽혀 지면을 짚으면서(그림 ⑤) 오른발 뒤꿈치로 적의 오른발 하퇴부의 위중혈 이나 승산혈 또는 부양혈 등을 돌려 차고(그림 ⑥,) 무릎 관절을 구부려 뒤꿈치가 나의 엉덩이에 닿도록 한 후(그림 ⑦) 대련 자세를 취한다.

3. 서서 뒤돌아 차기

　대련 자세에서 왼발이 오른발 바깥쪽 45도로 나아가 뒤꿈치를 틀어 뒤꿈치가 지면에 닿지 않도록 딛으면서 몸의 무게 중심을 왼발로 옮긴 후(그림 ①) 왼발을 축으로(그림 ②) 몸을 왼쪽 뒤로 돌리면서(그림 ③) 오른발 학 다리 자세를 취하여(그림 ④) 오른발 뒤꿈치로 적의 흉추나 현고혈 등을 차면서(그림 ⑤,) 무릎 관절을 구부려 뒤꿈치가 나의 엉덩이에 닿도록 한 후(그림 ⑥) 대련 자세를 취한다.

4. 제자리 떠서 앉아 뒤돌아 차기

　기마 자세에서(그림 ①) 양발이 살짝 떠서(그림 ②) 왼발을 360도로 틀면서 몸을 오른쪽 뒤로 돌려 (그림 ③) 왼발 무릎을 구부려 점프를 하기 전에 오른발이 딛었던 위치를 딛는 동시에(그림 ④) 양손을 몸 쪽으로 45도로 틀어 팔을 굽혀 지면을 짚으면서 오른발 뒤꿈치로 적의 오른발 하퇴부의 위중혈 이나 승산혈 또는 부양혈 등을 돌려 차고(그림 ⑤) 무릎 관절을 구부려 뒤꿈치가 엉덩이에 닿도록 한 후(그림 ⑥) 대련 자세를 취한다.

5. 제자리 떠서 뒤돌아 차기

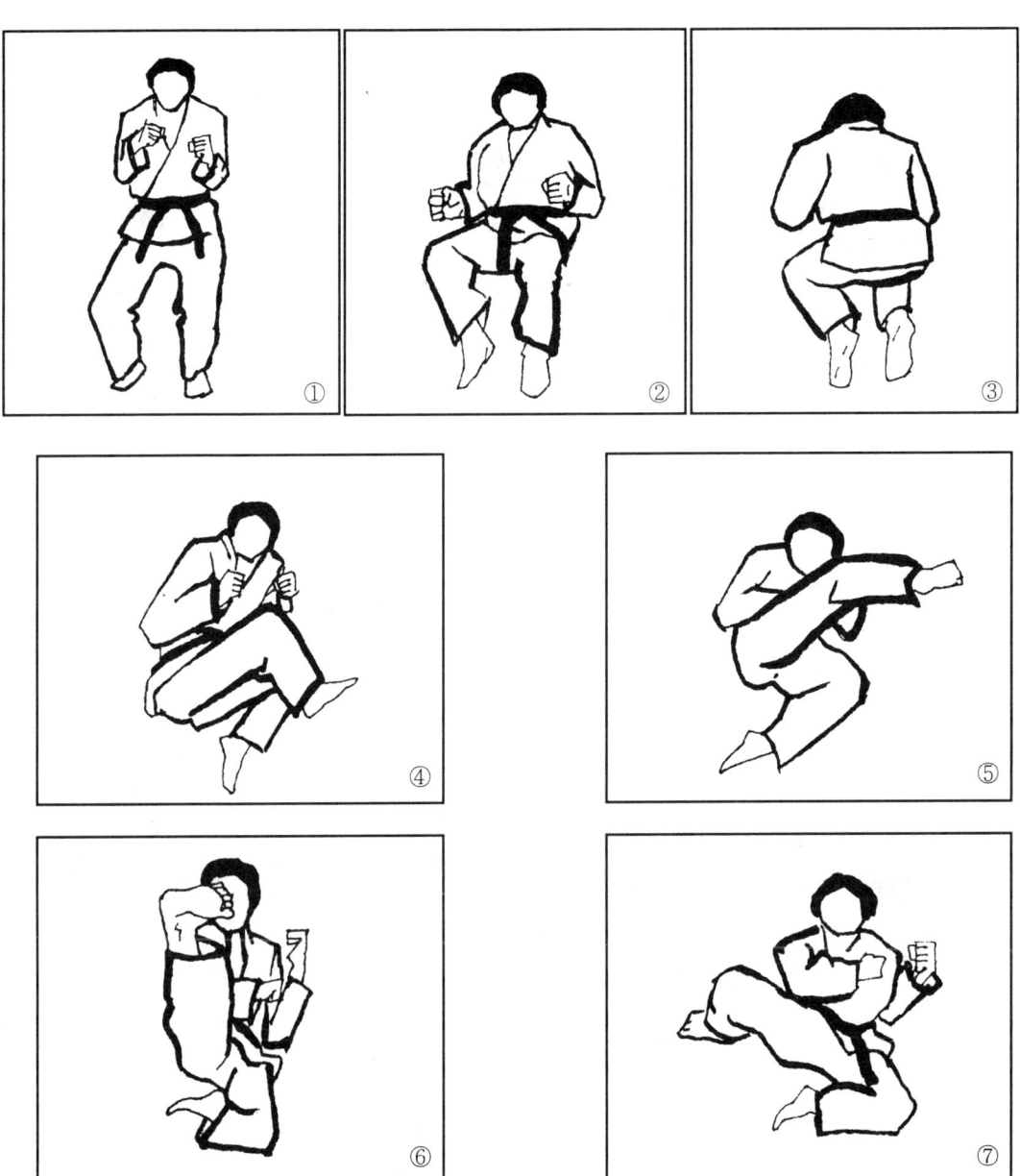

　기마 자세에서(그림 ①) 양발 무릎으로 젖가슴을 차올리듯이 점프를 하면서(그림 ②) 몸을 오른쪽 뒤로 360도를 돌려(그림 ③, 그림 ④) 오른발 뒤꿈치로 적의 흉추나 현고혈 등을 돌려 차고(그림 ⑤, 그림 ⑥)무릎 관절을 구부려(그림 ⑦) 양 발 앞꿈치가 지면에 먼저 닿도록 착지를 한다.

6. 한발 나가 떠서 뒤돌아 차기

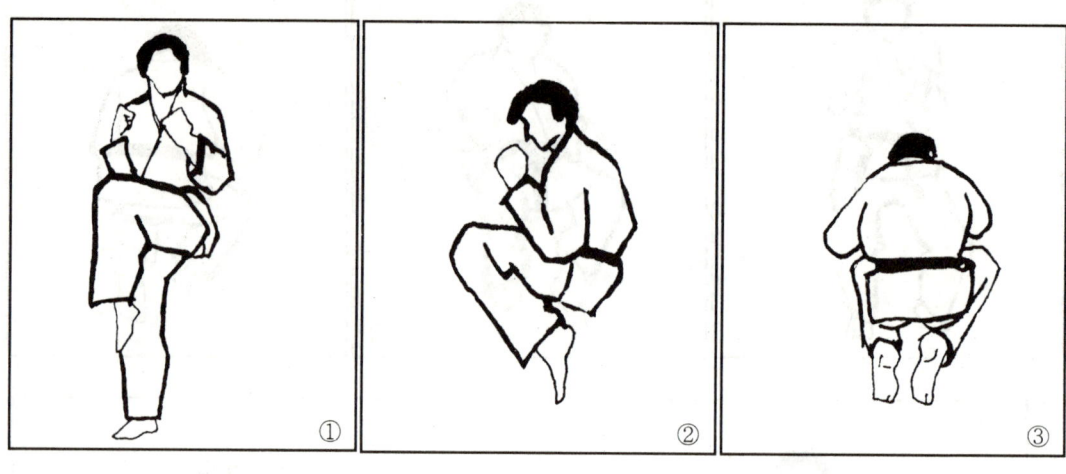

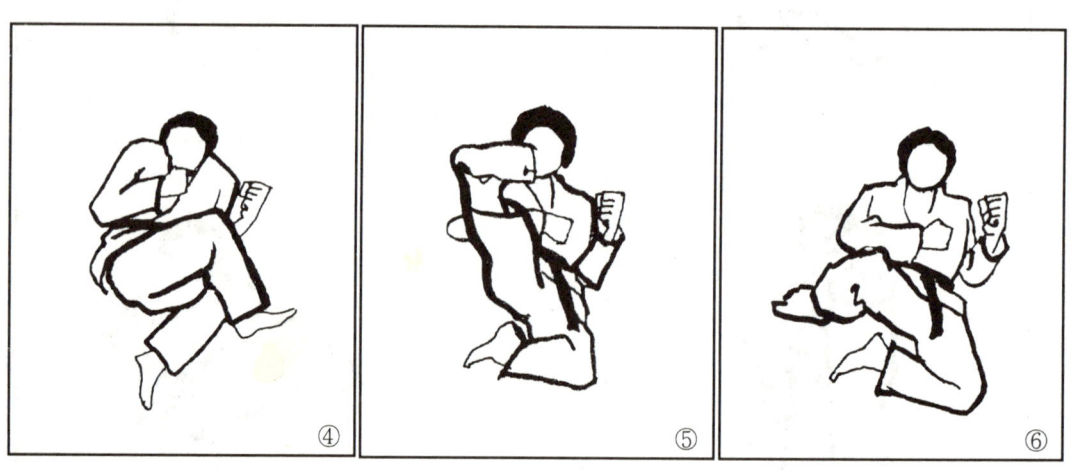

 대련 자세에서 왼발 무릎으로 젖가슴을 차듯이 올려 학 다리 자세를 취하는 동시에(그림 ①) 점프를 하여 오른발 무릎을 젖가슴 앞으로 올려 양 발 학 다리 자세를 취하면서 (그림 ②) 몸을 오른쪽 뒤로 돌려(그림 ③, 그림 ④) 오른발 뒤꿈치로 적의 흉추나 현고혈 등을 돌려 차고(그림 ⑤) 무릎 관절을 구부려(그림 ⑥) 양발 앞꿈치가 지면에 먼저 닿도록 착지를 한 후 대련 자세를 취한다.

7. 한발 나가 떠서 앉아 뒤돌아 차기

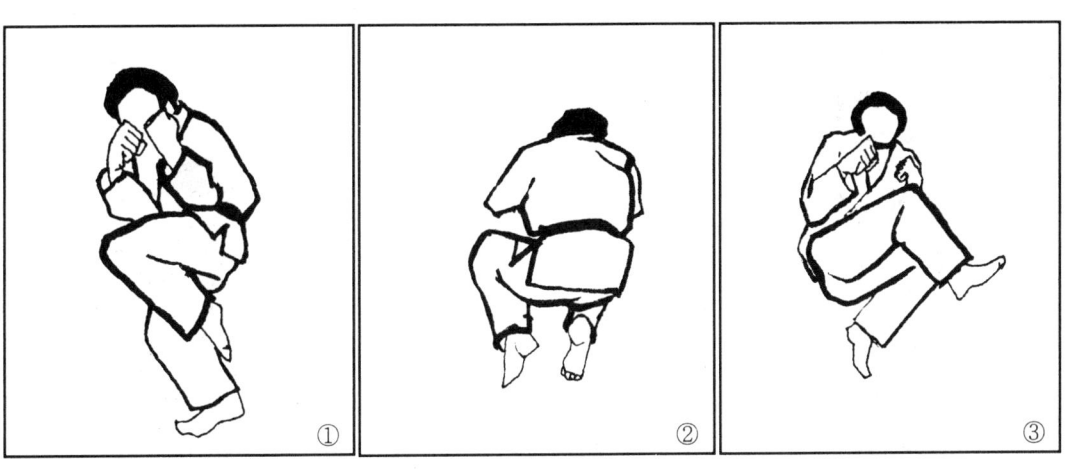

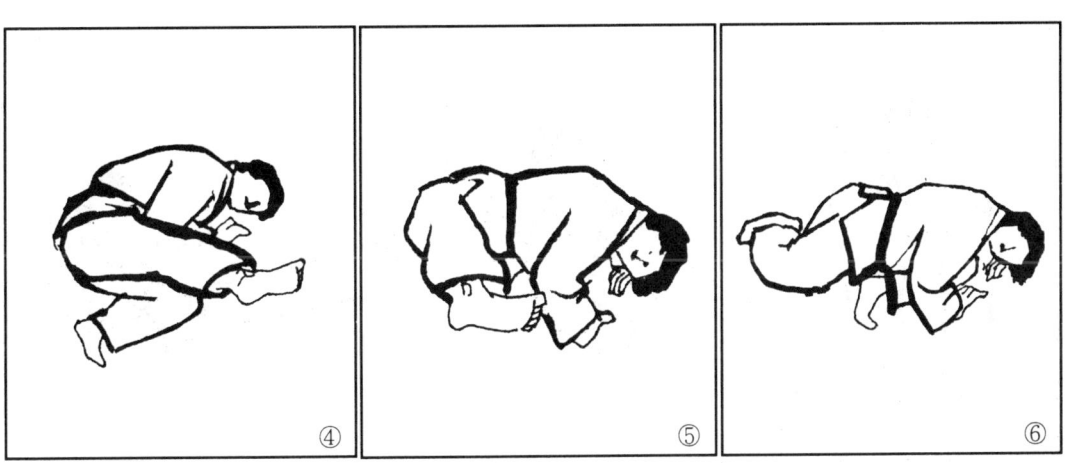

 대련 자세에서 왼발이 한발 나가면서(그림 ①) 살짝 떠(그림 ②) 몸을 오른쪽 뒤로 돌려 (그림 ③) 오른발 뒤꿈치로 적의 오른발 하퇴부의 위중혈 이나 승산혈 또는 부양혈 등을 돌려 차는 동시에 왼발 무릎을 구부려 지면을 딛으면서 양손을 몸 쪽으로 45도를 틀어 팔을 굽혀 지면을 짚고(그림 ④, 그림 ⑤) 오른발 무릎을 구부려 엉덩이에 닿도록 한 후(그림 ⑥) 대련 자세를 취한다.

8. 두발 모아 옆차기

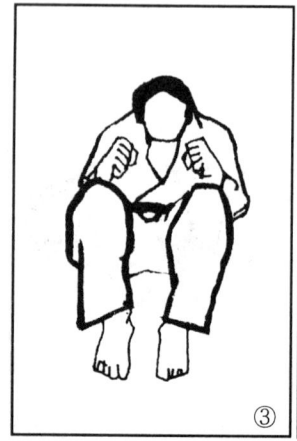

　대련 자세에서 왼발 무릎으로 젖가슴을 차듯이 올려 학 다리 자세를 취하는 동시에(그림 ①) 점프를 하여 오른발 무릎을 젖가슴 앞으로 올려 양발 학 다리 자세를 취하면서(그림 ②) 몸을 왼쪽으로 틀어(그림 ③) 양발로 적의 명치나 얼굴 등을 찬 후(그림 ④) 양 발 무릎을 구부려(그림 ⑤) 양발 앞꿈치가 지면에 먼저 닿도록 착지를 한다.

9. 두발 모아 높이 올려 차기

　기마 자세에서(그림 ①, 그림 ②) 양 발 무릎으로 젖가슴을 동시에 차올리듯이 점프를 하여(그림 ③) 양 발 앞꿈치로 올려 찬 후(그림 ④) 양 발 무릎을 구부린 상태에서 엉덩이를 뒤로 빼어 기마 자세를 취하여 양 발 앞꿈치가 지면에 먼저 닿도록 착지를 한다.

10. 앉아 뒤꿈치 차 돌리기

 대련 자세에서(그림 ①) 계족으로 전진하면서 오른발 무릎을 들고(그림 ②) 왼발 무릎을 구부려 앉는 동시에 양팔 팔굽을 굽혀 양손으로 지면을 짚으면서 오른발 뒤꿈치로 적의 오른발 하퇴부의 위중혈 이나 승산혈 또는 부양혈 등을 돌려 차고(그림 ③) 무릎 관절을 구부려 뒤꿈치가 나의 엉덩이에 닿도록 한 후(그림 ④) 대련 자세를 취한다.

제9장
防投術

급 수련과정
45가지 술기

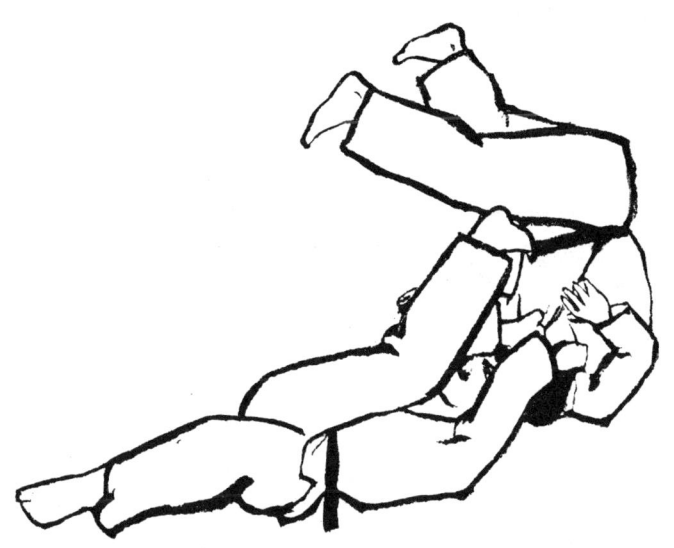

제9장 방투술

　적이 잡아 던지려고 공격을 할 때에 이를 막아 역습을 하여 제압하는 술기로서 본 수련 과정에서는 10종류 45가지 술기들을 다루었다. 적의 공격이 순간적으로 이루어지듯이 던지는 것 역시 순간적으로 이루어지기 때문에 항상 몸의 중심을 잃지 않고 균형을 유지하는 것이 무엇보다 중요하며 또한 유·원·화의 원리를 최대한 활용하여 적의 공격을 손쉽게 방어 및 제압을 할 수 있도록 수련토록 한다.

Ⅰ. 적이 공격을 하기 전에 먼저 잡아 던지기

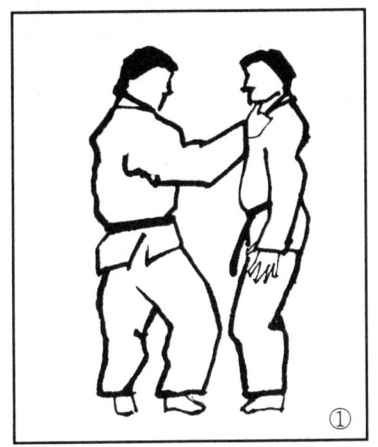

1️⃣ 오른발이 적의 낭심 앞으로 전진하여 양손으로 적의 옷깃을 잡고(그림 ①) 왼발이 왼쪽 뒤로 돌면서 왼손을 당기는 동시에 오른손 모지로 적의 왼쪽 천용혈이나 예풍혈 등을 찔러(그림 ②) 넘기고 오른발 무릎을 지면에 대주면서 제압을 한다(그림 ③).

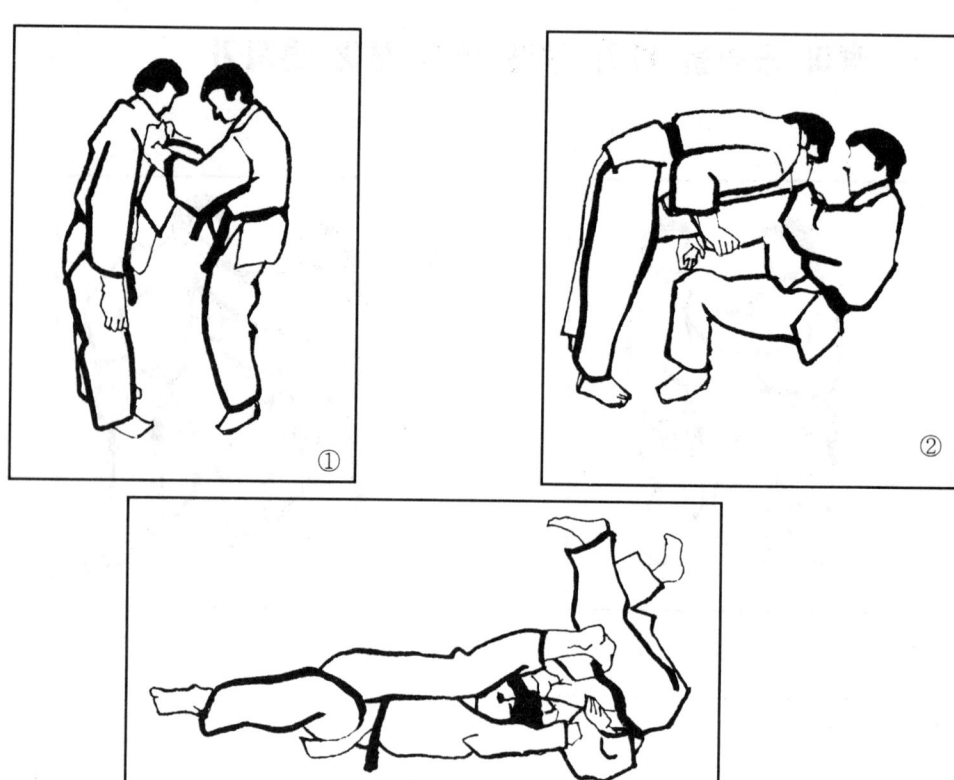

② 양손으로 적의 옷깃을 잡아당겨 주면서 오른발 앞차기로 적의 복부를 찬 후(그림 ①) 몸을 뒤로 누우면서(그림 ②) 적을 머리 위로 넘기고(그림 ③) 자신 또한 뒤로 굴러 적의 몸을 올라타고 제압을 한다.

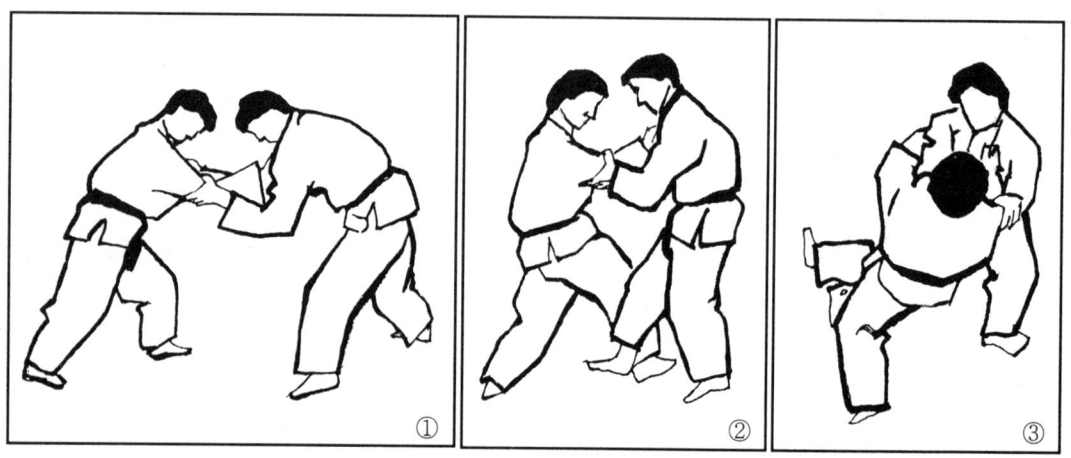

③ 적의 오른발이 넘기려고 들어올 때(그림 ②) 적을 왼쪽으로 당기면서 오른발 뒤꿈치로 적의 오른발 위중혈 이나 비양혈 등을 당겨 차며 넘긴다(그림 ③).

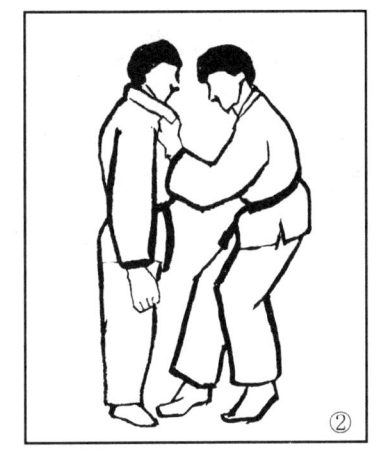
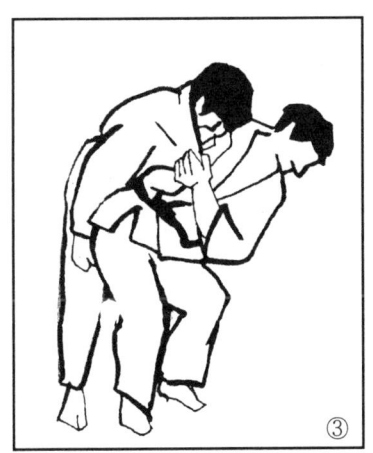

④ 양손으로 적의 옷깃을 잡아당기면서(그림 ①) 오른발이 적의 오른발 안쪽으로 전진하는 동시에(그림 ②) 왼발이 왼쪽 뒤로돌아 적의 왼발 앞에 위치하여 허리 치기 자세를 취한 후(그림 ③) 던진다(그림 ④).

5 적의 왼발이 들어올 때 오른발 안 다리 차 넣기로 적의 왼발 하퇴부의 양교혈이나 부양혈 등을 차면서(그림 ②) 적을 오른쪽으로 당겨 넘긴다(그림 ③).

Ⅱ. 적이 위로 잡으러 들어올 때

1 오른발이 적의 낭심 앞으로 전진하며 양손으로 헤쳐 막고(그림 ①) 왼손으로 적의 오른팔 하박을 잡으면서 오른손 장저로 왼쪽 관료혈을 치는 동시에 (그림 ②) 왼발이 왼쪽 뒤로 돌면서 적을 넘기고 오른발 무릎을 지면에 대주며 제압을 한다(그림 ③).

② 오른발이 적의 낭심 앞으로 전진하며 양손으로 헤쳐 막고(그림 ①) 왼발이 왼쪽 뒤로 돌면서 오른손 장저로 적의 왼쪽 천계혈을 친다(그림 ②, 그림 ③).

③ 오른발이 적의 낭심 앞으로 전진하며 양손으로 헤쳐 막는 동시에(그림 ①) 상박을 잡아 오른발 무릎 차올리기로 적의 왼쪽 늑골을 찬다(그림 ②).

4 오른발이 적의 낭심 앞으로 전진하면서 양팔 하박으로 하단을 막는 동시에(그림 ①) 왼팔을 구부려 적의 오른팔을 껴주고 오른손은 적의 왼쪽 겨드랑이 사이로 들어가 허리를 껴안으며(그림 ②) 왼발이 왼쪽 뒤로돌아 적의 왼발 앞에 위치하여 허리 치기 자세를 취한 후(그림 ③) 던지고 오른발 무릎을 지면에 대주면서 제압을 한다(그림 ④).

5 오른발이 오른쪽 뒤로 빠지면서 양팔 하박으로 하단을 막고(그림 ①) 왼손 모지가 손등 쪽을 향하게 하여 적의 오른손 역수도 부분을 훑어 잡아 (그림 ②) 바깥쪽으로 제껴 주고 오른발이 적의 오른발 바깥쪽으로 전진하면서 오른손 모지가 적의 손등 쪽을 향하게 하여 수도 부분을 잡아(그림 ③) 몸을 왼쪽 뒤로 틀면서 양손으로 적의 오른손 손목 관절을 꺾고(그림 ④) 오른발 무릎으로 적의 오른팔 팔굽 관절을 눌러 꺾어 제압을 한다 (그림 ⑤).

 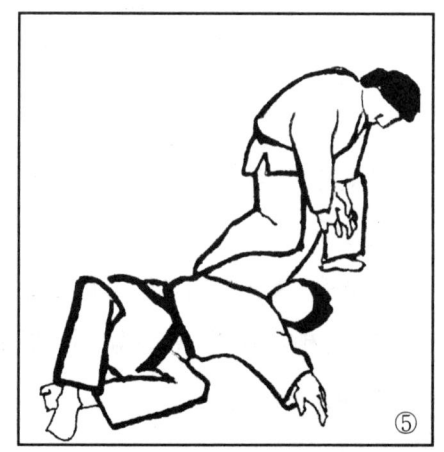

Ⅳ. 적이 옷깃을 잡았을 때

1 양손 장저로 적의 왼손 손등을 감싸 잡아 젖가슴에 밀착시키고(그림 ②) 왼발이 왼쪽 뒤로 빠지면서 양손으로 적의 왼손 손목 관절을 꺾는다(그림 ②).

2 왼손으로 적의 오른손 손목을 받쳐 잡으면서 오른손 모지가 적의 오른손 손바닥 쪽을 향하게 하여 역수도 부분을 잡아(그림 ②) 오른발이 오른쪽 뒤로 돌아 왼발 전굴자세를 취하면서 양손으로 적의 오른 팔을 비틀어 왼쪽 겨드랑이 사이에 껴준 후(그림 ③) 몸을 왼쪽 뒤로 돌려 왼팔 팔꿈치로 적의 오른팔 팔굽 관절을 꺾으면서 오른발 무릎을 지면에 대준다(그림 ④).

V. 적이 옷깃을 잡고 던지러 들어올 때

1 왼발이 왼쪽 옆으로 빠져 왼발 전굴 자세를 취하면서 오른팔 팔꿈치로 적의 오른쪽 늑골을 돌려 친다(그림 ②).

2 왼발이 왼쪽 옆으로 빠져 왼발 전굴 자세를 취하면서 오른손 주먹으로 적의 명치를 올려친다(그림 ②).

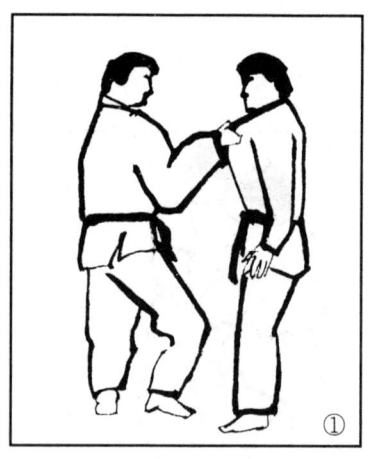

3 왼손 모지가 적의 오른손 손등 쪽을 향하게 하여 역수도 부분을 잡으면서 오른손 모지 역시 손등 쪽을 향하게 하여 수도 부분을 잡아(그림 ②) 왼발이 왼쪽 뒤로 돌면서 손목 관절을 꺾고 오른발 무릎으로 적의 오른팔 팔굽 관절을 눌러 꺾어 제압을 한다(그림 ③).

4 왼발이 왼쪽 뒤로 약간 빠지는 동시에 오른발 무릎으로 적의 오른발 대퇴부를 찬다(그림 ②).

5 양발이 뒤로 약간 빠지면서 기마 자세를 취하는 동시에 양손을 대각으로 겹쳐 적의 오른쪽 경문혈을 치고(그림 ②) 적의 오른발이 빠지려고 할 때에 오른발이 적의 낭심 앞으로 전진하며 왼손으로 적의 오른손 손목을 잡고(그림 ③) 오른손 팔굽으로 적의 오른팔을 감싸 잡으면서 왼발이 왼쪽 뒤로돌아 적의 왼발 앞에 위치하여 허리 치기 자세를 취한 후(그림 ④) 던지고 오른발 무릎을 지면에 대주면서 제압을 한다(그림 ⑤).

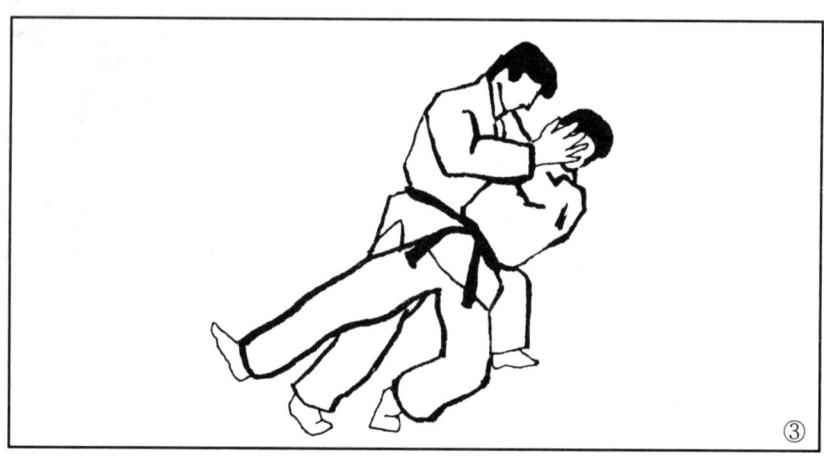

6 왼발이 왼쪽 옆으로 빠져 왼발 전굴 자세를 취하면서(그림 ②) 오른손 장저로 적의 얼굴을 친다(그림 ③).

7 왼손으로 적의 머리나 뒷덜미를 잡고(그림 ②) 왼발이 왼쪽 옆으로 빠져 왼발 전굴 자세를 취하는 동시에 오른손 주먹으로 적의 오른쪽 늑골을 치면서 넘기고(그림 ③) 오른발 무릎을 지면에 대주면서 제압을 한다(그림 ④).

제9장 방투술(防投術) … 313

VI. 적이 던지려고 할 때

1 기마 자세를 취하면서 양손 장저로 적의 엉덩이를 받쳐 밀어낸다(그림 ②).

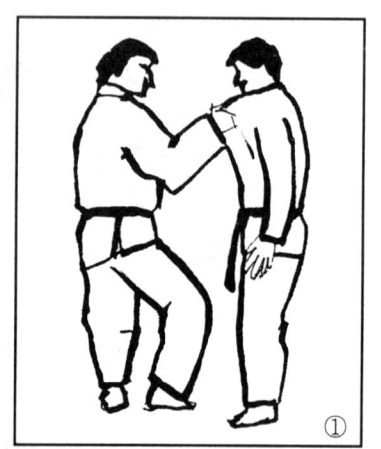 

2 기마 자세를 취하면서 양손을 대각으로 겹쳐 적의 경문혈을 친다(그림 ②).

③ 왼발이 왼쪽 옆으로 빠져 왼발 전굴 자세를 취하는 동시에 왼손으로 적의 오른팔을 막으며 오른팔 팔꿈치로 적의 오른쪽 늑골을 돌려 치고(그림 ②) 오른손으로 적의 오른쪽 어깨를 잡으면서 오른발 뒤꿈치로 적의 오른발 위중혈이나 비양혈 등을 당겨 차 넘긴 후(그림 ③) 오른발 무릎으로 적의 오른쪽 중부혈을 눌러 제압을 한다(그림 ④).

4 자세를 낮추면서 왼손으로 적의 머리나 뒷덜미를 잡으며(그림 ②) 오른손이 적의 양발 사이로 들어가 오른발을 팔굽에 걸어(그림 ③) 왼발이 왼쪽 뒤로 돌면서(그림 ④) 던지고 오른발 무릎을 지면에 대주고 제압을 한다(그림 ⑤).

5 기마 자세를 취하며 왼손으로 적의 오른손 손목을 잡고 오른손으로는 팔꿈치를 받쳐 잡아(그림 ②) 왼발이 왼쪽 옆으로 빠져(그림 ③) 왼발 전굴 자세를 취하면서 오른손으로 적의 오른팔 팔꿈치를 뒤로 제껴 넘기고(그림 ④) 오른발 무릎을 지면에 대주면서 왼손으로 적의 팔꿈치를 눌러 제압을 한다(그림 ⑤).

6 왼발이 왼쪽 옆으로 빠져 왼발 전굴 자세를 취하여(그림 ②) 적을 넘기면서 오른손 주먹으로 적의 명치나 늑골 등을 치고 오른발 무릎을 지면에 대주면서 제압을 한다(그림 ③).

7 양손 모지로 적의 양쪽 견외유혈을 잡으며(그림 ②) 양 발 무릎을 오므려 적의 양쪽 위중혈을 누르면서 무릎을 꿇고 오른손 수도로 적의 목을 친다(그림 ③).

 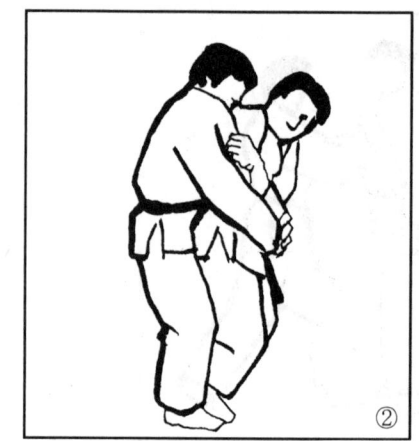

8 자세를 낮추면서 적을 껴안아(그림 ②) 들어올려(그림 ③) 왼발이 왼쪽 옆으로 빠지면서 적을 넘기고 오른발 무릎을 지면에 대주면서 제압을 한다(그림 ④).

3 오른팔이 오른쪽 밑으로 빠지면서 엎혀 상대로 상대를 받아 돌리는 동시에(그림 ①) 오른팔을 옆이 치기로 감아 치면서 오른쪽으로 기울어 넘긴다(그림 ②).

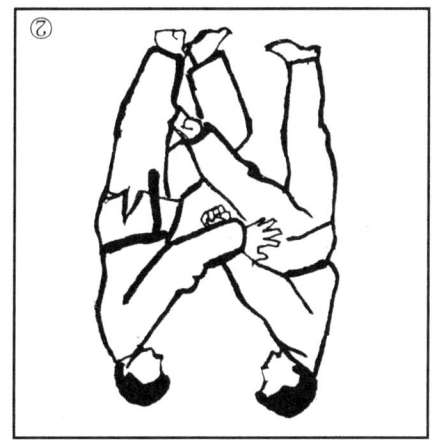

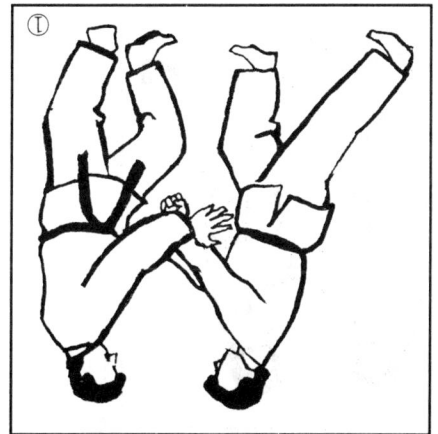

Ⅲ. 찾아 끌으로 장으로 들이울 Ⅲ

① 오른발이 점의 낚으로 장정함에서 재개를 걸어감으로 양발 장이 양상이 된다(그림 ①)그리고 오른발을 들어참에서 정면 장으로 옮기어 양발 놓는 형태를 만든다 (그림 ②).

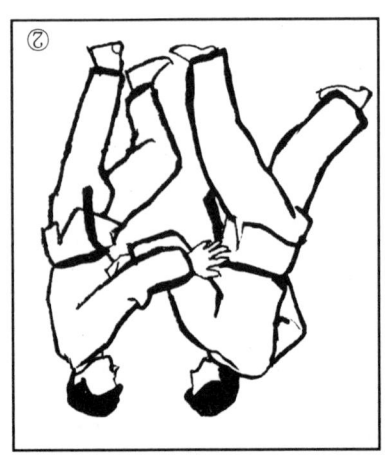 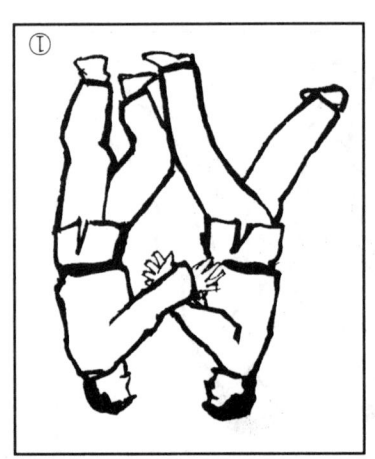

② 오른발이 바르는 양으로 장정함에서 재개를 걸어감으로 양발 장이 양상 녹슬을 만들며 (그림 ①)그리고 오른발을 들어참에서 정면 장으로 옮기어 양발 놓는 형태를 (그림 ②).

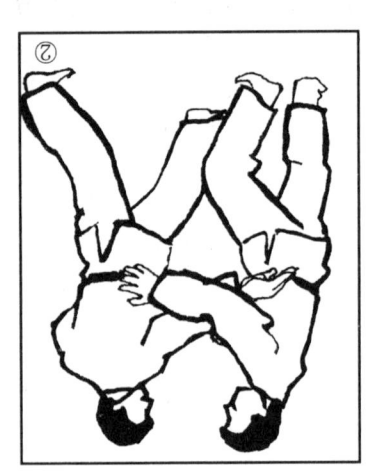 

9 양발이 뒤로 약간 빠져 기마 자세를 취하면서 양 손을 대각으로 겹쳐 밑으로 내려 막고(그림 ②) 오른팔 팔굽으로 적의 오른발을 걸어 주면서 왼 발이 전진한 후(그림 ③) 오른발 뒤꿈치로 적의 왼발 하퇴부의 비양혈을 당겨 차면서(그림 ④) 던 진다(그림 ⑤).

제9장 방투술(防投術) … 321

Ⅶ. 적이 정면에서 목을 조를 때

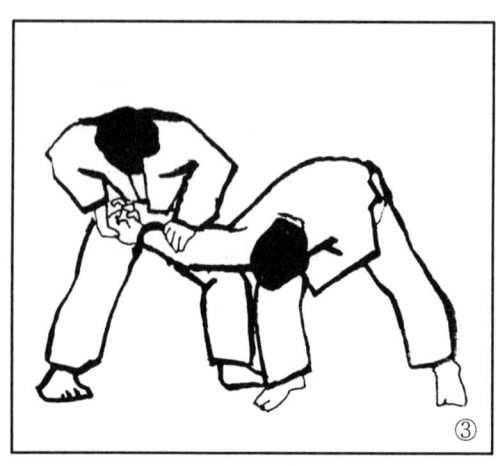

1️⃣ 적의 오른팔 하박이 턱 밑으로 들어오기 전에 턱을 당겨 가슴에 대주면서 오른손으로 적의 오른손 손목을 잡고 왼손 모지가 적의 오른팔 청영혈 쪽을 향하게 하여 팔꿈치를 잡아(그림 ②) 오른발이 오른쪽 뒤로돌아 왼발 전굴 자세를 취하면서 왼손 장저로 적의 오른팔 팔굽 관절을 눌러 꺾는다(그림 ③).

5 오른팔이 거의 나의 왼쪽으로 감겨졌어서 앞쪽으로 돌게 되고(그림②) 왼팔이 안쪽 상대 오른팔 경골 사이로 감겨져서 오른쪽 수도는 나의 왼쪽 상완을 잡거나 나의 용혈 등을 잡는다(그림②).

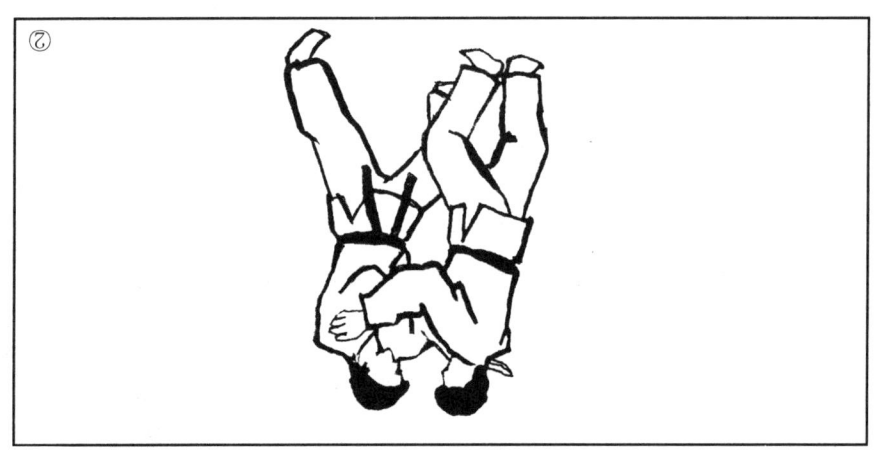

제9장 맞들어죽이기(挾絞縊) … 301

4 오른발이 잡이 오른발 안쪽으로 감정하면서 앉으면서 왼쪽 다리(그림①)과 잡이 오른쪽 목을 왼쪽으로 감아서 오른손으로 잡이 오른쪽 옷깃을 잡아 당긴다(그림②) 왼발이 잡이 왼쪽 옆구리 앞쪽 옷자락 속으로 들어 가서 잡고(그림③) 뒤로 넘어 뜨리면서 대각선 방향으로 잡아당긴다(그림⑤).

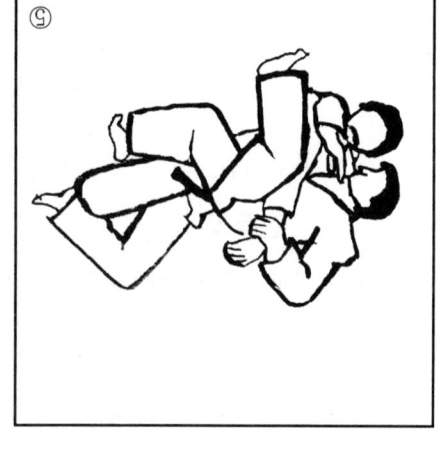

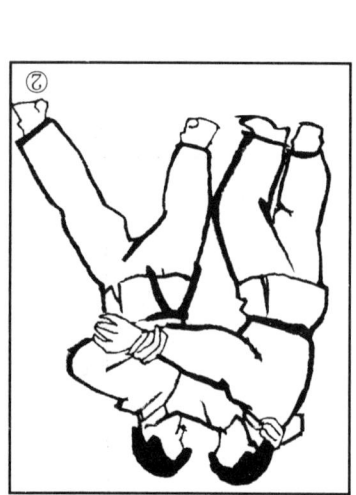

② 자세를 낮추면서 오른손으로 적의 오른손 손목을 잡고 왼손 장저로 적의 오른팔 팔꿈치를 받쳐 들어 올려(그림 ②) 머리를 적의 오른팔 안으로 넣고(그림 ③) 왼발이 적의 오른발 바깥쪽으로 전진하면서 왼손으로 허리를 껴안는 동시에 오른손 장저로 적의 턱을 뒤로 제껴 백회혈을 지면에 찍어준다(그림 ⑤).

3 턱을 가슴에 대주면서(그림 ①) 기마 자세를 취하여 양손 수도로 적의 양쪽 늑골을 친다(그림 ②).

Ⅷ. 적이 옆에서 목을 조를 때

1 양손으로 적의 낭심을 잡는 것이 원칙이나 편의상 허벅지를 움켜잡아(그림 ②) 왼발이 왼쪽 뒤로 빠지면서 당긴다(그림 ③).

2 오른손 모지로 적의 오른쪽 위중혈을 잡고 왼손으로는 적의 머리나 뒷덜미를 잡아 (그림 ②) 뒤로 당기면서 왼발이 왼쪽 뒤로돌아 오른발 무릎을 지면에 대주며 넘긴 후 제압을 한다(그림 ③).

3 왼손으로 적의 머리를 잡아(그림 ②) 당기면서 왼발이 왼쪽 뒤로돌아 오른발 무릎을 지면에 대주는 동시에 오른손 주먹으로 적의 오른쪽 늑골을 치며 넘긴 후 제압을 한다(그림 ③).

Ⅸ. 적이 뒤에서 목을 조를 때

1️⃣ 오른손 인지 이하의 손가락으로 적의 오른팔 곡지혈을 잡으면서 왼손으로 오른손 손목을 잡고 왼발을 약간 들었다가(그림 ②) 반동을 주어 적의 왼발 앞에 디디면서 업어치기 자세를 취하여(그림 ③) 던지고(그림 ④) 오른발 무릎을 지면에 대주면서 제압을 한다(그림 ⑤).

2 오른손 인지 이하의 손가락으로 적의 오른팔 곡지혈을 잡으면서 왼손으로 손목을 잡고(그림 ②) 오른발 하단 옆차기로 적의 오른발 삼음교혈을 찬다(그림 ③).

③ 오른손 중지로 적의 오른팔 곡지혈을 잡으면서 왼손 모지가 역수도 부분을 향하게 하여 손등을 잡아 손목 관절을 꺾으면서(그림 ②) 왼발이 왼쪽 뒤로돌아 적의 오른쪽 겨드랑이 사이로 빠져 오른발 전굴 자세를 취하여 연행을 한다(그림 ④).

X. 누워 있을 때 적이 가슴 위에서 목을 조를 때

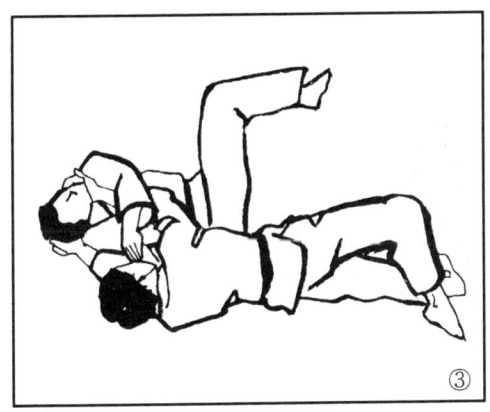

1️⃣ 왼손으로 적의 머리를 잡으면서 오른손 장저로 적의 턱을 받쳐 잡고(그림 ②) 오른 발 무릎을 세워 몸을 왼쪽으로 틀면서 양손으로 적의 목을 비틀어 꺾고(그림 ③) 제압을 한다(그림 ④).

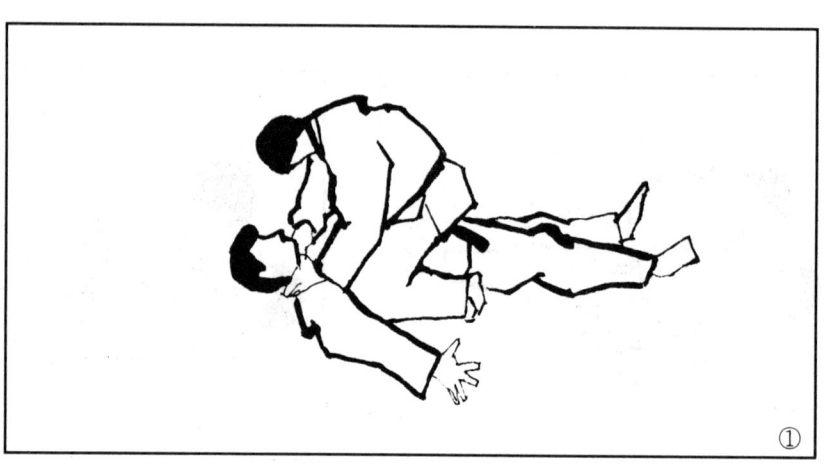

①

②

② 양손을 적의 양팔 사이로 넣어(그림 ②) 양손 수도로 적의 양팔 팔굽을 치는 동시에 (그림 ③) 상박을 잡아당기며 머리를 들어 적의 안면에 박치기를 한다(그림 ④).

③

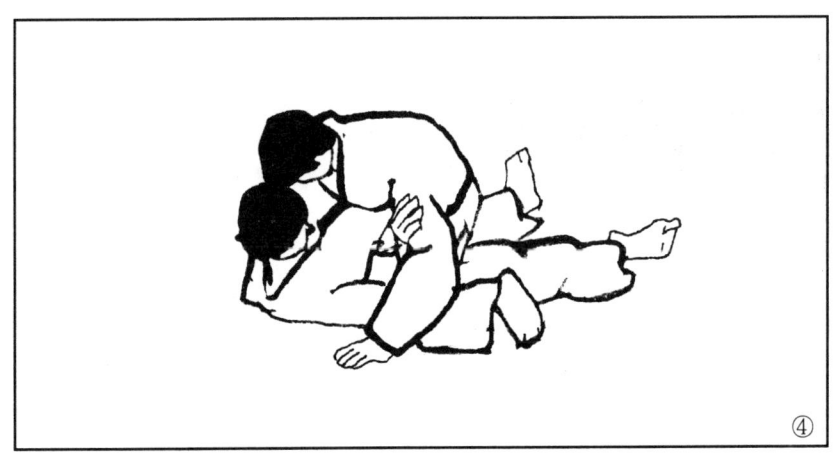

④

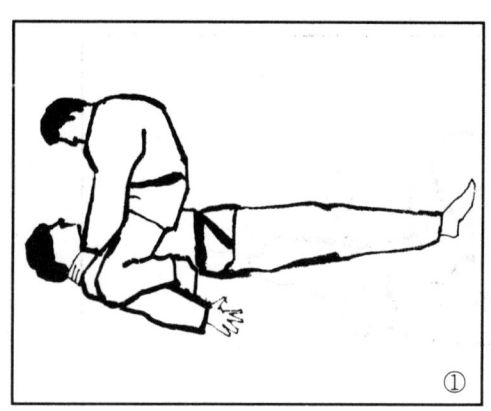

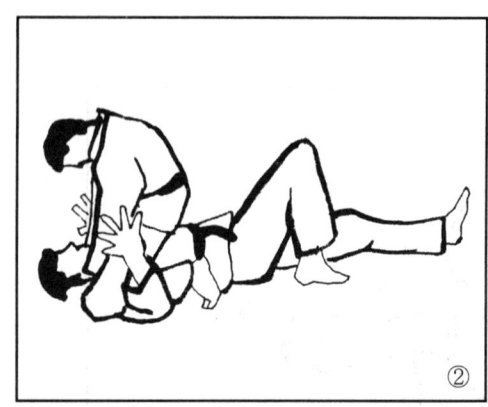

③ 적이 양발 무릎으로 나의 양팔을 누르고 목을 조를 때(그림 ①) 오른발 무릎을 세우면서 양팔을 구부려(그림 ②) 몸을 왼쪽으로 틀면서 던지다(그림 ③).

제10장
防劍術

2급 수련과정
49가지 술기

제10장 방검술

검은 청동기와 철기시대를 거쳐 근대에 이르기까지 문물의 발달과 함께 그 형태와 질은 물론 사용 방법 또한 다양하게 변천하여 왔고 무기로서의 사용 기법 또한 발전되고 체계화되어 개인의 호신은 물론 국가 수호에 있어서도 그 활용도가 높았으나 무기의 현대화와 더불어 사용도가 현저히 감소되어 감에 그에 관한 술기 또한 점차 사장되어 가고 있다.

그러나 고도 산업 사회에 따른 물질 만능 주의의 만연 등으로 인간의 존엄성은 점차 상실되어 가고 범죄는 날로 흉폭해 짐에 따라 이를 방어하여 제압하는 술기 특히 단검 대 도수의 기법들은 절실히 요구되고 있다.

본 수련 과정에서는 단검 대 도수(短劍 對 徒手)의 기법 중 4종류 49가지의 술기를 체득토록 하였다.

Ⅰ. 기본동작

1 대련 자세에서(그림 ①) 오른발이 뒤로 빠지면서(그림 ②) 왼손 수도나 하박으로 적의 오른손 손목 관절을 내려치며 막는다(그림 ③).

② 대련 자세에서 (그림 ①) 오른발이 적의 낭심 앞으로 전진하는 동시에(그림 ②) 왼발이 왼쪽 뒤로 돌며(그림 ③) 오른손 수도로 적의 오른손 손목 관절을 내려친다(그림 ④).

3 대련 자세에서(그림 ①) 왼발이 적의 오른발 바깥쪽으로 전진하는 동시에(그림 ②) 오른발이 오른쪽 뒤로 돌아 왼발 전굴 자세를 취하면서 왼손 수도로 적의 오른손 손목 관절을 내려친다(그림 ③).

Ⅱ. 적이 오른발 오른손으로 배를 찌르러 들어올 때

1. 때리기

1 왼발이 적의 오른발 바깥쪽으로 전진하며 오른발은 오른쪽 뒤로 약간 돌아 왼발 전굴 자세를 취하는 동시에 왼손 수도가 하늘을 향하게 하여 장저로 적의 오른팔을 훑어 내려 막으면서 오른발 무릎으로 적의 오른쪽 늑골을 찬 후(그림 ②) 오른손 수도로 적의 뒷덜미를 친다(그림 ③).

② 왼발이 적의 오른발 바깥쪽으로 전진하며 오른발은 오른쪽 뒤로 약간 돌아 왼발 전굴 자세를 취하는 동시에 왼손 수도가 하늘을 향하게 하여 장저로 적의 오른팔을 훑어 내려 막고(그림 ②) 왼손 손가락의 힘을 뺀 상태에서 적의 눈을 후려친다(그림 ③).

③ 왼발이 적의 오른발 바깥쪽으로 전진하며 오른발은 오른쪽 뒤로 약간 돌아 왼발 전굴 자세를 취하는 동시에 왼손 수도가 하늘을 향하게 하여 장저로 적의 오른팔을 훑어 내려 막으면서 오른손 주먹으로 적의 오른팔 상박의 비뇌혈을 친다(그림 ②).

4 왼발이 적의 오른발 바깥쪽으로 전진하며 오른팔 하박으로 하단을 막는 동시에 오른발은 오른쪽 뒤로 돌아 기마 자세를 취하면서 왼손으로 적의 오른팔을 받쳐 잡고 오른손 수도로 적의 곡지혈을 친다(그림 ②).

5 왼발이 적의 오른발 바깥쪽으로 전진하며 오른팔 하박으로 하단을 막는 동시에 오른발은 오른쪽 뒤로 돌아 기마 자세를 취하면서 왼손으로 적의 오른팔을 받쳐 잡고 오른손 수도로 적의 손목 관절을 친다(그림 ②).

6 왼발이 적의 오른발 바깥쪽으로 전진하며 오른팔 하박으로 하단을 막는 동시에 오른발을 오른쪽 뒤로 약간 돌아 왼발 전굴 자세를 취하면서 왼손으로 적의 오른팔을 받쳐 준 후(그림 ②) 왼손 수도로 적의 오른쪽 늑골을 친다(그림 ③).

7 오른발이 적의 낭심 앞으로 전진하며 왼팔 하박으로 하단을 막는 동시에 왼발이 왼쪽 뒤로 약간 돌아 오른발 전굴 자세를 취하면서(그림 ②) 오른손 망치로 적의 왼쪽 현고혈을 친다(그림 ③).

8 오른발이 적의 낭심 앞으로 전진하며 왼팔 하박으로 하단을 막는 동시에 왼발이 왼쪽 뒤로 약간 돌아 오른발 전굴 자세를 취하면서(그림 ②) 오른손 수도로 적의 왼쪽 천정혈을 친다(그림 ③).

⑨ 오른발이 적의 낭심 앞으로 전진하며 왼팔 하박으로 하단을 막는 동시에 왼발이 왼쪽 뒤로 약간 돌아 오른발 전굴 자세를 취하면서(그림 ②) 오른손 관수로 적의 천돌혈을 찌른다(그림 ③).

10 오른발이 적의 낭심 앞으로 전진하며 왼팔 하박으로 하단을 막는 동시에 왼쪽 뒤로 약간 돌아 오른발 전굴 자세를 취하면서(그림 ②) 오른손 주먹으로 적의 명치를 올려친다(그림 ③).

2. 꺾기

1 오른발이 뒤로 빠져 기마 자세를 취하면서 오른손이 몸 쪽을 향하게 양손을 대각으로 겹쳐 밑으로 내려 막고(그림 ①) 왼손 모지가 적의 오른손 손등 쪽을 향하게 하여 역수도 부분을 잡으면서 오른손은 바깥쪽으로 제껴 모지가 손등 쪽을 향하게 하여 수도 부분을 잡아 양손으로 적의 오른손 손등을 바깥쪽으로 제껴 손목 관절을 꺾으면서(그림 ②) 오른발이 적의 오른발 바깥쪽으로 전진한 후(그림 ③) 몸을 왼쪽 뒤로 틀면서 적을 넘기고(그림 ④) 오른발 무릎으로 적의 오른팔 팔굽 관절을 눌러 꺾은 후 칼을 빼앗아 공격을 한다(그림 ⑤).

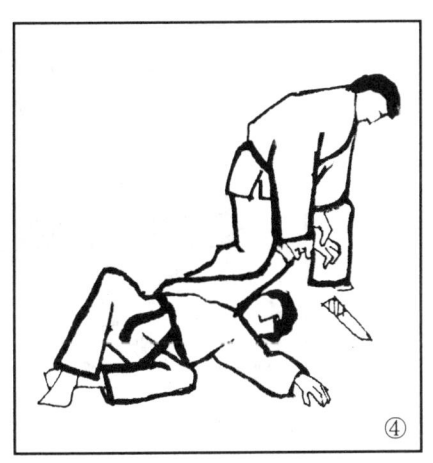
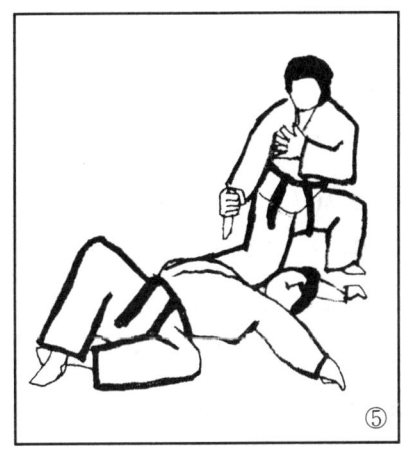

2 오른발이 적의 낭심 앞으로 전진하며 왼발은 왼쪽 뒤로 약간 돌아 오른발 전굴 자세를 취하면서 양손으로 적의 오른팔을 훑어 내려 오른손은 곡지혈을 왼손은 역수도 부분을 잡아(그림 ①) 적의 왼쪽 경문혈 쪽으로 밀면서 왼발이 적의 오른쪽 겨드랑이 사이로 들어가 적의 왼발 앞에 위치한 후(그림 ②) 왼발을 축으로 몸을 오른쪽 뒤로 돌려 왼발 무릎을 지면에 대주면서 적의 오른손 손목 관절을 꺾고(그림 ③) 오른발 무릎으로 적의 오른팔 팔굽 관절을 눌러 꺾은 후(그림 ④) 칼을 빼앗아 공격을 한다(그림 ⑤).

3 왼발이 적의 오른발 바깥쪽으로 전진하며 오른발은 오른쪽 뒤로 약간 돌아 왼발 전굴 자세를 취하면서 양손으로 적의 오른팔을 훑어 내려 왼손으로 곡지혈 부분을 오른손은 역수도 부분을 잡고(그림 ②) 오른발이 적의 오른쪽 겨드랑이 사이로 들어가(그림 ③) 오른발을 축으로 왼발이 왼쪽 뒤로 돌아 적의 오른쪽 겨드랑이 사이로 빠져(그림 ④) 오른발 전굴 자세를 취하면서 왼손으로 적의 머리나 뒷덜미를 잡아 연행을 한다(그림 ⑤).

4 오른발이 뒤로 빠지면서 기마 자세를 취하여 왼손이 몸쪽을 향하게 양손을 대각으로 겹쳐 밑으로 내려 막고(그림 ②) 오른손 모지가 적의 오른손 손등 쪽을 향하게 하여 수도 부분을 잡으면서 왼손을 바깥쪽으로 제껴 모지가 손등 쪽을 향하게 하여 역수도 부분을 잡아(그림 ③) 양손으로 적의 오른손을 안쪽으로 틀어 손목 관절을 꺾으면서 왼발이 전진하여 양손으로 적의 손등을 밀어 어깨 관절을 탈골시키고(그림 ④) 오른발 족기 지르기로 적의 가슴을 찬다(그림 ⑤).

제10장 방검술(防劍術) ··· 351

5 왼발이 적의 오른발 바깥쪽으로 전진하며 오른발은 오른쪽 뒤로 약간 돌아 왼발 전굴 자세를 취하면서 양손으로 적의 오른팔을 훑어 내려 왼손으로 곡지혈 부분을 오른손은 역수도 부분을 잡고(그림 ②) 왼발이 적의 낭심 앞으로 전진하며 왼팔 하박의 척골로 적의 오른팔 팔굽 관절에 칼 넣기를 한다(그림 ③).

6 왼발이 적의 오른발 바깥쪽으로 전진하며 오른발은 오른쪽 뒤로 약간 돌아 왼발 전굴 자세를 취하면서 양손으로 적의 오른팔을 훑어 내려 왼손으로 곡지혈 부분을 오른손은 손목을 잡고(그림 ②) 왼손을 돌려 중지로 적의 오른쪽 곡지혈을 잡으며 오른손으로 적의 오른손 손등을 잡아 손목 관절을 꺾으면서 오른발이 적의 오른발 바깥쪽으로 전진하고 (그림 ③) 몸을 왼쪽 뒤로 돌려 적을 넘긴 후(그림 ④) 오른발 무릎을 지면에 대주면서 오른손으로 적의 오른손을 어깨 밑으로 넣은 후 왼손으로 상박을 눌러 제압을 한다(그림 ⑤).

제10장 방검술(防劍術) ··· 353

7 왼발이 적의 오른발 바깥쪽으로 전진하며 오른발은 오른쪽 뒤로 약간 돌아 왼발 전굴 자세를 취하면서 왼손 수도가 하늘을 향하게 하여 아귀로 적의 오른손을 훑어 내려 왼손 모지가 손등 쪽을 향하게 하여 역수도 부분을 잡아(그림 ②) 밖으로 제끼고 (그림 ③) 오른손 모지가 손등 쪽을 향하게 하여 수도 부분을 잡아 양손으로 적의 오른손 손목 관절을 꺾으면서 오른발이 적의 오른발 바깥쪽으로 전진한 후 몸을 왼쪽 뒤로 돌려 적을 넘기고(그림 ⑤) 오른발 무릎으로 적의 오른팔 팔굽 관절을 눌러 꺾은 후(그림 ⑥) 칼을 빼앗아 공격을 한다(그림 ⑦).

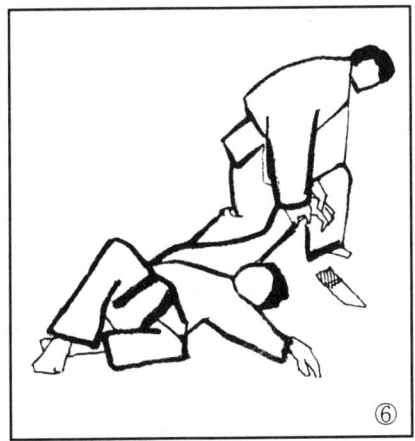

제10장 방검술(防劍術) … 355

8 왼발이 적의 오른발 바깥쪽으로 전진하며 오른발은 오른쪽 뒤로 약간 돌아 왼발 전굴 자세를 취하면서 양손으로 적의 오른팔을 훑어 내려 왼손으로 곡지혈 부분을 오른손은 손목을 잡은 후(그림 ②) 오른손 모지가 적의 오른손 역수도 부분 쪽을 향하게 하여 손등을 잡아 손목 관절을 꺾고(그림 ③) 오른발이 적의 오른발 바깥으로 전진하면서 적의 늑골을 찔러 준다(그림 ④).

3. 던지기

1. 오른발이 적의 낭심 앞으로 전진하며 왼발은 왼쪽 뒤로 약간 돌아 오른발 전굴 자세를 취하면서 양손으로 적의 오른팔을 훑어 내려 오른손으로 곡지혈 부분을 왼손으로 역수도 부분을 잡은 후(그림 ②) 오른손으로 적의 오른팔 상박을 잡으면서 왼발이 왼쪽 뒤로돌아 적의 왼발 앞에 위치하여 허리 치기 자세를 취한 후(그림 ③) 던지고 (그림 ④) 오른발 무릎으로 적의 오른팔 팔굽 관절을 눌러 꺾으며 칼을 빼앗아 공격을 한다(그림 ⑤).

② 왼발이 적의 오른발 바깥쪽으로 전진하며 오른발은 오른쪽 뒤로 약간 돌아 왼발 전굴 자세를 취하면서 왼손 수도가 하늘을 향하게 하여 적이 오른팔을 훑어 내려 하박을 잡는 동시에(그림 ②) 오른손 아귀로 적의 천돌혈을 치면서 목을 잡고 오른발이 전진하여 허리 치기 자세를 취한 후(그림 ③) 던져 적의 백회혈을 지면에 찍어 주는 것이 원칙이나 수련 시 안전을 위하여 적을 들었다가(그림 ④) 오른발이 뒤로 빠져 던지고 제압을 한다(그림 ⑤).

3 오른발이 적의 낭심 앞으로 전진하며 왼발은 왼쪽 뒤로 약간 돌아 오른발 전굴 자세를 취하면서 양손으로 적의 오른팔을 훑어 내려 오른손으로 곡지혈 부분을 왼손은 손목을 잡고(그림 ②) 오른발이 적의 오른발 바깥쪽으로 전진하면서 오른손으로 적의 오른발 위중혈 쪽을 걸고 왼손으로 적의 오른손을 밀었다 당겨(그림 ③) 넘긴 후 오른발 무릎으로 적의 오른팔 팔굽 관절을 눌러 꺾으면서 제압을 한다(그림 ④).

4 오른발이 적의 낭심 앞으로 전진하며 왼발은 왼쪽 뒤로 약간 돌아 오른발 전굴 자세를 취하면서 양손으로 적의 오른팔을 훑어 내려 오른손으로 곡지혈 부분을 왼손은 손목을 잡고(그림 ②) 왼발이 적의 오른발 바깥쪽으로 전진하며 오른발 뒤꿈치로 적의 오른발 위중혈 이나 비양혈을 당겨 차는 동시에 오른손 장저로 적의 턱이나 얼굴을 치면서((그림 ③) 넘기고 오른발 무릎으로 적의 오른팔 팔굽 관절을 눌러 꺾어 제압을 한다(그림 ④).

5 오른발이 적의 낭심 앞으로 전진하며 왼발은 왼쪽 뒤로 약간 돌아 오른발 전굴 자세를 취하면서 양손으로 적의 오른팔을 훑어 내려 오른손으로 곡지혈 부분을 왼손은 손목을 잡고(그림 ②) 왼발이 적의 오른발 바깥쪽으로 전진하며 오른손으로 적의 오른쪽 어깨를 잡아 오른발 하단 옆차기로 적의 오른발 위중혈을 차(그림 ③) 넘기고 제압을 한다(그림 ④).

6 오른발이 적의 낭심 앞으로 전진하며 왼발은 왼쪽 뒤로 약간 돌아 오른발 전굴 자세를 취하면서 양손으로 적의 오른팔을 훑어 내려 오른손으로 곡지혈 부분을 왼손은 손목을 잡고(그림 ②) 오른발이 낭심 밑으로 전진하는 동시에 왼발을 당겨 기마 자세를 취하여 오른손으로 낭심을 잡거나 낭심 밑으로 넣어 적을 들어 올리는 동시에 왼손으로 적의 오른손 손바닥 쪽을 잡아 손목 관절을 꺾으며(그림 ③) 오른발 무릎 밖으로 크게 원을 그리듯이 당겨 밑 업어 던지고 제압을 한다(그림 ④).

7 왼발이 적의 오른발 바깥쪽으로 전진하며 오른발은 오른쪽 뒤로 약간 돌아 왼발 전굴 자세를 취하면서 양손으로 적의 오른팔을 훑어내려 왼손으로 곡지혈 부분을 오른손은 손목을 잡고(그림 ①) 오른발을 당겨 기마 자세를 취하면서 머리를 적의 오른쪽 겨드랑이 사이로 넣어 적의 오른팔 팔꿈치를 오른팔 상박으로 받치고 왼손 손바닥으로 적의 왼발을 잡아 들어올리는 동시에(그림 ②) 적의 오른팔을 왼발 무릎 바깥쪽으로 당겨 적의 오른팔 팔굼 관절을 꺾으면서 뒤 업어 던지고(그림 ③) 오른발 무릎으로 적의 오른팔 팔굼 관절을 눌러 꺾으면서(그림 ④) 칼을 빼앗아 공격을 한다(그림 ⑤).

8 오른발이 적의 낭심 앞으로 전진하며 왼발은 왼쪽 뒤로 약간 돌아 오른발 전굴 자세를 취하면서 양손으로 적의 오른팔을 훑어내려 오른손으론 적의 오른팔 곡지혈 부분을 왼손은 손목을 잡은 후(그림 ①) 오른손으로 적의 목을 감싸면서 왼발이 왼쪽 뒤로 돌아(그림 ②) 적의 오른발 앞에 위치하여 허리 치기 자세를 취하며(그림 ③) 던지고(그림 ④) 오른발 무릎으로 적의 오른팔 팔굽 관절을 눌러 꺾으며 칼을 빼앗아 공격을 한다(그림 ⑤).

4. 발로 막기

1. 왼발이 적의 오른발 바깥쪽으로 전진하며 오른팔 하박으로 하단을 막는 동시에(그림 ②) 오른발 뒤꿈치 차 돌리기로 적의 흉추를 찬다(그림 ③).

2 왼발이 적의 오른발 바깥쪽으로 전진하며 오른팔 하박으로 하단을 막는 동시에(그림 ②) 오른발 바깥 다리 차기로 적의 오른팔 팔굽 관절을 찬다(그림 ③).

3 왼발이 적의 오른발 바깥쪽으로 전진하며 오른팔 하박으로 하단을 막는 동시에 (그림 ②) 오른발 하단 옆차기로 적의 오른발 위중혈을 찬다(그림 ③).

제10장 방검술(防劍術) … 367

④ 왼발이 왼쪽 뒤로 도는 동시에(그림 ②) 왼팔 하박으로 하단을 막으면서 오른발 앞차기로 적의 명치를 찬다(그림 ③).

5 왼발이 왼쪽 뒤로 도는 동시에(그림 ②) 왼팔 하박으로 하단을 막으면서 오른발 안다리차기로 적의 얼굴이나 오른팔 하박을 찬다(그림 ③).

Ⅲ. 적이 오른발 오른손으로 위에서 밑으로 찍을 때

1 왼발이 적의 오른발 바깥쪽으로 전진하며 오른발은 오른쪽 뒤로 약간 돌아 왼발 전굴 자세를 취하면서 오른팔 하박으로 비켜 올려 막는 동시에(그림 ②) 오른손을 밖으로 돌려 손바닥으로 적의 오른팔을 훑어 잡아내려 적의 배나 오른발 허벅지를 찍어준다(그림 ③).

② 왼발이 적의 오른발 바깥쪽으로 전진하며 오른발은 오른쪽 뒤로 약간 돌아 왼발 전굴 자세를 취하는 동시에 오른손 장저로 적의 오른팔 팔꿈치를 받치면서 중지로 청영혈을 잡고(그림 ②) 오른손 팔꿈치로 적의 오른쪽 늑골을 올려친다(그림 ③).

3 왼발이 적의 오른발 바깥쪽으로 전진하는 동시에(그림 ②) 오른발 찍어 차기로 적의 오른쪽 늑골을 찬다(그림 ③).

4 왼발이 적의 오른발 바깥쪽으로 전진하며 오른발은 오른쪽 뒤로 약간 돌아 왼발 전굴 자세를 취하면서 오른손 장저로 적의 오른팔 팔꿈치를 받쳐 중지로 청영혈을 잡고(그림 ②) 오른발 하단 옆차기로 적의 오른발 위중혈을 차는 동시에(그림 ③) 적의 오른팔 팔꿈치를 뒤로 제껴 넘기고(그림 ④) 제압을 한다(그림 ⑤).

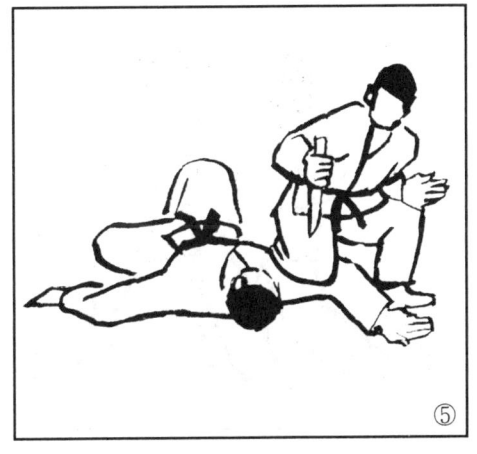

5 오른발이 적의 낭심 앞으로 전진하며 왼발은 왼쪽 뒤로 돌아 오른발 전굴 자세를 취하면서 왼손 장저로 적의 오른팔 팔꿈치를 받쳐 모지로 청영혈을 잡고(그림 ②) 오른발이 적의 오른발 바깥쪽으로 전진하며 오른손은 적의 오른쪽 겨드랑이 밑으로 들어가 적의 오른손 손목을 잡아(그림 ③) 밑으로 내리면서 몸을 왼쪽 뒤로 돌려 적을 넘긴 후(그림 ④) 오른발 무릎을 지면에 대주면서 왼손으로 적의 오른팔 팔꿈치를 눌러 제압을 한다(그림 ⑤).

Ⅳ. 적이 오른발 오른손으로 밖에서 안으로 찍을 때

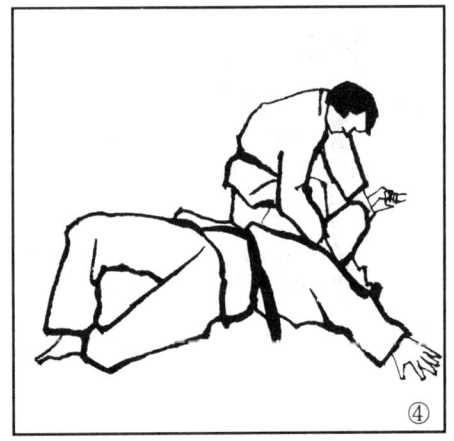

① 오른발이 적의 낭심 앞으로 전진하면서 왼발은 왼쪽 뒤로 약간 돌아 오른발 전굴 자세를 취하면서 왼손 수도로 적의 오른팔 청영혈을 치면서 하박을 훑어 잡고(그림 ②) 오른손 관수로 천돌혈을 찌르면서(그림 ③) 몸을 왼쪽 뒤로 돌려 오른발 무릎을 지면에 대주고 제압을 한다(그림 ④).

② 오른발이 적의 낭심 앞으로 전진하며 왼발은 왼쪽 뒤로 약간 돌아 오른발 전굴 자세를 취하면서 왼팔 중단 바깥 막기로 적의 오른팔을 막는 동시에 하박을 훑어 잡아 오른손 수도로 오른쪽 협백혈을 치고(그림 ②) 적의 오른쪽 겨드랑이 사이로 들어가 팔굽을 구부려 요골로 적의 오른팔 팔굽 관절을 꺾어 주면서 왼발이 왼쪽 뒤로 돌아 적의 왼발 앞에 위치하여 허리 치기 자세를 취한 후(그림 ③) 던지고(그림 ④) 오른손 장저로 적의 오른팔 팔굽 관절을 눌러 꺾은 후 칼을 빼앗아 공격을 한다(그림 ⑤).

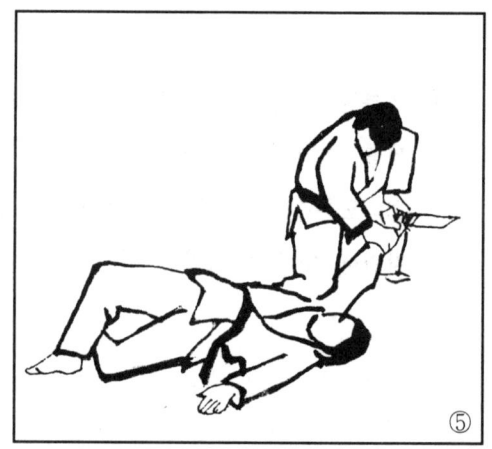

③ 오른발이 적의 낭심 앞으로 전진하며 왼팔 중단 바깥 막기로 적의 오른팔을 막는 동시에 하박을 훑어 잡고(그림 ②) 오른손으로 적의 왼팔 상박을 잡는 동시에 왼발 미골급소차기로 적의 미골이나 오른발 대퇴부를 당겨 찬다(그림 ③).

제10장 방검술(防劍術) … 377

4 오른발이 적의 낭심 앞으로 전진하며 왼발은 왼쪽 뒤로 약간 돌아 오른발 전굴 자세를 취하면서 왼팔 중단 바깥 막기로 적의 오른팔을 막으면서(그림 ②) 오른손 수도로 적의 왼쪽 천정혈을 친다(그림 ③).

5 오른발이 적의 낭심 앞으로 전진하며 왼발은 왼쪽 뒤로 약간 돌아 오른발 전굴 자세를 취하면서 왼팔 중단 바깥 막기로 적의 오른팔을 막는 동시에 하박을 훑어 잡아 오른손 수도로 오른쪽 협백혈을 치고(그림 ①) 적의 목을 감싸 잡으면서 왼발이 왼쪽 뒤로 돌아 적의 왼발 앞에 위치하여 업어치기 자세를 취한 후(그림 ②) 던지고(그림 ③) 오른발 무릎으로 적의 오른팔 팔굽 관절을 눌러 꺾으면서(그림 ④) 칼을 빼앗아 공격을 한다(그림 ⑤).

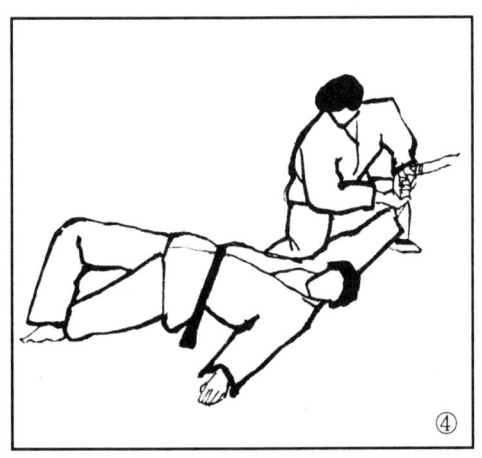

Ⅴ. 적이 오른발 오른손으로 안에서 밖으로 찍을 때

1 왼발이 적의 오른발 바깥쪽으로 전진하며 오른발은 오른쪽 뒤로 약간 돌아 왼발 전굴 자세를 취하면서 왼손 수도나 하박으로 적의 오른팔 팔굽 관절을 치는 동시에(그림 ②) 오른손 역수도로 적의 오른쪽 늑골을 친다(그림 ③).

2 왼발이 적의 오른발 바깥쪽으로 전진하며 오른발은 오른쪽 뒤로 약간 돌아 왼발 전굴 자세를 취하면서 왼손 수도나 하박으로 적의 오른팔 팔굽 관절을 치는 동시에(그림 ②) 오른발이 오른쪽 뒤로돌아 기마 자세를 취하여 오른팔 팔꿈치로 적의 흉추를 친다(그림 ③).

3 왼발이 적의 오른발 바깥쪽으로 전진하며 오른발은 오른쪽 뒤로 약간 돌아 왼발 전굴 자세를 취하면서 오른손 수도나 하박으로 적의 오른팔 팔굽 관절을 치는 동시에 (그림 ②) 하박을 훑어 잡고 왼손 중지권으로 적의 오른쪽 늑골을 찌른다(그림 ③).

4 왼발이 적의 오른발 바깥쪽으로 전진하며 오른발은 오른쪽 뒤로 약간 돌아 왼발 전굴 자세를 취하면서 왼손 수도나 하박으로 적의 오른팔 팔굽 관절을 치는 동시에(그림 ②) 하박을 훑어 잡고 오른발이 오른쪽 뒤로 돌아 기마 자세를 취하면서 오른손으로 적의 머리나 뒷덜미를 잡아(그림 ③) 업어 치고(그림 ④) 오른발 앞차기로 적의 명치를 찬다(그림 ⑤).

제10장 방검술(防劍術) … 383

5 왼발이 적의 오른발 바깥쪽으로 전진하며 오른발은 오른쪽 뒤로 약간 돌아 왼발 전굴 자세를 취하면서 오른손 수도나 하박으로 적의 오른팔 팔굽 관절을 치는 동시에 (그림 ②) 적의 오른손을 훑어 잡고 몸을 틀어 오른발 전굴 자세를 취하면서 왼팔 하박의 척골로 적의 오른팔 팔굽 관절에 칼 넣기를 한다(그림 ④).

제11장
先術

1급 수련과정

41가지 술기

제11장 선술

선술은 적이 공격해 오기 전에 선제 공격을 가하여 적을 제압하는 술기이다. 따라서 적을 공격함에 있어서는 신속 정확하게 완전히 제압을 하여야 하며 만약에 순간이나마 허점을 노출시키게 된다면 오히려 역습의 기회를 스스로 만들어 주기 때문에 이점을 항상 유의하여 술기를 체득토록 하여야 한다.

Ⅰ. 때리기

1 오른발이 적의 낭심 앞으로 전진하면서 오른손 장저로 적의 찬죽혈을 친다(그림 ②)

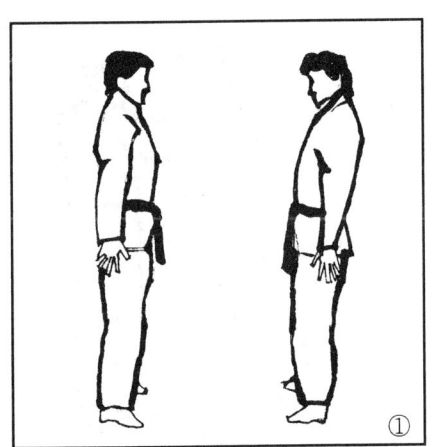 

2 왼발이 적의 오른발 바깥쪽으로 전진하면서 오른손 역수도로 적의 왼쪽 관료혈을 친다(그림 ②).

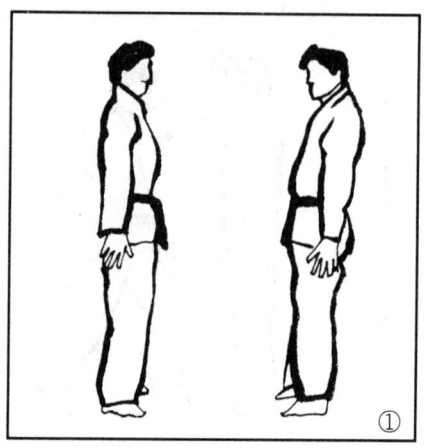 

③ 오른발이 적의 낭심 앞으로 전진하면서 오른손 망치로 적의 왼쪽 현고혈을 친다(그림 ②).

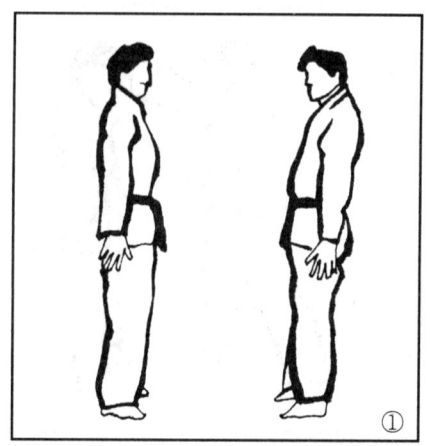 

④ 오른발이 적의 낭심 앞으로 전진하면서 양손 수도로 적의 양쪽 천정혈을 친다(그림 ②).

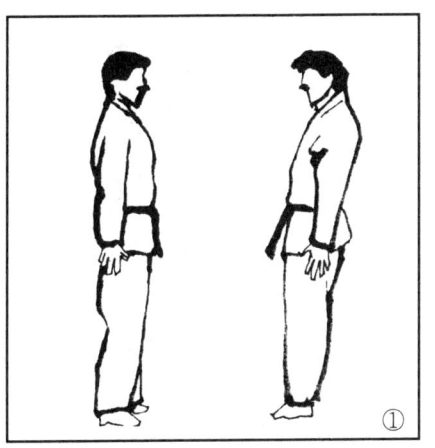 

5 오른발이 적의 낭심 앞으로 전진하면서 오른손으로 적의 오른쪽 어깨를 잡고 오른팔 척골로 적의 천돌혈을 밀어 친다(그림 ②).

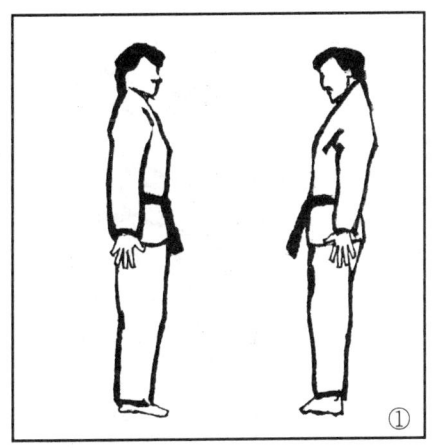 

6 오른발이 적의 낭심 앞으로 전진하면서 왼손으로 적의 옷깃을 잡고 왼발이 왼쪽 뒤로 돌면서 오른손 중지권으로 적의 왼쪽 예풍혈을 찌른다(그림 ②).

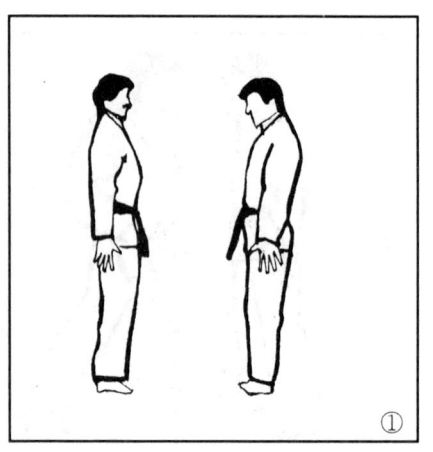 

[7] 왼발이 적의 오른발 바깥쪽으로 전진하면서 오른팔 하박으로 적의 앞가슴이나 목을 돌려 친다(그림 ②).

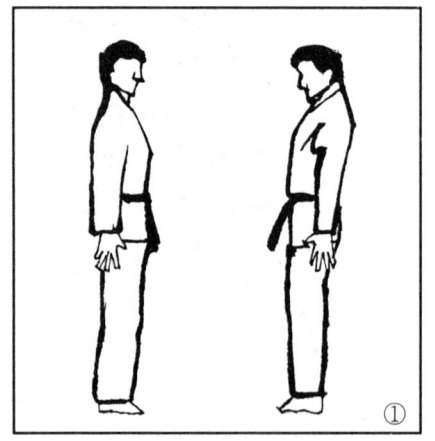 

[8] 오른발이 적의 왼발 바깥쪽으로 전진하면서 오른손으로 적의 왼손 손목을 잡고 왼팔 팔꿈치로 적의 왼쪽 늑골을 돌려 친다(그림 ②).

9 오른발이 적의 낭심 앞으로 전진하면서 왼손으로 적의 옷깃을 잡고 왼발이 왼쪽 뒤로 돌면서 오른손 관수로 천돌혈을 찌른다(그림 ②).

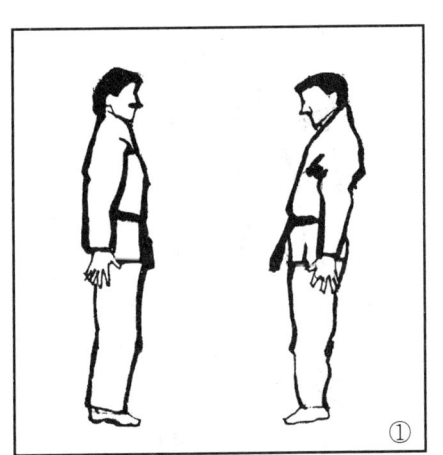 

11 오른발이 적의 왼발 바깥쪽으로 전진하며 왼손 수도가 하늘을 향하게 하여 적의 왼손 수도 부분을 잡고(그림 ②) 왼발이 왼쪽 뒤로 돌아 오른발 전굴 자세를 취하는 동시에 적의 왼손 손등을 왼쪽 젖가슴 앞으로 당기면서 오른손 중지권으로 적의 왼쪽 극천혈을 찌른다(그림 ③).

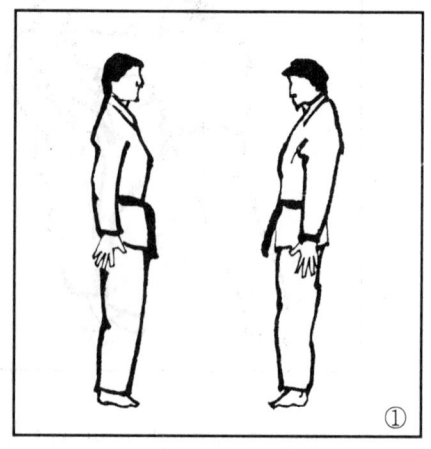

[11] 오른발이 적의 왼발 바깥쪽으로 전진하면서 왼손 모지로 적의 왼쪽 청영혈 이나 척택혈을 오른손으로 역수도 부분을 잡고(그림 ②) 왼발이 적의 왼쪽 겨드랑이 사이로 들어가(그림 ③) 왼발을 축으로 몸을 오른쪽 뒤로 돌려 왼발무릎을 지면에 대주면서 오른팔 팔꿈치로 적의 왼쪽 늑골을 돌려 친다(그림 ④).

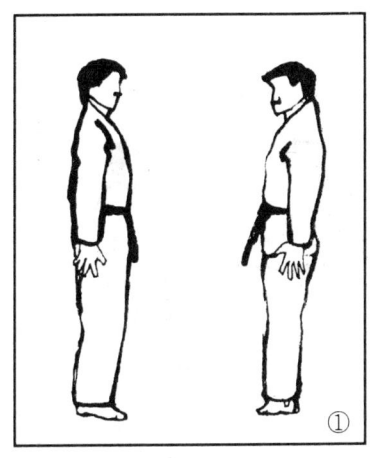  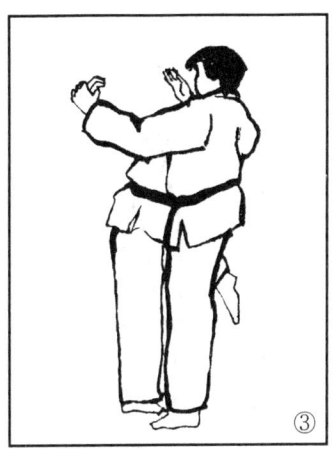

12 왼발이 적의 오른발 바깥쪽으로 전진하며 왼손을 제껴 적의 오른손 손등을 받쳐 잡아 손목 관절을 꺾으면서 등뒤로 들어올리는 동시에 오른손 장저로 적의 뒷덜미를 치고(그림 ②) 오른발 무릎 차올리기로 적의 명치를 치면서 오른손 수도로 적의 아문혈을 친다(그림 ③).

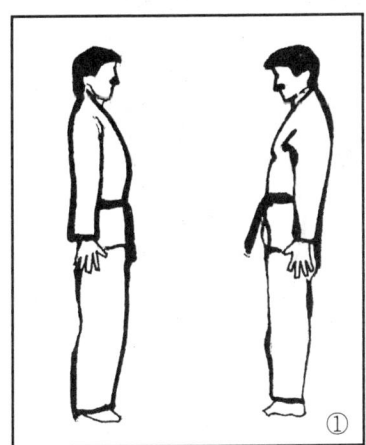  

13 왼발이 적의 낭심 앞으로 전진하면서 양손으로 적의 양팔 하박을 잡으면서(그림 ②) 오른발 미골급소차기로 적의 요추나 대퇴부를 찬다(그림 ③).

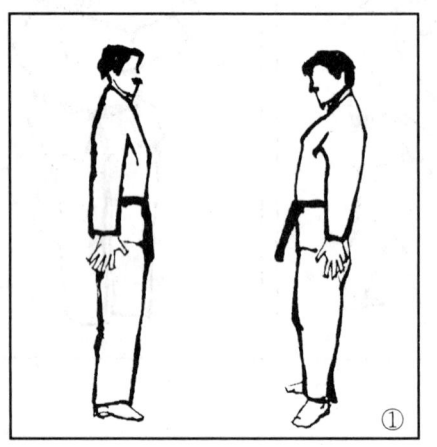 

14 오른발 족기 지르기로 적의 왼손 손가락을 찬다(그림 ②).

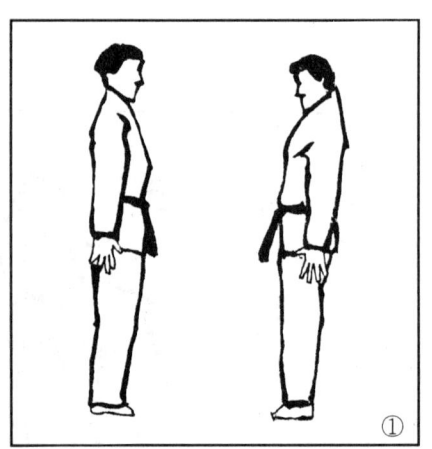 

15 왼발 발등으로 적의 낭심을 차거나 왼발 기문혈을 찍어 찬다(그림 ②).

Ⅱ. 꺾 기

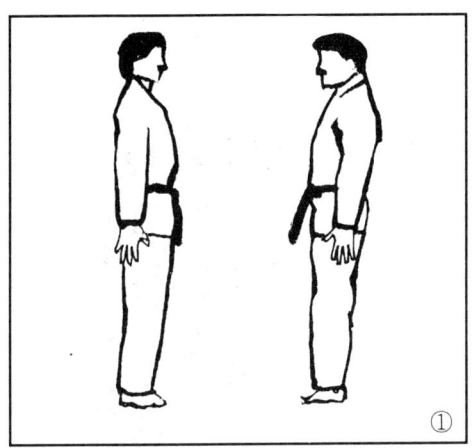

1. 오른발이 적의 왼발 바깥쪽으로 전진하면서 오른손으로 적의 왼손 손가락을 잡고 (그림 ②) 몸을 왼쪽 뒤로 틀며 적의 손가락을 밑으로 눌러 꺾는다(그림 ③).

2 오른발이 적의 왼발 바깥쪽으로 전진하며 오른손으로 적의 왼손 손가락을 잡아(그림 ①) 꺾으면서(그림 ②) 왼발이 적의 왼쪽 겨드랑이 사이로 전진하여(그림 ③) 왼발을 축으로 오른발이 오른쪽 뒤로 돌아 오른발 앞서기 자세를 취한 후(그림 ④) 오른발이 전진하여 전굴 자세를 취하는 동시에 오른손을 앞으로 크게 원을 그리며 손가락을 꺾는다(그림 ⑤).

3 오른발이 적의 왼발 바깥쪽으로 전진하며 오른손으로 적의 왼손 손가락을 잡아 꺾으면서(그림 ①) 오른발을 축으로 왼발이 왼쪽 뒤로돌아 오른발 앞서기 자세를 취한 후(그림 ②) 오른발이 전진하여 전굴 자세를 취하는 동시에 오른손을 앞으로 크게 원을 그리며 손가락을 꺾는다(그림 ③).

4 왼발이 적의 오른발 바깥쪽으로 전진하며 왼손 모지가 적의 오른손 손등 쪽을 향하게 하여 역수도 부분을 잡아 밖으로 제껴 손목 관절을 꺾는 동시에(그림 ①) 오른손 모지가 적의 오른손 손등 쪽을 향하게 하여 수도 부분을 잡아 양손으로 손목 관절을 꺾으면서 오른발이 적의 오른발 바깥쪽으로 전진한 후(그림 ②) 몸을 왼쪽 뒤로 돌려 적을 넘기고(그림 ③) 오른발 무릎으로 적의 오른팔 팔굽 관절을 눌러 꺾어 제압을 한다(그림 ④).

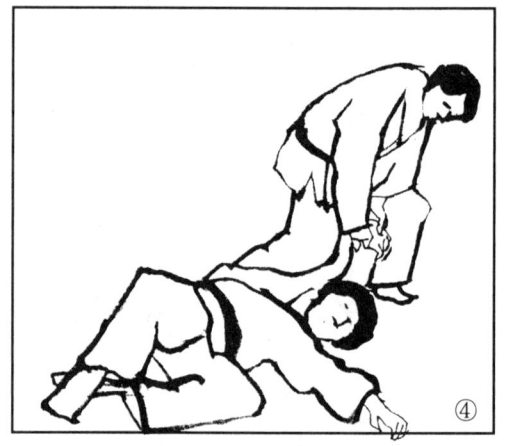

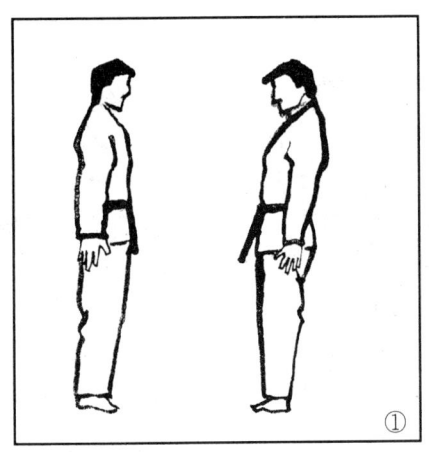

5 왼발이 적의 오른발 바깥쪽으로 전진하며 왼손 모지가 적의 오른손 손등 쪽을 향하게 하여 역수도 부분을 잡아 밖으로 제껴 손목 관절을 꺾는 동시에(그림 ②) 오른발이 적의 오른발 바깥쪽으로 전진하며 오른손이 적의 오른팔 하박 밑으로 들어가 인지 이하의 손가락으로 적의 오른손 손등을 잡아 양손으로 손목 관절을 꺾고(그림 ③) 오른발 무릎으로 적의 오른팔 팔굽 관절을 눌러 꺾어 제압을 한다(그림 ④).

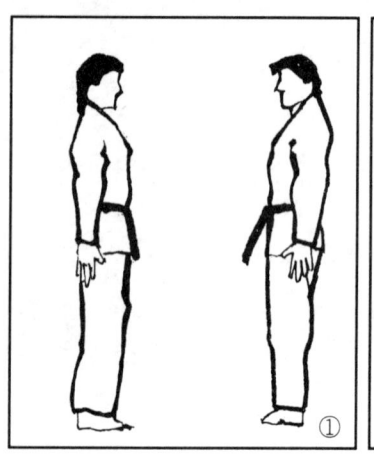  

6 왼발이 적의 오른발 바깥쪽으로 전진하면서 왼손 모지로 적의 오른팔 곡지혈을 잡는 동시에 오른손 모지가 오른손 역수도 부분을 향하게 하여 손등을 받쳐 잡고(그림 ②) 오른발이 오른쪽 뒤로돌아 왼발 전굴 자세를 취하면서 적의 오른손 손등을 겨드랑이 밑으로 말아 올려 손목 관절을 꺾는다(그림 ③).

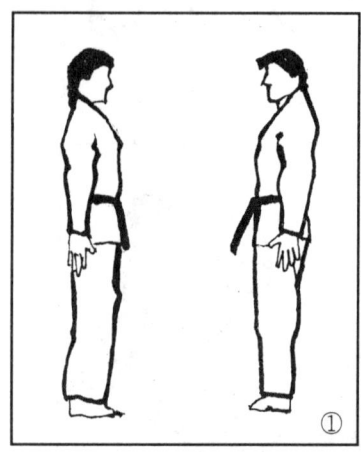  

7 오른발이 적의 낭심 앞으로 전진하면서 오른손 모지가 적의 오른손 손등 쪽을 향하게 하여 수도 부분을 잡아(그림 ②) 오른쪽 젖가슴 앞으로 제껴 주는 동시에 왼팔 하박의 척골로 적의 오른팔 팔굽 관절에 칼 넣기를 한다(그림 ③).

⑧ 오른발이 적의 오른발 앞으로 전진하면서 오른손 모지가 적의 오른손 손등 쪽을 향하게 하여 수도 부분을 잡아(그림 ①) 오른발이 오른쪽 뒤로 빠져 왼발 전굴 자세를 취하면서 제끼는 동시에 왼손 모지가 오른손 손등 쪽을 향하게 하여 역수도 부분을 잡아 양손으로 손목 관절을 꺾고(그림 ②) 왼발이 적의 낭심 앞으로 전진하며 양손으로 적의 손등을 밀어 어깨 관절을 탈골시키면서 오른발 발등으로 적의 앞가슴을 찬다(그림 ③).

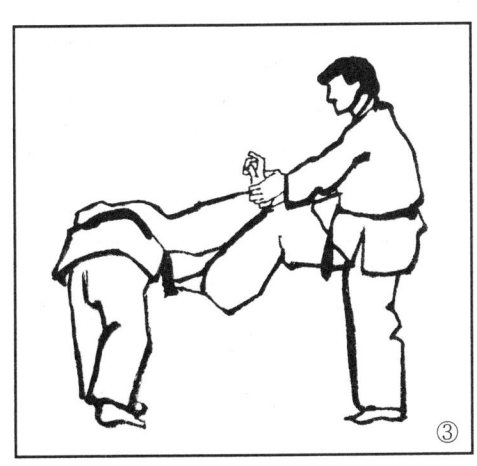

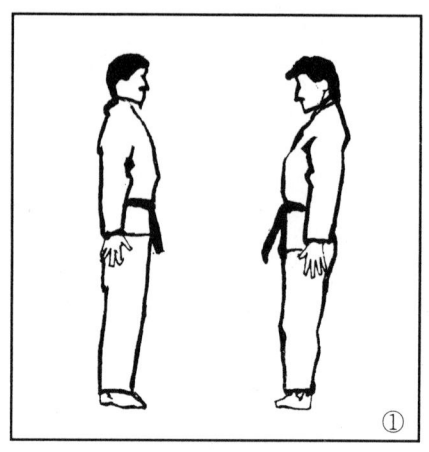

9 오른발이 적의 왼발 바깥쪽으로 전진하며 왼손 모지가 적의 왼손 손등 쪽을 향하게 하여 역수도 부분을 잡고 오른손은 모지가 손등 쪽을 향하게 하여 수도 부분을 잡아(그림 ②) 오른발을 축으로 왼발이 왼쪽 뒤로돌아 오른발 무릎을 지면에 대주면서 양손으로 적의 왼손 손목 관절을 꺾고(그림 ③) 왼발 무릎으로 적의 왼팔 팔굽 관절을 눌러 꺾어 제압을 한다(그림 ④).

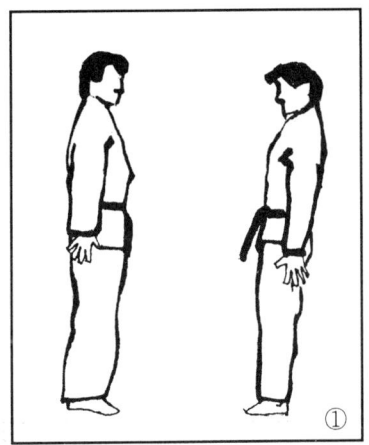

10 오른발이 적의 낭심 앞으로 전진하며 오른손 모지가 적의 오른손 손등 쪽을 향하게 하여 역수도 부분을 잡고 왼손은 모지가 손등 쪽을 향하게 하여 수도 부분을 잡은 후(그림 ②) 왼발이 적의 오른쪽 겨드랑이 사이로 들어가 왼발 앞에 위치하여(그림 ③) 왼발을 축으로 몸을 오른쪽 뒤로 돌려 왼발 무릎을 지면에 대주면서 양손으로 적의 오른손 손목 관절을 꺾고(그림 ④) 오른발 무릎으로 적의 오른팔 팔굽 관절을 눌러 꺾어 제압을 한다(그림 ⑤).

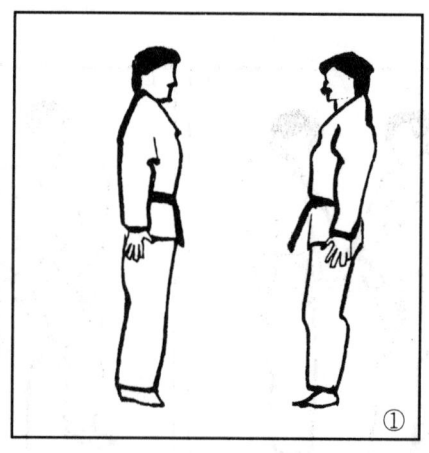

11 오른발이 적의 왼발 바깥쪽으로 전진하면서 오른손이 적의 왼쪽 겨드랑이 사이로 들어가 견갑골을 대주는 동시에 왼손은 적의 왼쪽 어깨위로 넘어 오른손 손등을 겹쳐 잡고(그림 ②) 왼발이 왼쪽 뒤로 돌면서 오른팔 팔굽으로 적의 왼팔 하박을 걸어 꺾으며(그림 ③) 오른발 무릎을 지면에 대주고 제압을 한다(그림 ④).

⑫ 오른발이 적의 왼발 바깥쪽으로 전진하며 왼손 모지가 적의 왼손 손등 쪽을 향하게 하여 역수도 부분을 잡고 오른손은 모지가 내관혈 부분을 향하게 하여 왼손 손목을 잡아(그림 ②) 몸을 왼쪽 뒤로 틀어 왼발 전굴 자세를 취하면서 양손으로 적의 왼손 손목 관절을 눌러 꺾는다(그림 ③).

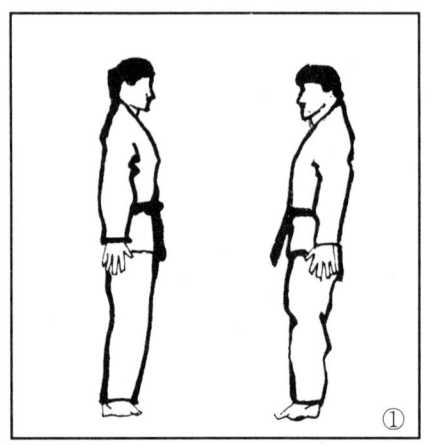

13 오른발이 적의 낭심 앞으로 전진하며 왼손으로 적의 머리를 잡고 오른손 장저로는 턱을 받쳐 잡아(그림 ②) 왼발이 왼쪽 뒤로 돌면서 목을 비틀어 꺾고(그림 ③) 오른발 무릎을 지면에 대주고 제압을 한다(그림 ④).

14 오른발이 적의 낭심 앞으로 전진하며 왼손으로 적의 오른손 손목을 잡고 오른손으로는 왼손 손목을 잡아(그림 ②) 적의 왼손을 오른쪽 경문혈에 대주면서 왼발이 왼쪽 뒤로돌아(그림 ③) 오른발 무릎을 지면에 대주며 적의 왼팔 하박으로 오른팔 팔굽 관절을 눌러 꺾고(그림 ④) 오른발 하퇴부의 경골로 적의 양팔 팔굽 관절 사이를 눌러 제압을 한다(그림 ⑤).

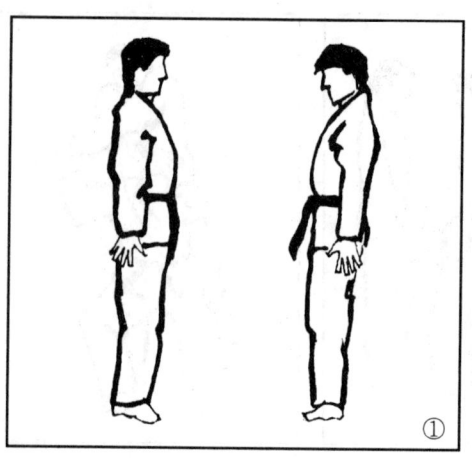

15 왼발이 적의 오른발 바깥쪽으로 전진하며 오른손으로 적의 오른쪽 어깨를 잡고 오른발이 적의 낭심 밑으로 들어가 오른발 뒤꿈치를 걸어(그림 ②) 오른발 무릎이 적의 오른발 바깥쪽으로 꿇어 주면서 오른발 하퇴부의 경골로 적의 오른발 삼음교혈을 눌러 꺾는다(그림 ③).

Ⅲ. 던지기

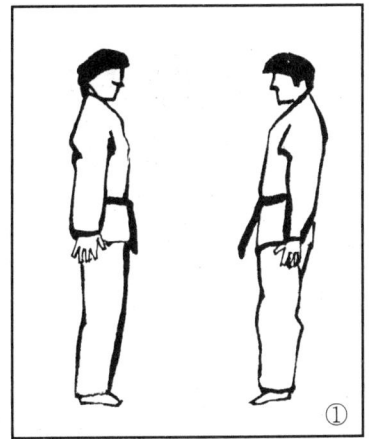

1 오른발이 적의 오른발 안쪽으로 전진하며 왼손으로 적의 오른손 손목을 잡고 오른팔로 적의 목을 껴안으며(그림 ②) 왼발이 왼쪽 뒤로 돌아 적의 왼발 앞에 위치하여 허리 치기 자세를 취한 후(그림 ③) 던지고 (그림 ④) 오른발 무릎을 지면에 대주면서 제압을 한다(그림 ⑤).

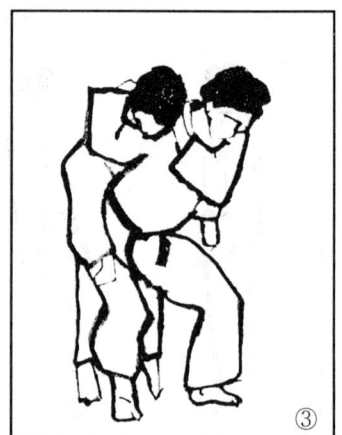

[2] 오른발이 적의 오른발 안쪽으로 전진하며 오른손은 적의 오른쪽 귀밑 방향에서 목을 감싸 잡으면서 왼손으로는 적의 왼쪽 귀밑 방향에서 뒷덜미를 잡고(그림 ②) 왼발이 왼쪽 뒤로 돌아 적의 왼발 앞에 위치하여 업어치기 자세를 취하여(그림 ③) 던지고(그림 ④) 오른발 무릎을 지면에 대주면서 양손 모지로 적의 목을 졸라 제압을 한다(그림 ⑤).

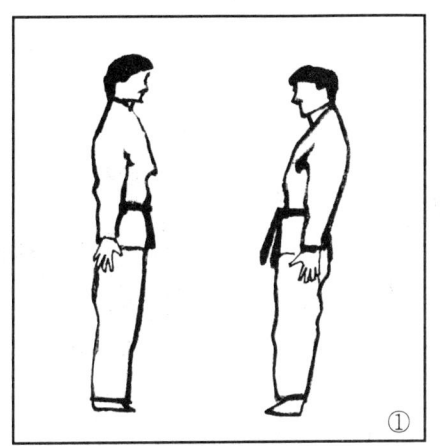

3 오른발이 적의 오른발 안쪽으로 전진하며 오른손으로 적의 오른팔 상박을 잡는 동시에 왼손으로 손목을 잡고(그림 ②) 왼발이 왼쪽 뒤로 돌아 적의 왼발 앞에 위치하여 허리 치기 자세를 취한 후(그림 ③) 던지고(그림 ④) 오른발 무릎으로 적의 오른쪽 극천혈을 눌러 제압을 한다(그림 ⑤).

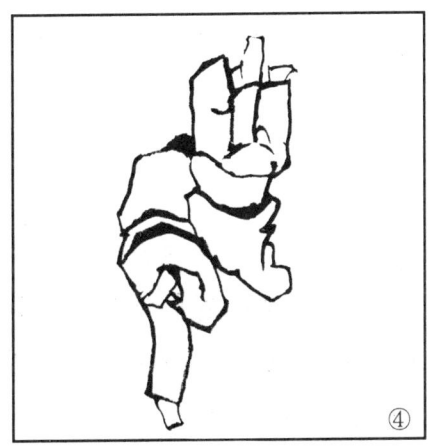

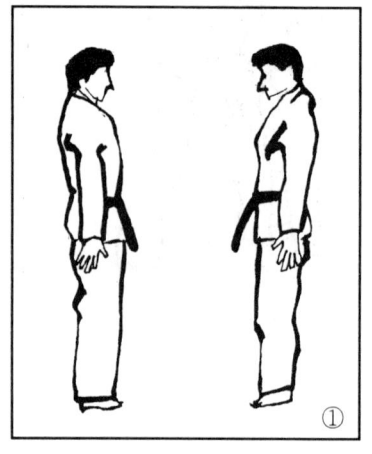  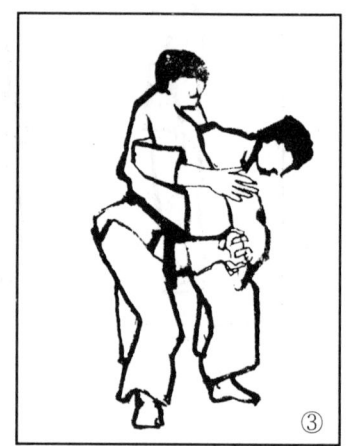

 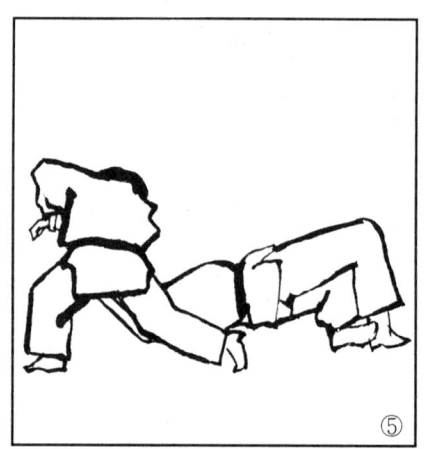

④ 오른발이 적의 오른발 안 쪽으로 전진하며 왼손으로 적의 오른손 손목을 잡고 오른손은 적의 오른쪽 겨드랑이 사이로 들어가 팔굽 관절을 구부려 요골로 적의 오른팔 팔굽 관절을 꺾으면서(그림 ②) 왼발이 왼쪽 뒤로 돌아 적의 왼발 앞에 위치하여 허리 치기 자세를 취한 후(그림 ③) 던지고(그림 ④) 오른발 무릎이나 오른손 장저로 적의 오른팔 팔굽 관절을 눌러 꺾어 제압을 한다(그림 ⑤).

5⃞ 오른발이 적의 오른발 바깥쪽으로 전진하며 왼손으로 적의 오른손 손목을 잡는 동시에 오른손으로 상박을 잡고(그림 ②) 왼발이 왼쪽 뒤로 돌아 왼발 전굴 자세를 취하면서 양손으로 적의 오른팔을 원을 그리듯이 돌려 넘기고(그림 ③) 오른발 무릎으로 적의 오른쪽 극천혈을 눌러 제압을 한다(그림 ④).

6 오른발이 적의 오른발 안쪽으로 전진하며 왼손으로 적의 오른손 손목을 오른손으로는 적의 왼손 손목을 잡고(그림 ②) 적의 왼손을 오른쪽 경문혈에 대주면서 왼발이 왼쪽 뒤로 돌아 적의 왼발 앞에 위치하여 적의 양팔을 오른쪽 어깨로 받쳐 왼팔 팔굽 관절을 꺾으면서(그림 ③) 던지고(그림 ④) 오른발 경골로 적의 양팔 팔꿈치 사이를 눌러 제압을 한다(그림 ⑤).

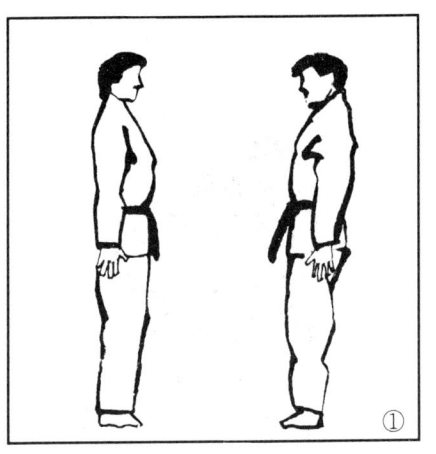

7 오른발이 적의 오른발 바깥쪽으로 전진하며 오른손으로 적의 오른쪽 내관혈 부분을 잡고(그림 ②) 왼발이 적의 등뒤로 들어가 기마자세를 취하면서 머리가 적의 오른쪽 겨드랑이 사이로 들어가 오른팔 상박으로 적의 오른팔 팔굽 관절을 받쳐 뒤 업어치기 자세를 취하여(그림 ③) 왼손으로 적의 왼발을 들어올리면서 적의 오른팔을 왼발 무릎 바깥쪽으로 당겨 던지고(그림 ④) 오른발 무릎으로 적의 오른팔 팔굽 관절을 눌러 꺾어 제압을 한다(그림 ⑤).

제11장 선술(先術) … 415

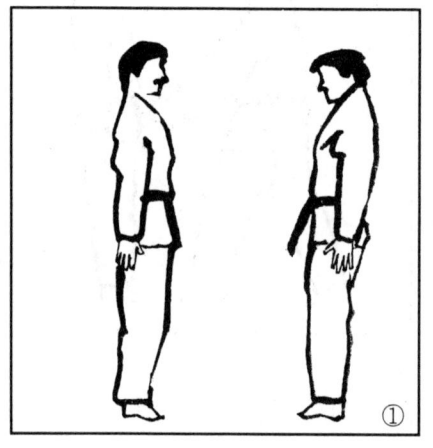

⑧ 오른발이 적의 낭심 앞으로 전진하면서 왼손으로 적의 오른손 손바닥을 잡고(그림 ②) 왼발을 당겨 기마 자세를 취하면서 오른손으로 적의 낭심을 잡거나 오른팔 하박으로 사타구니를 받치고 왼팔은 곧게 펴 적의 오른손 손목 관절을 꺾어 밑 업어치기 자세를 취한 후(그림 ③) 적의 오른손을 오른발 무릎 바깥쪽으로 당겨 던지고 제압을 한다(그림 ④).

⑨ 왼발이 적의 오른발 바깥쪽으로 전진하며 왼손으로 적의 오른손 손목을 잡고(그림 ②) 오른손 인지 이하의 손가락으로 적의 왼쪽 경문혈을 찌르면서 오른발이 적의 오른쪽 겨드랑이 사이로 들어가 허리 치기 자세를 취하여 적을 들었다가(그림 ③) 오른발이 오른쪽 뒤로 빠지면서 던지고 제압을 한다(그림 ④).

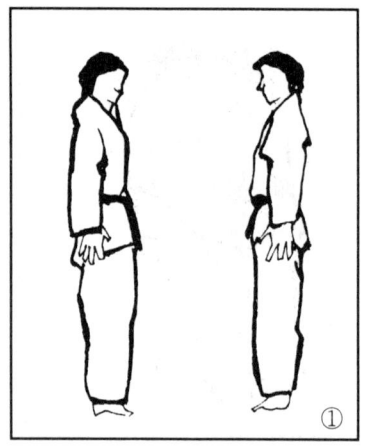

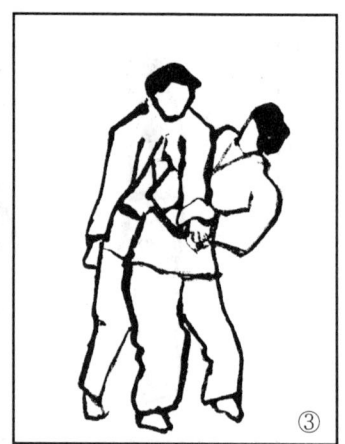

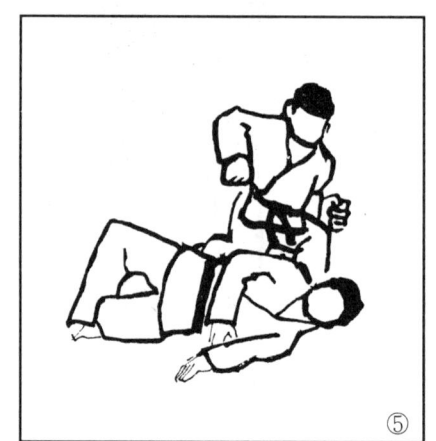

10 왼발이 적의 왼발 앞으로 전진하여 왼손으로 적의 왼쪽 내관혈 부분을 잡고 오른손은 적의 왼쪽 겨드랑이 사이로 넣어 옷깃을 잡아 하박으로 팔굽 관절을 받쳐 꺾으면서(그림 ②) 오른발이 적의 왼쪽 겨드랑이 사이로 들어가 오른발 앞에 위치하여 허리 치기 자세를 취한 후(그림 ③) 던지고(그림 ④) 오른발 무릎을 지면에 대주면서 제압을 한다(그림 ⑤).

[11] 왼발이 적의 오른발 바깥쪽으로 전진하며 왼손으로 적의 오른손 손목을 잡고 오른손으로 오른팔을 잡거나 장저로 얼굴을 치는 동시에(그림 ②) 오른발 하단 옆차기로 적의 오른발 위중혈을 차거나 뒤꿈치로 승산혈을 당겨 차 넘긴 후(그림 ③) 오른발 무릎으로 적의 중부혈이나 운문혈 등을 눌러 제압을 한다(그림 ④).

부록

1. 경락과 경혈

경 락	경혈(354혈)
수태음 폐경(手太陰肺經) 11혈	중부→운문→천부→협백→척택→공최→열결→경거→태연→어제→소상
수양명 대장경(手陽明大腸經) 20혈	상양→이간→삼간→합곡→양계→편력→온류→하렴→상렴→수삼리→곡지→주료→오리→비노→견우→거골→천정→부돌→화료→영향
족양명위경(足陽明胃經) 45혈	승읍→사백→거료→지창→대영→협거→하관→두유→인영→수돌→기사→결분→기호→고방→옥예→응창→유중→유근→불용→승만→양문→관문→태을→활육문→천추→외능→태거→수도→귀래→기층→비관→복토→음시→양구→독비→족삼리→거허상렴→조구→거허하렴→풍륭→해계→충양→함곡→내정→여태
족태음비경(足太陰脾經) 21혈	은백→대도→태백→공손→상구→삼음교→누곡→지기→음능천→혈해→기문→충문→부사→복결→대횡→복애→식두→천계→흉향→주영→대포
수소음심경(手少陰心經) 9혈	극천→청영→소해→영도→통리→음극→신문→소부→소충
수태양소장경(手太陽小腸經) 19혈	소택→전곡→후계→완골→양곡→양노→지정→소해→견정→노수→천종→병풍→곡원→견외수→견중수→천창→천용→관료→청궁
족태양방광경(足太陽膀胱經) 63혈	정명→찬죽→곡차→오처→승광→통천→낙극→옥침→천주→대저→풍문→폐수→궐음수→심수→격수→간수→담수→비수→위수→삼초수→신수→대장수→소장수→방광수→중려내수→백환수→상료→차료→중료→하료→회양→승부→은문→부극→위양→위중→부분→백호→고황→신당→의회→격관→혼문→양강→의사→위창→황문→지실→포황→질변→합양→승근→승산→비양→부양→곤륜→복삼→신맥→금문→경골→속골→통곡→지음

경　락	경혈(354혈)
족소음신경(足少陰腎經) 27혈	용천→연곡→태계→대종→조해→수천→부류→교신→축빈→음곡→횡골→대혁→기혈→사만→중주→황수→상곡→석관→음도→통곡→유문→보랑→신봉→영허→신장→옥중→수부
수궐음심포경(手厥陰心包經) 9혈	천지→천천→곡택→극문→간사→내관→대능→노궁→중충
수소양삼초경(手少陽三焦經) 23혈	관충→액문→중저→양지→외관→지구→회종→삼양락→사독→천정→청냉연→소락→노희→견료→천료→천유→예풍→계맥→노식→각손→이문→화료→사죽공
족소양담경(足少陽膽經) 43혈	동자료→청희→객주인→함염→현노→현리→곡빈→솔곡→천충→부백→규음→완골→본신→양백→임읍→목창→정영→승령→뇌공→풍지→견정→연액→첩근→일월→경문→대맥→오추→유도→기료→환조→중독→양관→양능천→양교→외구→광명→양보→현종→구허→임읍→지오회→협계→규음
족궐음간경(足厥陰肝經) 13혈	대돈→행간→태충→중봉→여구→중도→슬관→곡천→음포→오리→음염→장문→기문
독맥(督脈) 27혈	장강→요수→양관→명문→현추→척중→근축→지양→영태→신도→신주→도도→대퇴→아문→풍부→뇌호→강간→후정→백회→천정→신희→상성→신정→소료→수구→태단→은교
임맥(任脈) 24혈	회음→곡골→중극→관원→석문→기해→음교→신궐→수분→하완→건리→중완→상완→거궐→구미→중정→전중→옥당→자궁→화개→선기→천돌→염천→승장

2. 경혈도(앞)

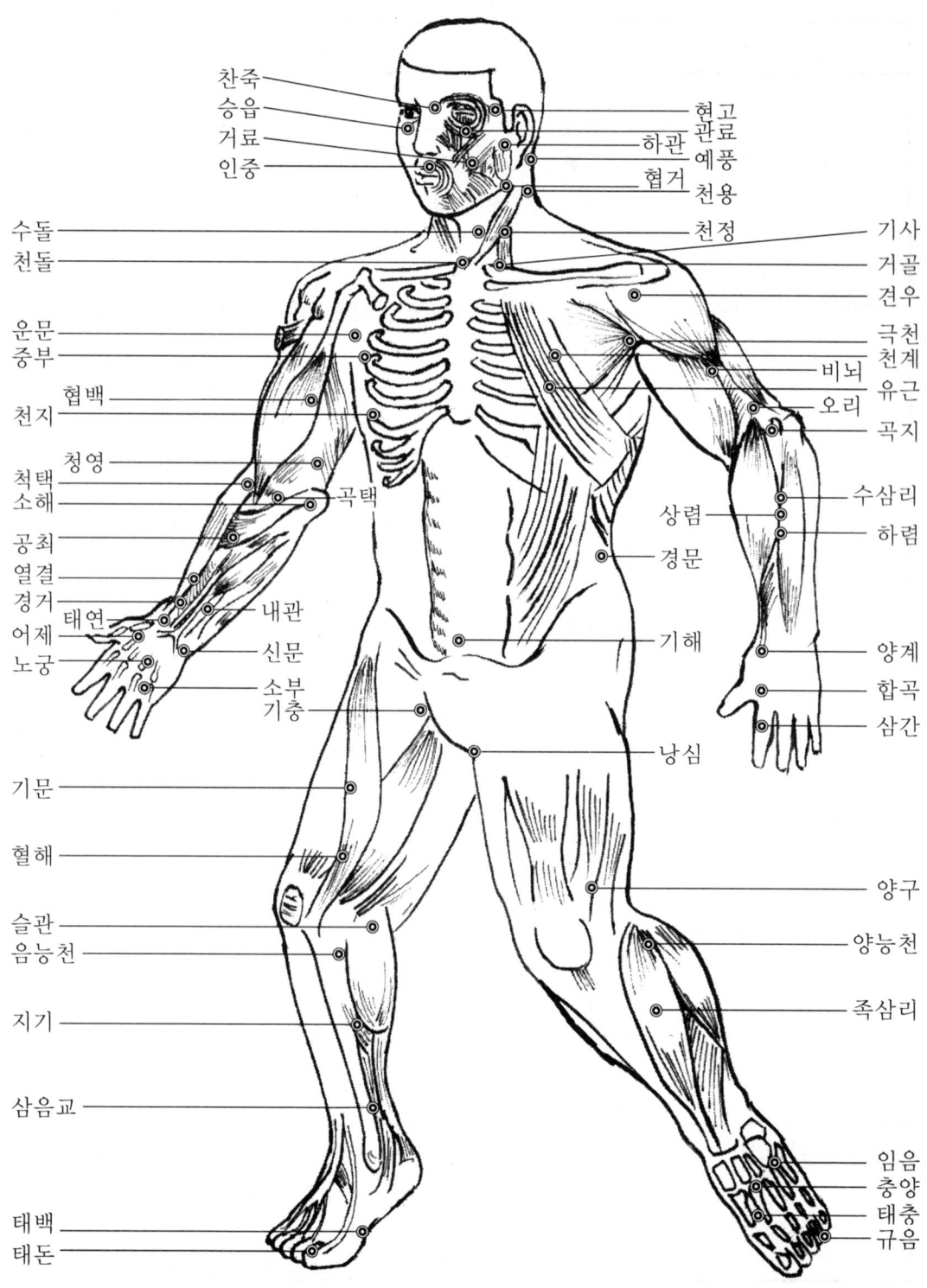

3. 경혈도(뒤)

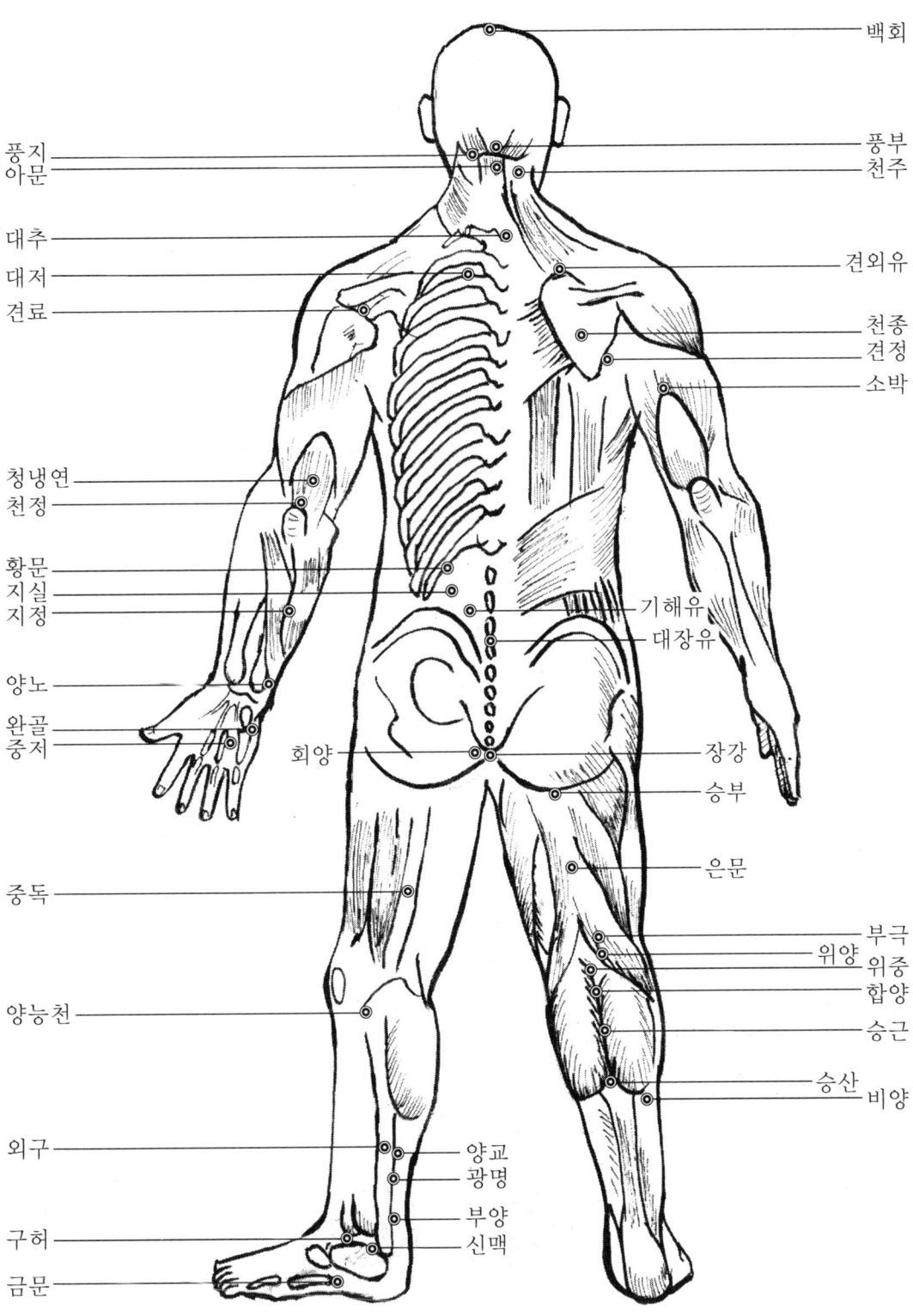

4. 인체의 골격 및 명칭

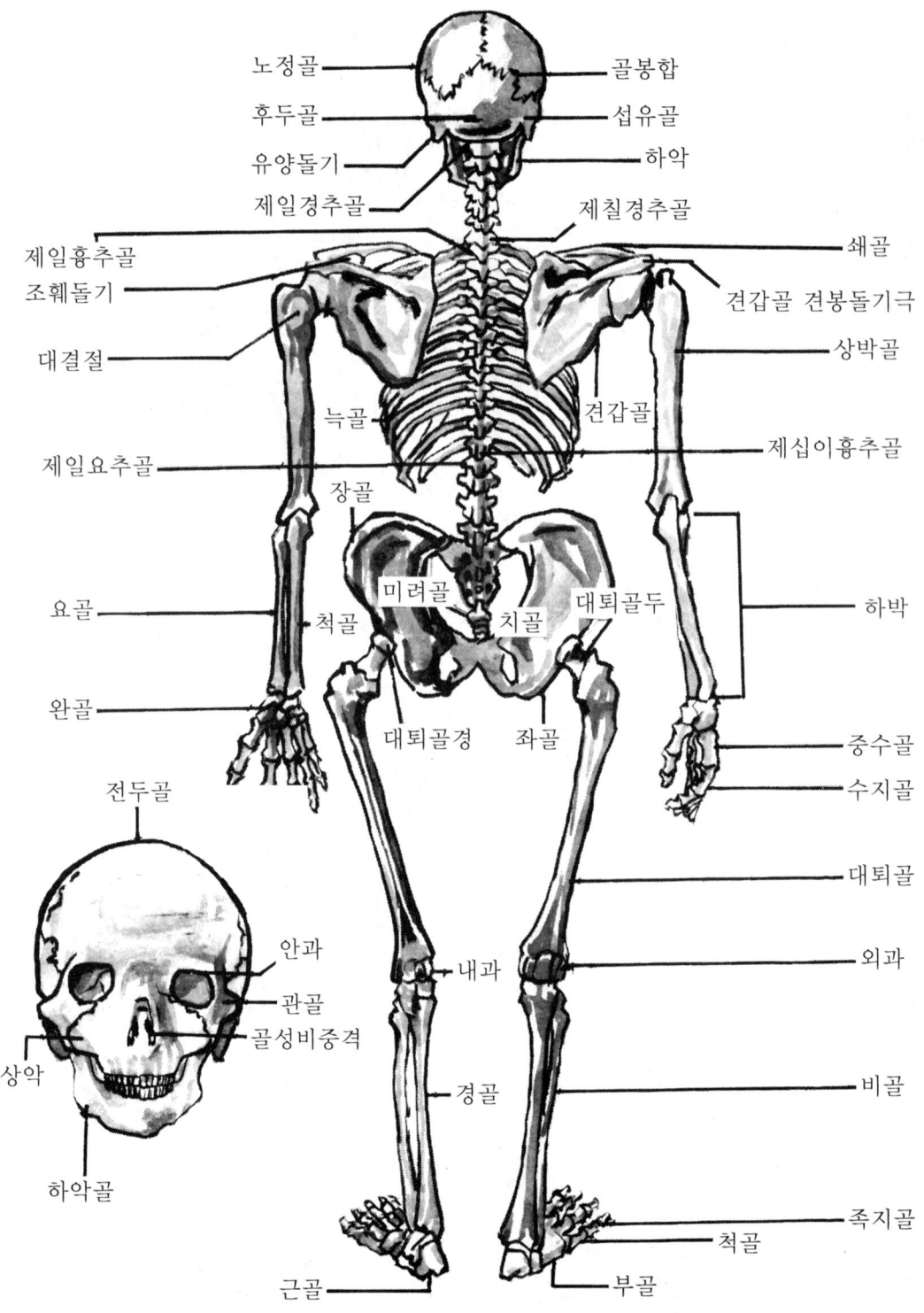

5. 1단 수련과정 술기 내역

술기교본 초단편

수련급	수련과목	술기수	비 고
11급, 10급, 9급	호신술	99가지	
8급	단식족술	28가지	
7급	방권술	46가지	
6급	방족술	46가지	
5급	복식족술	31가지	
4급	특수족술	10가지	
3급	방투술	45가지	
2급	방검술	49가지	
1급	선술	41가지	
	타법	16가지	
단보	정리과정	총411가지	

수련자에게 있어서 가장 무서운 적은
마음 속에 웅크리고 있는 자만심이다.

6. 2단 수련과정 술기 내역

술기교본 2단편

수련급	수련과목	술기수	비 고
11급, 10급, 9급	호신술	117가지	
8급	좌술	30가지	
7급	단봉막기	9가지	
6급	복식족술	10가지	
5급	방권술	40가지	
4급	방족술	40가지	
3급	특수족술	9가지	
2급	단봉 때리기	14가지	
1급	선술	40가지	
단보	정리과정	총309가지	

정신이 올바르지 못한 자가 술기를 지닌 것은 광자의 칼처럼 위험하다.

7. 3단 수련과정 술기 내역

술기교본 3단편

수련급	수련과목	술기수	비 고
24급~22급	역술	63가지	
21급	중봉막기	9가지	
20급~18급	검타기	17가지	
17급~15급	중봉 때리기	22가지	
14급~12급	단봉 방권술	30가지	
11급~9급	단봉 방족술	39가지	
8급~7급	특수족술	10가지	
6급~4급	도 베기	13가지	
3급~1급	단봉 선술	30가지	
단보	정리과정	총233가지	

"내게 무슨 죄가 있느냐. 내가 무슨 죄를 범했단 말이냐.
천만번 생각하다 문득 '나는 큰 죄인이다.'라는 생각이 들었다.
다른 죄가 아니라 내가 어질고 약한 한국민이 된 죄였다.
크게 깨달은 뒤, 손뼉을 치며 껄껄 웃고 말았다"

-안중근-

copyright ⓒ 최상헌

합기도 술기교본 초단편

인 쇄 / 2002년 9월 4일
발 행 / 2002년 9월 14일

지은이 / 최상헌
펴낸이 / 최상헌

펴낸곳 / **사단법인 대한무림 합기도 협회 출판부**
　　　　주소 : 서울시 성북구 동소문동 2가 10번지
　　　　전화 : 02-762-8600
　　　　등록번호 : 제6-0460호

인쇄처 / **도서출판 홍경** (www.myspo.com)
　　　　전화 : 02-362-4431

책임편집 : 오성자(도서출판 홍경)
　　그림 : 서동화 / 입력 : 최윤실

ISBN 89-95-3345-0-9
정가　45,000원

이 책은 저작권법에 의해 보호를 받는 저작물이므로
무단 복재와 전재를 금합니다.